李刚俊 宋鸣 主编
黎庆芳 副主编

应用型高校
教育教学改革探索与实践
（2023）

西南交通大学出版社
·成都·

图书在版编目（CIP）数据

应用型高校教育教学改革探索与实践. 2023 / 李刚俊，宋鸣主编. -- 成都：西南交通大学出版社，2024.8. -- ISBN 978-7-5643-9976-4

I. G649.21

中国国家版本馆 CIP 数据核字第 2024LA5475 号

Yingyongxing Gaoxiao Jiaoyu Jiaoxue Gaige Tansuo yu Shijian（2023）
应用型高校教育教学改革探索与实践（2023）

主　编　李刚俊　宋　鸣

策 划 编 辑	吴　迪　郑丽娟
责 任 编 辑	居碧娟
封 面 设 计	墨创文化
出 版 发 行	西南交通大学出版社 （四川省成都市金牛区二环路北一段 111 号 西南交通大学创新大厦 21 楼）
营销部电话	028-87600564　028-87600533
邮 政 编 码	610031
网　　　址	http://www.xnjdcbs.com
印　　　刷	成都蜀通印务有限责任公司
成 品 尺 寸	170 mm × 240 mm
印　　　张	20.5
字　　　数	320 千
版　　　次	2024 年 8 月第 1 版
印　　　次	2024 年 8 月第 1 次
书　　　号	ISBN 978-7-5643-9976-4
定　　　价	96.00 元

图书如有印装质量问题　本社负责退换
版权所有　盗版必究　举报电话：028-87600562

前 言

  2023年是我国深入贯彻落实党的二十大精神的重要一年，也是学校加快建设"全国一流、四川引领"的应用型高校，持续推动"三个大会"精神走深走实、落地生根，提升办学水平的关键之年。为全面贯彻党的教育方针，落实立德树人根本任务，持续推进我校教育教学改革，助力应用型人才培养，高等教育研究所与教务处开展了本年度高等教育学术交流论文征集活动。征文选题聚焦课程思政与"三全育人"体系构建、应用型创新人才培养和新工科（新文科）建设、教学组织与教学模式创新、应用型大学学科专业建设、课程与教材建设、实践教学体系建设以及产教融合协同育人等方面的研究与实践。

  本文集正是学校教育教学研究成果的集中展示，内容涵盖了教学理念、课程设置、教学方法、实践教学等多个方面。这些论文既有理论探讨，也有实践经验的总结，既有宏观政策的解读，也有微观案例的分析。它们从不同角度、不同层面揭示了应用型教育教学的现状和问题，提出了许多中肯的观点和建议，凝聚了广大教师和教育工作者的智慧和汗水，是其对应用型高等教育教学改革的深入思考和探索。

  当然，这些成果也存在一些不足，希望得到大家的批评指正，主要目的是希望通过本文集的出版，能够为广大教育工作者提供一个交流、学习和借鉴的平台，能够给读者一些启发和帮助，进一步推动学校教育教学改革向更深层次、更高水平发展。同时，我们期待更多的教育工作者能够关注应用型本科教育的教学研究，共同推动教学改革与发展，为培养更多高素质、创新型人才贡献智慧和力量。

编 者
2024年5月

目 录

思想政治教育

- 校史文化涵养时代新人的价值意蕴和实践向度探究
  ——以成都工业学院为例 / 杜生民　刘学美 …………………………… 3
- 基于课程思政的高校材料力学教学内容建设
  / 康泽毓　李一岚　郑向华　唐剑兵　苏睿 …………………………… 15
- 构建具有产教融合特色的课程思政育人体系
  / 黄晓燕　苏睿　吴丽红　郭成操　刘刚利　姜自莲　牟志宏　张欢 …… 22
- 校本红色文化资源融入大学生党史学习教育的路径探析
  / 瞿懿韬　刘铁鹰 …………………………………………………………… 27
- 新文科背景下应用型高校外语教师课程思政建设能力提升研究
  / 卢梦迪　苗萌 ……………………………………………………………… 35
- 隐喻认知理论视域下的高校外语课程思政教学设计研究
  / 杨运杰　卢梦迪 …………………………………………………………… 43
- 基于三全育人的供应链管理课程思政实践探索
  ——以成都工业学院为例 / 金宝辉　廖梦怡 …………………………… 50
- 课程思政视域下工业文化融入大学英语教学的路径研究
  ——以成都工业学院为例 / 眭婷　曾筝　王曦 ………………………… 63
- 面向应用型人才培养的操作系统课程思政探索与实践
  / 宋国明　龚茗茗　李君　张远红　张启军　李琦 …………………… 76

课程建设与教学改革

- 基于机器人类课程群金课建设的新工科教育模式改革探索与实践
  / 刘佩森　李刚俊　田亚铃　黄晓燕 …………………………………… 91

- 新工科背景下基于 SPOC 的计算机程序设计课程改革与实践
  / 刘明纲　李琦 …………………………………………………… 100
- 面向实践能力培养的应用型本科院校课程建设实施路径研究
  ——以"区间信号自动控制"为例 / 董家希　蔡煊　杜利芳　鄢春花
  　周家宇　宋晓波　侯宇婷　肖金梅　廖继轩 ………………… 112
- 不同教学模式背景下机器视觉技术期末考试成绩的分析与思考
  / 李煦　彭悦蓉　苏睿 …………………………………………… 121
- 应用型本科高校材料类课程教学模式探索与实践
  / 邹建新　李群　崔旭梅　帅波　张凤春　彭富昌　陈湘　梁新元 ·· 129
- 新时代大学生亲密关系教育的实践探索
  / 陈敏燕 …………………………………………………………… 147
- 基于"图片-叙事"投射方法的新生团体心理辅导课程研究
  / 张驰 ……………………………………………………………… 160
- 基于胜任力模型的应用型高校教学能力指标体系的研究
  / 王思宇 …………………………………………………………… 169
- "工程计算方法"课程的教学改革探析
  ——基于"新工科+工程教育专业认证"的思想及要求
  / 王丽君　苏睿　连帅梅　王雅 ………………………………… 178
- 以生为本，三级融合教学模式助力"机械原理"教学创新
  / 李一岚　范哲　康泽毓　谢志萍 ……………………………… 186
- 数字化转型背景下地方应用型高校协同融合教学模式路向探析
  / 李曦　甘淑娉 …………………………………………………… 199
- 新工科背景下高校公共体育"教学创产赛"一体化教学模式的构建与应用
  / 炉小峰　车莉　邹明松　秦泽浩 ……………………………… 208
- 大数据技术专业高等数学课程教学改革探析
  / 段慧　李鸿亮　洪洁　鲁柳利　董艳 ………………………… 222
- 基于自动跟踪云台的课堂教学微课录制研究
  / 谢成诚　王海霖　龚静　张朝阳 ……………………………… 232
- 基于 OBE 教育理念的"通信原理"课程教学改革探索
  / 陈妮　李晓钰　文荣　宋海英　王平 ………………………… 243

- 培养科学思维，连接真实世界
  ——电子技术课程能力素养培养体系构建 / 杨梅　邓慧……………252

人才培养及其他

- 服务地方应用型本科高校机器人实验室建设与发展路径探索
  / 田亚铃　张洪杰　王强　李刚俊　黄晓燕　苏睿
  　彭悦蓉　刘佩森　杨婷……………………………………………261
- 工程认证背景下机械基础实验教学示范中心建设的改革探索
  / 李可　王迹　程明………………………………………………270
- 鲲鹏信息技术应用创新实验教学中心建设探索
  / 任昭绪　李君　张启军　刘亚飞…………………………………278
- 高校实验室安全管理体系的构建思考
  / 杨欣仪　汤海燕　冯丹彤………………………………………287
- 厅委共建背景下地方院校材料类专业人才培养模式的改革与实践
  / 丁义超　邵甄胰　刘杰慧　廖婷婷　鲜勇　杨璐霏　邹建新………295
- 新文科背景下物流管理专业应用型人才培养的探索与实践
  / 蒲松……………………………………………………………305
- 宜宾新能源汽车与先进制造现代产业学院建设举措探索
  / 蔡煊　董家希　张子阳…………………………………………313

思想政治教育

校史文化涵养时代新人的价值意蕴和实践向度探究
——以成都工业学院为例

◎ 杜生民[a] 刘学美[b]

（a.成都工业学院 马克思主义学院，成都 611730；
b.成都工业学院 基础教学部，四川 宜宾 644012）

【摘 要】 为党育人、为国育才，培养堪当民族复兴大任的时代新人是高等教育的根本任务。文化传承、创新、引领是高校实现内涵发展不竭的精神动力。学校办学过程中经年累月沉淀的校史文化是涵养时代新人的宝贵财富。本文旨在追溯成都工业学院校史，梳理百十年发展与国家工业化进程的历史脉络，分析校史文化中的工业文化立德树人的价值意蕴和实践向度，提升应用型高校谋求特色发展的文化底蕴与核心竞争力。

【关键词】 工业文化；立德树人；工业精神

引言

在文化意义上，每所高校的校史文化都是独一无二的，这是特色发展的文化底蕴与核心竞争力。成都工业学院诞生于1913年，学校创建、发展贯穿党史、新中国史、改革开放史、社会主义发展史、中华民族发展史，110年的栉风沐雨，见证中华民族不甘沉沦、自立自强、奋力赶超的工业化进程，形成了穿越历史风云经年淬炼、砥砺而成的独特办学底蕴——工业文化。

校史是生动的教科书，也是最好的营养剂、清醒剂。梳理学校实业救国、产业立国兴国、工业强国富国的人才培养历程，从"全国重点中专""全国示范高

基金项目：四川省三线建设研究中心项目（SXP23-16）；四川省三线建设研究会项目（SXJS202305）；成都工业学院校级思政精品项目；成都工业学院中华传统文化学院项目（ZHY202219）。
第一作者简介：杜生民（1970—），女，教授，硕士；研究方向：工业经济、工业文化。
通信作者简介：刘学美（1994—），女，讲师，硕士；研究方向：工业文化、法律。

工专"到建设"全国一流,四川引领""四川工业的行业大学"的奋斗目标,探究校史文化立德树人的价值意蕴和育人路径,弄清楚我们从哪里来,才能更好地谋划向哪里去、怎样去的路径,更高质量地谋求应用型高校特色发展道路。

1 校史文化激发孕育、淬炼熏陶、传承创新的历史脉络

学校创建于1913年,校名为四川职业学校,是辛亥革命后四川举办的第一所实业学校。学校12次更名,9次保留有"工"字,8次都含有"工业"两字,5次搬迁校址,办学历史从未中断(如图1所示)。学校创建之初,以实业救国为内核的工业文化精神就悄然激发、孕育、融入办学之道。

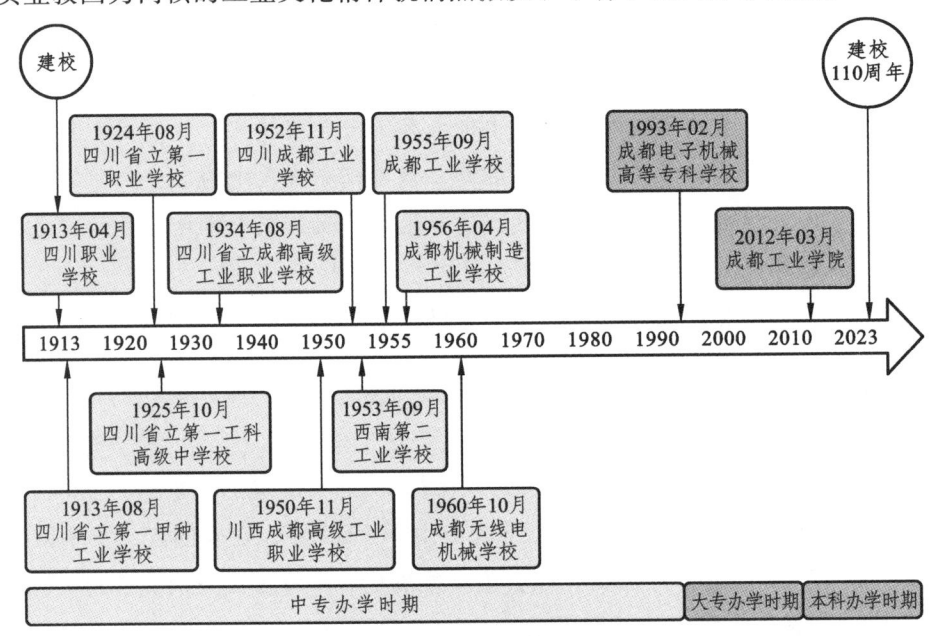

图1 学校百十年变迁历程

1.1 激发孕育:学校创建于救亡图存,实业兴邦的民国时期

从清末到民国,除一些伟大的政治家、革命家在努力探索和实践根本解决问题的政治革命、军事斗争之外,还有一些爱国人士也在教育救国、科学救国、实业救国等方向上探索救亡图存的道路。

新中国诞生前,学校办学大致可以分为三个时期。甲工校时期:从1913年到1924年,学校处于草创奠基和初步发展阶段;工科高中时期:从1925

年到1934年，学校处于全国学制改革、四川军阀混战、教育经费十分困难的阶段；高工校时期：从1935年到1949年，这一时期学校遭受了疏散办学、时局不稳、货币贬值等多般劫难。

自创建到1935年，学校办学一直以机械、应化、染织、矿业（采矿冶金）科为主。1935年和1938年分别将采矿冶金和染织科并入他校。1937年后陆续兴办了电机、电讯、电机技术、机械技术、航空机械技术和制革等科，为解决抗战之需开办短训班和中等技术科。1939年8月，教育部部长陈立夫签署训令，指定成都高工校本学期开办机械、应化、电机或电信科职业训练班各一班。1944年秋，为适应四川建立大批军用机场及美国空军在川设立航空基地对人才的需求，航委会经与教育部协商，决定在成都高工校等校开办航空机械技术科。①

1.2 淬炼熏陶：快速发展于独立自主、工业立国的新中国工业化初创阶段

1953年，学校学习苏联开始设置工具制造、工业企业电气装备两个新专业。1956年，为满足无线电工业发展需要，增设金属切削加工专业。1957年秋，改金属切削加工专业为机械加工专业；改工具专业为工模具制造专业。1960年10月，学校更名为"成都无线电机械学校"，简称无机校。中苏关系恶化后，新中国开始了以备战为目标、以国防科技工业为核心、以重工业为重点的三线建设。②

---

① 高工校设置的这些"科"与50年代"学习苏联"后建立的"专业"不同，"科"较接近"学科"性质，除开设通用课程外，各科的技术课程设置不是紧紧围绕某一较窄的专业，而是在某一学科范围内涉及面较宽。例如：电机科（1940年）的课程（科目）：通用课程为公民、国文、体育、算学（含初等数学和高等数学）、物理、化学、外语、军训；技术课程为器械画、制图、应用力学、材料强弱、机械制造法、机械学、热力学及热力机械、水力学及水力机械、电磁学、直流电机、交流电机、电灯、电信学、无线电学、发电所及电力输送、电机设计、工厂建筑、工商行政管理等。此外还有多种实习科目。（来源：2013年成都工业学院校史编写组编撰《成都工业学院校史》）

② 1956年创建的杭州航空工业财经学校，1960年创建的桂林机械专科学校，与学校同隶属于第二机械工业部、第四机械工业部、电子工业部，在1980年都升格为杭州电子工业学院，桂林电子工业学院，即杭州电子科技大学、桂林电子科技大学前身。1956年9月，四川成立成都电讯学院（电子科大前身），成都无机校因部、省意见不一致，学校错失升格机会。（来源：2013年成都工业学院校史编写组编撰《成都工业学院校史》）

1964年开始，横跨三个五年计划，国家进行了大规模的国防、科技、工业和交通基础设施建设，涵盖13个省、自治区和直辖市，形成了机械、电子、化工、医药、核工业、航空、航天、导弹发射等完整的工业体系。这期间，四川成为三线建设的重点省份。学校作为全国重点中专，为西南、西北国防军工的科研院所和大批国企厂矿如中国电科10所、29所、30所、成都红光、宏明，四川长虹及重庆、贵州等地企业培养了众多优秀的管理者、工程师和技术骨干。

三线建设作为中国工业化进程中的关键一环，是新中国在国际冷战格局带来的国家安全威胁下，平衡经济发展与国防安全的一次产业重组和空间合理化布局。"好人好马上三线，备战备荒为人民"的三线建设时期，物质极端贫乏，无数成工学子在"靠山、分散、隐蔽"的穷乡僻壤，心系国家安危，历经磨砺，扎根荒凉广袤的西部大地，"献了青春献终身，献了终身献子孙"，形成了"艰苦创业、无私奉献、团结协作、勇于创新"的"三线精神"。[1]

1.3 传承创新：奋力赶超、大展宏图于工业强国的新型工业化阶段

1993年学校升格为大专，2012年升格为本科。这时期，高等教育扩招，中国加入WTO，国家向新型工业化道路加速前进，学校在系部建设和专业发展方面也有量的改变和质的飞跃。作为示范高专和新建地方院校，学校迅速适应国家工业化发展战略，依托百余年办学的独特气质和鲜明个性，将工业精神融入大学精神、城市精神，在软实力建设中塑造应用型高校建设的"四川名牌"，提升新建地方大学的影响力和竞争力，力争成为四川现代产业工人培养的摇篮。

学校紧密对接国家正在构建的绿色制造业、现代服务业、生态高效农业的现代产业体系，根据四川产业布局重点，动态调整专业设置，促进教育链、人才链、产业链有机衔接。学校先后获批机械电子工程、微电子科学与工程、计算机科学与技术、通信工程、物流管理5个国家级一流本科专业建设点；获批材料成型及控制工程、微电子科学与工程、计算机科学与技术、通信工程、电子信息工程、软件工程、机械工程、国际商务、汽车服务工程等15个省级一流本科专业建设点，获批数量和比例在全省同类高校中位居前列。

学校推动城市精神与大学精神融合，促进文化与产业融合发展，成为区

域工业文化的孕育中心、创新中心。"大学之道,在明明德,在亲民,在止于至善",大学正是通过"正道""明德""求善"来示范引领一个民族精神文化的形成,塑造弘扬社会主流价值。学校与郫都区合作建成新时代文明实践中心、"未来蜀你"——科学美空间综合文化中心;与成都市政府合作建成的"甲高工坊1913"是成都天府锦城"八街九坊十景"重要点位;目前正在与宜宾市政府合作筹建四川工业文化博物馆。

2 工业文化的灵魂——工业精神铸魂育人的价值意蕴

教育的首要问题是"培养什么人、怎样培养人、为谁培养人","人才培养一定是育人和育才相统一的过程,而育人是本。人无德不立,育人的根本在于立德。这是人才培养的辩证法"[2](如图2所示)

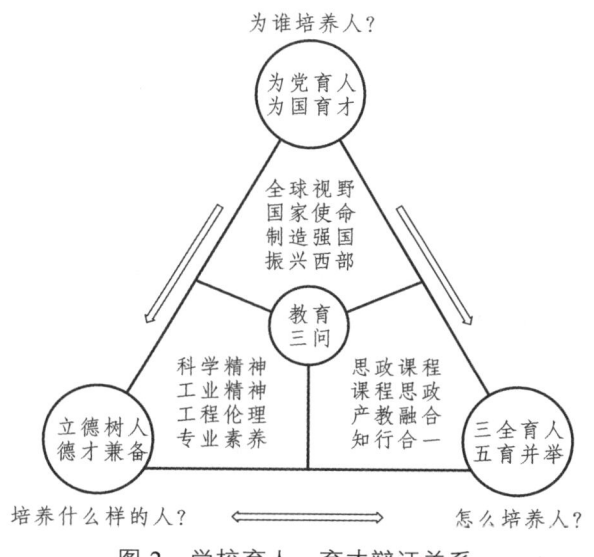

图2 学校育人、育才辩证关系

工业文化是文化的组成部分,是伴随着工业化进程而形成、渗透到工业发展中的物质文化、制度文化和精神文化的总和(如图3所示)。[3]工业文化经长久积淀而形成的价值内核是工业精神。工业精神为工业生产活动提供了深层次动力和支撑,它是一种伴随着工业化实践而产生并发展的社会共同价值观及主导取向,[4]能够为培养具有工业化思维和工业价值观的新时代人才提供价值引领。[5]

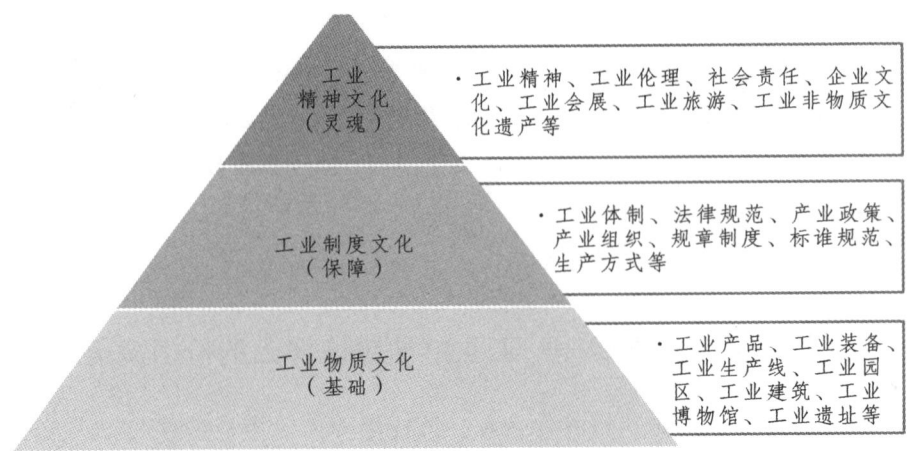

图 3　工业文化的组成部分

2.1 培养五育并举全面发展，具备工业文化素养的新工科人才

走新型工业化道路，建设创新型工业化国家，需要培养大批具有工业文化素养的建设者，他们的工业文化素养直接决定着我国工业强国战略目标的实现。中国式现代化的核心是人的现代化，追求人的全面自由发展，而不是"单向度的人"。"我们培养的学生首先应该是一个全面的人，是一个爱国者，一个辩证唯物主义者，一个有文化艺术修养、道德品质高尚、心灵美好的人；其次，才是一个拥有学科、专业知识的人，一个未来的工程师、专门家。"[6]钱伟长很清楚地阐释了我们通常讲的"德智体美劳"全面发展的人才观。

新工科是"新四"之首，尤其强调学科的实用性、交叉性与综合性，需要培养专业工程知识技能与人文社会科学素养兼备的复合型人才。[7]培养造就大批卓越工程师，是我国现代化产业体系和实现高水平科技自立自强的强有力的保障。工业 4.0 推动了工程与技术的融合创新，人机结合后，伦理冲突、技术复杂性、工程社会性等问题日益凸显，除了要求工程师具备过硬的专业技术知识外，还需要承担起社会责任，将技术伦理、底线与工程情境结合，创造性地解决智能制造领域的复杂性工程问题。[8]

从农耕文明到工业文明，再到信息文明，中国优秀传统文化的优雅从容、工业文明的创新创造和信息文明的前卫时尚"水乳交融、交相辉映"是绵绵用力、久久为功的过程。

2.2 深耕中国优秀传统文化，树立正确的工业价值观

我们的工业价值观与西方有本质区别。中华文化具有崇尚天人合一、敬天爱人、各美其美、美美与共、人与自然和谐共生等理念与智慧。中华优秀传统文化与中国共产党领导下的工业实践使中国式现代化既有现代化国家的普遍性，又具有特殊性，即形成了一种不同于强权国家的工业价值观，成为中华民族伟大复兴的精神动力。现代文明越来越警示人类必须更加关注价值体系、社会伦理及治理规则的共建，必须正视人与人、人与机器、人与社会、人与自然的关系，使之更加和谐。

工业文化不只是一种追求富强的价值观，它还是一种文明的重塑。工业革命以来，完成这种文明重塑的国家与地区并不多。因此，以工业文化来塑造国家形象，是众多民族追求现代文明的梦想。我们的工业价值观秉承人民群众对美好生活向往的价值追求，是社会主义核心价值观的集中体现。在快速成为制造大国的过程中，支撑制造强国的工业价值观尚在培育形成过程中。从国家层面看，需要重视实体经济，倚重制造业；从社会文化层面看，需要尊重知识、崇尚创新；从市场环境层面看，需要塑造契约精神、协同合作的价值观念；从企业员工层面看，需要培养工匠品质、法治意识、品牌意识等职业素养。

世界工业化发展历程表明，以文化因素为代表的"软实力"已成为国家核心竞争力的重要组成部分。现代化的历史进程、制度特色、价值立场、发展理念充满鲜明的民族标识和深厚的文化底蕴。工业4.0革命以来，科技与文化相辅相成、互助互利。欧美等制造强国凭借创新潜力、品牌黏性、文化影响力等巩固竞争优势，主导国际规则、标准规范等，使隐伏于无形之中的国际关系间的思想文化、价值体系、制度体制的暗中较量公开化、明晰化、理论化，而且从意识形态领域向文化产业形态演进，直至成为国民经济体系和国家综合竞争力的重要组成部分。

2.3 担当工业强国重任，涵养中华民族伟大复兴的精气神

中国工业精神是一个内容丰富、形式多样的精神体系，也是中国共产党人精神谱系的重要组成部分。实现中国优秀传统文化创新性发展和创造性转

化,就是将中国优秀工业文化蕴含的哲学思想、人文精神、道德伦理等,通过中国制造的工业产品,把跨越时空、超越民族的工业精神弘扬,把既立足本国又面向世界的工业成果传播出去,为我国工业发展提供正确的精神指引和强大的精神动力。

当前,我国的现代化建设仍然面临着"应对重大挑战、抵御重大风险、克服重大阻力,解决重大矛盾"的时代重任,科技创新必须与中华民族独立自主追求现代化的工业精神相结合。我们用几十年走完了西方国家几百年的工业化历程,从跟跑到并跑再到领跑,一代代工业人艰苦奋斗、甘于奉献、自强不息、爱国敬业,产生了一次次历史性飞跃,创造了一个个中国奇迹,"三线精神""大庆精神""航天精神""两弹一星精神"等工业精神凝聚着中华民族的精神追求、道德规范和价值取向,也是团结拼搏、自强不息的民族精神、时代精神的集中展现。

应用型高校培养的人才是实现经济高质量发展的中坚力量。担当民族复兴大任的时代新人要有志气、有骨气、有底气,成为胸怀"国之大者"。实际上我们国家很多"卡脖子"技术恰恰是在一些传统的工程技术领域,一些核心技术的突破就卡在材料的性能上,比如有些材料本身有一些缺陷,哪怕提高一个千分点,都是非常艰难的事情,需要脚踏实地、精益求精的工匠精神。[9]青年学生要弘扬我国工业化初期艰苦奋斗、励精图治的工业精神,奋发图强、锐意进取,在西部崛起、民族复兴的伟大历史征程中施展抱负、建功立业。

3 工业文化涵养时代新人,立德树人的实践向度

我国独具特色的工业化历程积淀的工业文化源自中国优秀传统文化、革命文化和社会主义先进文化。工科院校是推动工业化发展的人才培养基地,也是工业文化沉淀和传承的重要场所,创新工业文化、提升工业品质,是工业院校的使命和社会的期待。

3.1 工业精神融入成工精神,构建特色鲜明的工业文化大思政育人格局

学校通过工业文化环境、资源的熏陶传承,将中国工业精神融入"成工精神",构建特色鲜明的工业文化大思政协同育人体系。学校披荆斩棘的办学

历程，汇聚成了成工人"艰苦奋斗、严谨治学、崇尚实践、追求卓越"的成工精神。成工精神和工业精神高度契合。将工业精神的核心价值融于校风、师风、教风、学风建设，融入党建思政、课堂教学、学术研究、实践育人、文化建设等十大育人体系，建设打通课堂、联通社会、融通发展的文化育人机制，形成理论教育+实践养成+环境熏陶的大思政育人格局。

学校将工业文化建设与解决学生思想实际相互结合、与促进学生创业就业相结合，激发青年学生树立技术报国、工业强国的理想信念。"听党话，跟党走"，引导学生把个人职业理想同中华民族复兴的伟大梦想结合起来，将学习成效转化为爱党爱国、报党报国的本领和能力。结合我校办学历史及专业特色，深挖校史、院史、学科史、专业史以及杰出校友成长历程中的育人元素，讲好承载中国精神、中国力量和中国价值的工业故事。甲工楼、红楼、长虹会堂、九洲湖的工业史及机械博物馆中的学科史就是很好的育人素材。学校 1958 年国庆献礼的牛头刨床，70 年代自主研发的精密磨床、龙门刨床、电火花线切割机床等教学生产设备，是我国独立自主、艰苦奋斗、自力更生的工业精神的集中体现，也是成工人故事的重要载体。

以我校智能制造、机械制造相关专业为例，专业教师不但要了解我国制造业发展变迁历程、相关设备模具的制造工艺，还要向学生讲授从事制造加工的技术员、工程师艰苦奋斗、精益求精的科学精神、工匠精神，增强学生的民族自信心和自豪感，培养其制造强国的匠心动力，弘扬民族工业应有的"制造精神"——吃苦、敬业、钻研、创新和奉献，积极投身"工业强国"的现代化实践中，成为"热爱工业""服务工业""奉献工业"愿意扎根基层的"新工科"应用型人才。

3.2 促进教育链和产业链融合，在深度产教融合中真正体验工业文明

当今世界，新技术革命和产业迭代日新月异，真正要扎根中国大地办学，彰显"工业报国、科技强国、创新兴国"的使命担当，必须对接地方产业链、创新链需求，推动政府、学校、企业、协会在产教融合、协同育人方面的深度合作。构建适应区域经济社会发展需求的学科专业体系，让学生真实体验工业文明，感受工业文化熏陶，体悟以民族昌盛为己任的爱国情怀、科技创

新的拼搏斗志、工业强国的民族追求；深入企业掌握严格规范的生产工艺、现代企业的管理流程、特色鲜明的企业文化；学习生产线上爱岗敬业的劳动精神，恪尽职守的职业道德、精诚合作的团队意识和精工细作的工匠品质。

四川作为新兴工业大省，是"双循环"新发展格局中的关键枢纽，成渝双城经济圈已经成为新的经济增长极，在现代化强国中有着极为重要的战略地位。"十四五"时期，四川制造业综合实力要首次迈进全国第一方阵，成为全球制造业重要基地，这对应用型人才培养提出了更高要求。学校"关产业痛痒、应产业所求、纳产业精华、为产业服务"，根据我省产业结构升级改造传统专业，面向"智能制造""电子信息""现代服务业"三大领域，建设更多校企合作共同体。

目前学校已经与华为共建"华为信息与网络技术产业学院"、与京东共建"数智供应链产业学院"、与长虹等共建"模具产业学院"、与封面传媒共建"智慧媒体与软件产业学院"、与宜宾凯翼共建"新能源汽车与先进制造现代产业学院"等。成工学子要弘扬三线建设时期学长们的家国情怀，奋发图强、锐意进取、守正创新的工业精神，勇担制造强国重任，积极投身西部建设的洪流中。

3.3 坚持"育人"与"育才"的统一，教师做到"经师"和"人师"的结合

教师是新时代"立德树人"的践行者，要站在培养担当中华民族伟大复兴重任的建设者、接班人的政治高度，做到育人与育才的高度统一。"立人"必先"立己"，教师要努力实现"经师"与"人师"的完美结合与内涵式发展，以"四有"标准要求自己，强化帮助学生成人、成才的使命感、责任感和荣誉感。教学的目标不仅是帮助学生获得专业知识，还要帮助他们在领悟知识技能的过程中建立起与他人、社会的联系，进而将自我的人生规划和人生价值自觉融入国家民族发展进程中。

高校课堂是师生之间进行思想、知识、学术、智慧、人格、情感交流的平台，是一种集知识、能力、创新、道德于一体蕴涵生命意义的活动，也是一个生命唤醒激励另一个生命、生命成就超越生命的过程。[10]在教书育人实践中，教师要锤炼自己的理想信念、道德修养、专业素养、育人本领、人文

底蕴、科学精神等方面的为师魅力，[11]做到教书和育人、言传和身教、潜心问道和关注社会、学术自由和学术规范"四个统一"，当好学生成长路上锤炼品格、学习知识、创新思维、奉献祖国的"四个引路人"。

种树者必培其根，种德者必养其心，要让青年教师传播符合现代工业时代要求的价值观念。2023年学校举办了四期由思政教师、辅导员及专业教师参与的调研驱动式工厂生产实践教学，深入国防军工、高新技术、上市公司等企业，沉浸式体验生产一线，参观三线建设厂址、博物馆，参与工业文化学术讲座、红色主题教育研讨，聆听全国劳模、最美科技工作者报告，分享就业指导、三下乡、学风建设经验等环节，实现思政课教学与学生日常思政教育工作思想同心、目标同向、队伍共建、资源共享。

结语

一所大学办得好不好，不是看它的办学条件、校园规模和教学设施，而是要以长远的眼光、历史的视野看它培养出什么样的人才，看它对国家对民族所做的贡献。[12]建设一流的特色鲜明的应用型高校，就是要聚焦制造强国战略，引导青年学生成为国之大者，传承中国工业的使命与价值，做社会主义现代化强国的建设者和接班人。

参考文献

[1] 陈先兵.论"三线精神"的理论内涵和重要价值[J].攀枝花学院学报，2020，37（4）：23-29.

[2] 习近平.在北京大学师生座谈会上的讲话[N].人民日报，2018-05-03.

[3] 王新哲，孙星.工业文化概念、范畴和体系架构初探[J].西北工业大学学报（社会科学版），2015，35（1）：30-33.

[4][5] 尚文浩.新中国工业精神的价值内核及其实践路径[J].南京理工大学学报（社会科学版），2020，33（6）：31-37.

[6] 陈勇，颜克成.钱伟长的人文教育思想及其实践[J].上海大学学报（社会科学版），2013，30（2）：109-115.

[7] 陈利华,赵津婷,姚立敏,等.基于《华盛顿协议》的高等工程教育的探索与实践[J].中国大学教学,2017(10):50-54.

[8] 李玉霞.工程教育专业认证背景下工程伦理教育的探索——以智能制造工程专业为例[J].教育教学论坛,2022(11):69-72.

[9] 邢晓凤.秉承创新基因,探索新工科建设的深大路径——专访中国科学院院士、深圳大学校长毛军发[J].教育家,2022(22):13-15.

[10] 周波,刘世民.教学学术视域下大学教学的品性及其意蕴[J].高等教育研究,2018,39(6):67-73.

[11] 徐启江,黄云彤,等.立德树人视域下高校"人师"与"经师"内涵及自我养成路径[J].高教学刊,2021(6):180-184.

[12] 刘伟.不断提高人才培养质量加快建设中国特色世界一流大学[J].中国高等教育,2022(1):15-17.

基于课程思政的高校材料力学教学内容建设

◎ 康泽毓　李一岚　郑向华　唐剑兵　苏睿

（成都工业学院　智能制造学院，成都　611730）

【摘　要】我国高校人才培养模式目前得到了社会的一致认可，然而随着时代的发展，全课程思政教育的重要性逐渐提高，而教学与工作中思政教育的不充分，使得教学环境存在价值观引导不足的情况。本文基于高校视角，以材料力学为例，对基于课程思政的内容建设给出对策和建议，以期推动我国课程思政与高校教育协同发展。

【关键词】课程思政；材料力学；思政教学

1　引言

立德树人是高校立身之本，对于高校而言，教育是最基本的职能，同时，高校也肩负了为社会服务、弘扬社会主义核心价值观的责任。高校应当在日常的教学中充分挖掘专业课程中的思政元素，将习近平新时代中国特色社会主义思想融入教学中，才能为建设社会主义现代化强国培养建设者接班人。毕业生不仅要有必要的专业知识，也应拥有良好的职业操守与职业道德，而这恰恰彰显了课程思政的重要性。因此课程思政作为高校教育的重要一环，对其研究与发展对我国高校建设极具现实意义。

2　相关概念阐述

2.1　课程思政的本质[1]

什么是课程思政？首先要明确的是，"课程思政"并不是一门课程，而是

第一作者简介：康泽毓（1990—），男，讲师，硕士；研究方向：机械设计制造及其自动化。

通信作者简介：李一岚（1988—），女，讲师，博士；研究方向：流体力学。

一种教学的方法。新时代高校教育的目标，要求学生"两条腿走路"，一条腿是专业技术能力，另一条腿是思想道德情操，专业技术不过关，跨不过高坡，思想品质不过关，蹚不过险滩。唯有两条腿走路，才能培养出技术过硬、觉悟过关的新时代中国特色社会主义接班人。而这也就是课程思政的本质：坚持育德育人，实现传道解惑、铸魂促行的有机统一。

2.2 课程思政的理念

从课程思政的发展来看，课程思政的理念并不是一成不变的，而是经过了系统的发展，从中小学德育教育一步步发展到大中小学课程思政一体化建设。课程思政将社会主义核心价值观作为核心内容融入各学段，到"整体规划大中小学德育课程"，解决德育知识在各阶段重复、与学生身心不匹配的问题，到最新"从育人本质出发，发挥课堂教学育人主渠道作用"，课程思政逐渐形成了自己的理念，也就是将思想政治教学有机地贯穿学校教育教学的全过程，深入发掘各类课程的思政元素，发挥全课程思政教学功能，落实教育教学职责。

2.3 课程思政的方法

高校的课程思政教学有别于中小学，存在一定的特殊性。一方面，作为接受教育一方的大学生已经成年，世界观、价值观基本定型；另一方面，大学生独立生活的迷茫感与脱离管束的叛逆感会令其对枯燥的说教产生排斥，而落实在教学中，全课程的思政教育如果方法不当，往往会产生适得其反的效果。然而，这并不是说当代大学生就排斥思政教育，相反，他们的想法很先进，他们的爱国心也很热忱，只是他们更愿意看到真实的事迹，而非枯燥的说教，也就是孔子所说的"听其言而观其行"，因此在教学中，适当的思政元素插入显得更为重要。

3 课程思政在材料力学课程教学中的内容建设

在高校工科教学中，在材料力学教学中开展课程思政建设，存在着其必要性。一方面，材料力学课程覆盖专业广，是机械类专业课程体系中一门重要的专业能力支撑课程；另一方面，在材料力学开展思政教学，有利于培育学生的爱国主义思想——在中国，材料力学的发展，可以看成是中国发展的缩影，从一开始的筚路蓝缕，到如今的硕果累累，是几代人的努力所铸就的，而其中所发生的，藏在历史中的故事，往往不为学生所知。当代大学生并不缺少爱国的热情，但是，如果这份热情没有充实的理论与现实基础，热情燃尽后，反而会为一些消极的想法提供可乘之机。因此，这个阶段是最好也是最重要的教学切入点，教师需要根据实际情况，积极调整探索新的授课内容和授课模式。[2]

3.1 将思想政治教育融入课程教学的全过程，构建有序育人格局

坚持立足材料力学视角下的思政设计，立足思政教育视角下的材料力学教师思想政治素养和思想政治教育能力的培养提升，课程思政不应作为材料力学教学的一个环节，而是应该作为贯穿整体的补充，材料力学作为一门专业课，它的大部分知识都与实际的工程案例相关，这就为思政元素的插入提供了良好的基础。

3.2 实施多元化教学方式方法改革，将大学生思政教育有机融入课堂教学

以工程应用为前提，以增强讲课内容的新颖性、趣味性和易理解性为抓手，采取多种教学方式方法进行引领。一是利用网络教学平台开展专题讨论，加强对学生的思政引领，学生对网络的使用效率很高，但利用效率很低，在教学中对学生进行恰当的引导，让学生在自己的发现中去学习思政知识，往往会起到事半功倍的效果；二是优化案例式教学模式，深化对学生的思政启迪，从学生"知道"但在课程内容上不"熟悉"的案例入手，如港珠澳大桥的力学分析，又如运载火箭的结构设计，从日常引入，在专业"引爆"，从而让学生得到更好的学习效果；三是实行任务驱动式教学模式，让学生在实践中产生思政共鸣。纸上谈兵是无法做好教学的，实践是不可缺少的一环。[3]

3.3 着力从课程内容布局、课程师资等方面做好顶层设计

在课程内容上，紧密结合党的二十大精神，立足中国宏观背景、聚焦世界现实问题，以"材料力学"为主题，以"中国"和"陈毅精神"为主线，以"上大课、讲大势、传大道"为目标，从"材力世界""材力安全""材力

创新""材力合作""材力利用""材力强国"多维度串联"材力中国",构建课程方案;在课程师资上,大力推进师德师风建设,努力将课程打造成一门集时代性、思想性、前沿性、鲜活性于一体,蕴含丰厚人文情怀和德育元素,能激发学生爱国爱校爱专业意识的"课程思政"示范课程。

4 课程思政在材料力学课程教学中的教学方法

在理论阐释中,让马克思主义基本原理落入课本中。对于学生来说,马克思主义不应当只是一种理论,也应当成为解决实际问题的方法。实际上,学生在学习中往往会有意无意地践行马克思主义基本原理,而教师所要做的,就是将学生的行为点明并提炼。

在知识讲解中,注入"思想道德修养与法律基础"课程教学元素,提升学生对本课程和专业的认知,逐步形成良好的工程素养;同时激发学生的学习动力,使学生进一步端正学习态度,明确学习目标,增强社会责任感和使命感,树立远大的理想抱负。[4]

在案例教学中,推进一些真实案例,如"陈毅精神"进课堂,通过解析陈毅元帅鲜活且极具感染力的典型事件,帮助学生树立正确的世界观、人生观、价值观;引导学生以德立身、德才兼修,自觉弘扬"陈毅精神",践行社会主义核心价值观,努力成为全面发展的建设人才;涵养热爱祖国、报效国家的家国情怀。

在拓展教育中,衔接"中国近现代史纲要""中国科技发展近代史""形势与政策"课程的知识点。中国的近代史,是压迫史,也是斗争史。对这段历史的阐述,有助于启发学生进一步提高思想认识,增强民族自豪感,坚定共产主义理想信念,坚定"四个自信",努力学习,奋发有为,立志成为能够担当中华民族伟大复兴大任的时代新人。

在课堂组织中,贯通对学生健全人格、健康身心和科学思维的培养塑造,使学生不仅能够掌握专业知识,而且逐渐具备较强的团队合作意识、竞争意识,具有较高的人文素质和较强的人际交往能力与组织协调能力,不断增强创新意识和实践精神,成为技艺精湛、敬业乐群的高素质应用型科技人才。

5 课程思政在材料力学课程教学中的教学案例

5.1 案例一

案例引入：材料力学，源于对工程结构受力研究的需求，同时也是固体力学中最早发展起来的一个分支，为工程设计中选用材料和选择构件尺寸提供依据。在世界的力学发展史上，一般认为是伽利略在《两种新的科学》首先提出了材料的力学性质和强度计算的方法。而在中国，东汉年间，郑玄在胡克之前1500年就记载了有关线弹性规律的记述："每加物一石，则张一尺。"说明当时的人对弓力的定量测量已有系统的研究。公元600年前后，隋大业年间，出色的工匠李春利用石料耐压不耐拉的特性，主持建造了跨长37.37米、拱圈矢高为7.23米的拱桥，跨越河北赵县的洨河上，称为安济桥，俗称赵州桥。《营造法式》撰写于公元1103年（北宋崇武二年），是建筑学家李诫的名著，书中完整地总结了建筑设计、结构、用料和施工的"规范"。全书分五个部分，共36卷、357篇、3555条，图文并茂，洋洋大观。书中对构件尺寸做了十分详细的规定，给出许多经验公式，其中写道"凡梁之大小各随其广分为三分，以二分为厚"，意思是房梁要从灌木中截取高与宽之比为3∶2的矩形最合理。这与材料力学分析的结论基本吻合。

案例说明：每种结构都具有自己的特性，如我们案例引入中所提到的国外对于材料力学性质与强度的计算方法，以及国内对于弹性规律的记载，对于桥梁的建造、建造的心得，都体现了事物的特殊性。另外，从特殊性中提炼的共性，与国内外科学家对同一规律的研究并从中得出相似结论的情况，也说明了事物的普遍性，从材料力学的发展史我们可以体会到，事物发展的特殊性和普遍性是统一的。

综上所述：通过介绍"材料力学"课程的起源与发展，引入本学科伴随时代发展，展现"材料力学"知识体系与探索实践在世界发展中所发挥的重要贡献，同时强调"材料力学"对新中国发展的重要贡献，以及在探索科学时应具有的严谨求知态度。

5.2 案例二

案例引入：从前有一位老人，在临终的时候，把7个儿子召集到床前，给每个儿子一根竹筷,让他们折断。每一个儿子都毫不费力地把它折断了,接着老人又将 7 支竹筷捆成一束交给他们,看谁能把 7 支竹筷同时折断。7 个儿子都试了一遍,谁也没有这个本领。最后,老人把捆着竹筷的绳子松开了,7 根竹筷散落一地,竟是还没折,就已经无用了。

案例说明:强度特性分为材料强度特性和结构强度特性,指强度与体系中物质的量无关的性质,即不具有"部分加和性质",其数值取决于材料和结构自身的特性。这给我们的启示是个人离开集体,很难获得成功;团结的集体应该有共同的行动,集体中的成员应团结协作,各自发挥自己的特长。从材料力学角度我们进行计算分析,考虑一个直径为 d 的圆截面杆,令其代表一根筷子。截面对其形心轴 x 的惯性矩,其抗弯截面模量,分别反映了圆截面杆抵抗弯曲变形和抵抗弯曲破坏的能力。如果用 7 根同样的圆截面杆组成一个新截面,代表被捆紧的一束筷子,按照组合截面几何性质的分析方法(利用平行移轴公式)可以得到组合截面的惯性矩和抗弯假定筷子的弯曲正应力强度是常数,折断筷子所需的外力正比于抗弯截面模量。计算可得:七根筷子是一根筷子抗弯截面模量的 21.2 倍,在七根筷子的案例中我们可以得出结论:7 倍的力量只代表群体的力量,21 倍是团结的力量。故事的结尾则说明,若心不往一处使,7 个单独的力量,甚至可能连 1 个力量都不如。

综上所述,这份材料说明了团结协作的重要性。给我们的启示:个人离开集体,很难获得成功,就像被掰断的单个的筷子。在团体面前,个人的力量总是渺小的,但是团结的集体应该有共同的行动,才能"力往一处使",如果团队里的个人各行其是,那形成的就不是合力,而互相拉后腿的分力,最终一事无成,唯有集体中的成员应团结协作,各自发挥自己的特长,才能办好事,办大事。

6　课程思政在材料力学课程教学中的教学展望

6.1　扩大影响,教学改革成果应用推广

每年举办一次"研讨会"或"论坛",并充分利用高校的教学优势与思政教育的有利条件,积极开展教学研讨和经验交流。

团队进一步加强精品课程建设,将优秀的"课程思政"改革成果和电子

教材、教学软件、网络课程、教学课件、演示文稿、教学设计、教学案例等教学资源集结在网络平台上，为广大学子服务。

6.2 示范引领，开展"课程思政"教学经验宣讲

将本团队建设成为"课程思政"教学研究、教学改革、教学创新的示范团队。派出相关教改经验丰富、实践能力强的教师到企业授课或进行示范教学，充分发挥团队的示范和辐射作用。

7 结语

课程思政是一项长期的工作，因此不能闭门造车，在完成高校思政教育的同时，也应当不断深化课程改革与企业合作，加大"课程思政"实施力度，在探索与实践中锻炼课程团队，并通过教学改革成果的推广应用、优质教学资源的共建共享，影响和带动相关院校与企业"课程思政"教学改革和师资队伍建设。

参考文献

[1] 计琳，徐晶晶.从"思政课程"转向"课程思政"：上海从战略高度构建高校思想政治理论教育课程体系 专访中共上海市教育卫生工作委员会副书记、上海市教育委员会副主任高德毅[J].上海教育，2017（3）：8-9.

[2] 张一璠.高校课程思政中的思政元素挖掘梳理论析[J].内蒙古农业大学学报（社会科学版），2020，22（6）：38-42.

[3] 丁洁，范丽娜，肖闯.新时代高校课程思政建设的现实困境与实施路径[J].当代教育论坛，2021（5）：109-115.

[4] 沙占华."课程思政"与思政课程同向同行的逻辑必然及路径选择[J].保定学院学报，2020（1）.

构建具有产教融合特色的课程思政育人体系

◎ 黄晓燕　苏睿　吴丽红　郭成操　刘刚利　姜自莲　牟志宏　张欢

（成都工业学院　智能制造学院，成都　611730）

【摘　要】为系统化提高课程思政协同育人的成效，本文介绍了课程思政与产教融合的耦合性、双向赋能，构建了具有产教融合特色的课程思政育人体系，实现了思政育人功能课程全覆盖。以智能制造学院为例，通过搭建产教融合共同体，组建专业课和思政课教学团队，推动课程思政工作和信息技术高度结合等举措，将思政教育有机融入育人全过程，取得了较好的实践效果。

【关键词】产教融合；课程思政；育人体系；措施；实践成效

引言

产教融合是建设应用型本科高校、培养高素质应用型人才的必由之路。《国务院办公厅关于深化产教融合的若干意见》强调："将产教融合作为促进经济社会协调发展的重要举措，融入经济转型升级各环节，贯穿人才开发全过程，形成政府企业学校行业社会协同推进的工作格局。"[1]习近平总书记在2016年的全国高校思想政治工作中明确提出，"其他各门课都要守好一段渠、种好责任田，使各类课程与思想政治理论课同向同行，形成协同效应"，从而要"把思想政治工作贯穿教育教学全过程，实现全程育人、全方位育人，努力开创我国高等教育事业发展新局面"[2]。学校贯彻落实国家教育方针，坚持"地方性、应用型、开放式"的办学定位和"根植地方、魂在应用、产教融合、协同育人"的办学思路，以培养应用型人才为根本，将价值塑造、知识传授

基金项目：四川省首批高等学校课程思政标杆院（系）"成都工业学院智能制造学院"；
四川省首批高等学校课程思政典型案例"地方应用型本科机械基础课程群"。
第一作者简介：黄晓燕（1971—），女，教授，硕士；研究方向：机械工程。

和能力培养贯穿于教育教学全过程,系统化提升课程思政协同育人的成效。

1 构建产教融合课程思政育人体系

课程思政是落实立德树人的重要载体,是一项复杂的系统工程。课程思政作为高校育人主渠道,在教学范式上更多是以学校为单一主体,注重课堂讲理,容易忽视学生的生活实践,从而缺少亲和力和针对性。产教融合作为育人主阵地,主要聚焦学生的实践教育环节,容易忽视思想理论的引领作用。而课程思政与产教融合互融互通,具有较强的耦合性,双向赋能,可以较好地摒弃传统单线思维与单兵作战模式,秉持协同、开放、合作、共享的理念,以马克思主义基本立场、观点、方法去激发学生的主观能动性,构建新的育人模式,图1为产教融合课程思政育人体系。

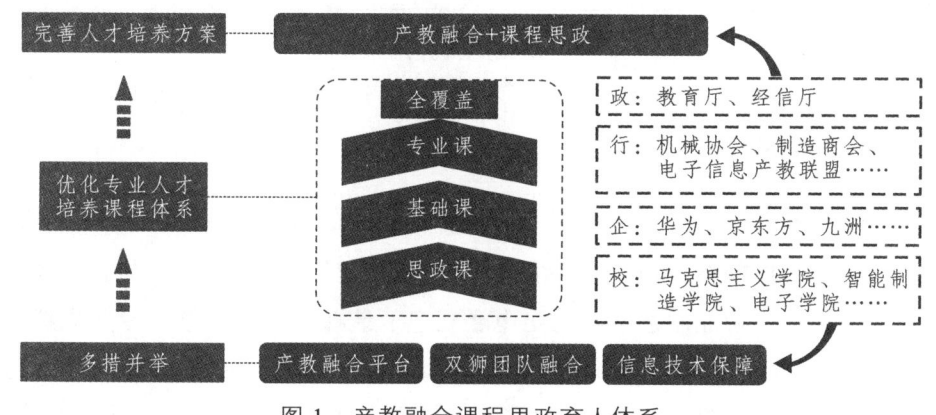

图1 产教融合课程思政育人体系

2 优化专业人才培养课程体系

构建产教融合课程思政育人体系的关键在于优化专业人才培养课程体系,推进思政育人功能从"思政课"向"基础课""专业课"全面覆盖。重新梳理基础课、思政课、专业课的自身特点及课程之间的育人关系,遵从学生的认知规律,从学生职业需求出发,推动各课程间的互融,实现课程思政目标的有机衔接,形成大思政的育人体系。如挖掘校本文化,将思想政治教育融入课程教学的各环节,构建全课程育人格局。成都工业学院智能制造学院通过"赓续红色基因,学史铸魂育人"、智造故事荟、纪念陈毅元帅诞辰书画展、重走元帅求学路等一系列主题教育活动，以"弘扬陈毅精神、传承成工精神"为内涵，打造能激发学生爱国爱校意识并能彰显"成工品格、成工素质、成工知识、成工能力"的成都工业学院特色"课程思政"体系。图2为融入了课程思政的人才培养体系。

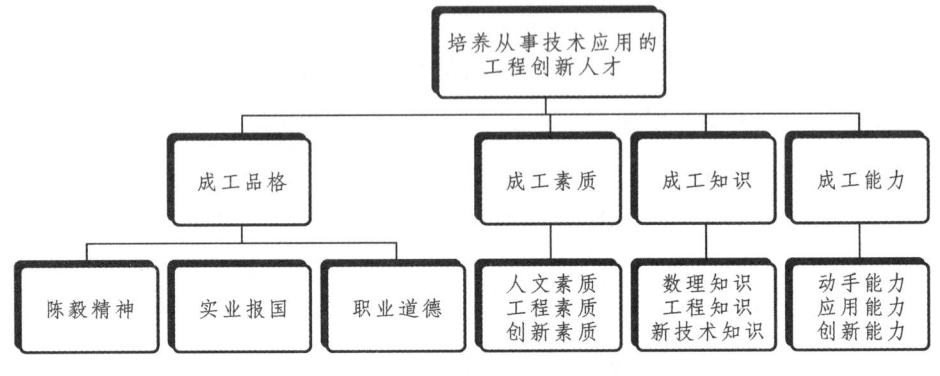

图2 课程思政融入人才培养体系

3 具体举措

以产教融合协同育人为特色的课程思政育人体系，强调政、行、企、校多主体间的协作创新，强调育人实践中专业学识性、产业现实性与思想政治价值性的统一。智能制造学院立足电子信息、装备制造学科领域专业集群，持续探索政行企校多维度产教融合协同育人模式，重构专业人才培养体系，打造多方融合教学资源，促进区域经济产业链和人才价值链的跨界和协同发展。

3.1 搭建产教融合共同体，将思政教育有机融入育人全过程

创办四川省电子信息产教联盟、成渝地区双城经济圈应用型高校联盟，搭建政行企校协同育人平台；对接华为、京东方、富士康、长虹等龙头企业，共同构建全面覆盖、类型丰富、层次递进、相互支撑的课程思政共同体；深度挖掘行业、企业的思政元素，举办"匠心铸梦"系列讲座，邀请全国工人先锋号专家进校园等，将企业在攻坚克难生产过程中涌现的拼搏精神、钉子精神、工匠精神等融入课程内容和学生实践环节中；搭建"萤火梦工场""课作工坊"等课外学生创新创业平台，推进项目式、案例式等多种教学手段，

将思政教育嵌入学科竞赛、双创项目、科研课题中，实现对学生价值引领、能力达成、知识传授兼容的育人目标。

3.2 双师融合共建课程，打通知识体系屏障与壁垒

组建由专业课教师和思政课教师共同参与的课程建设教师团队，构建课程"门门有思政"、教师"人人讲思政"的格局。课程教师要自觉形成德育意识、思政能力和文化自信，始终把正确的政治方向、价值取向、学术导向贯穿于教学科研各环节，全面培养师生至诚报国的理想追求、敢为人先的科学精神、开拓创新的进取意识和严谨求实的工作作风。引导师生挖掘每门课程和教材中深层次所蕴含的文化因子和价值范式，从人文角度回溯科学知识体系的初心，自觉将社会主义核心价值观融入教与学中。

3.3 推进课程思政工作和信息技术高度融合

构建校园新媒体矩阵，培育优秀网络育人平台、网络文化工作室和研究团队。随着信息技术对教育领域的不断渗透，传统的教育育人功能实际上有所弱化。学院充分发挥新媒体联盟的作用，做大做强全媒体育人阵地，打造"CDTU智造先声"等公众号，构建网络思政教育新空间，筑牢网络意识形态主阵地，掌握弘扬正能量的主流价值观和话语权，让协同育人回归立德树人的根本。

4 实践成效

学院组织全体教师开展课程思政专题教研教改，出台《智能制造学院课程思政建设方案》，植入突出"工匠精神"和"企业文化"的产教融合应用场景，优化专业人才培养课程体系，全面修订机械电子、机械设计制造及其自动化、机械工程、智能制造、机器人工程等5个本科专业人才培养方案。经过多年的实践，学院形成了课程思政好的做法和经验，机械电子工程专业成为国家双一流建设专业和省级课程思政示范专业，"机器人技术及应用""材料力学""理论力学"等3门课程成为省级课程思政示范课程，"机械基础课程群教学团队"成为省级课程思政示范团队。《光明日报》《中国教育报》、成

都电视台、看度等媒体先后 10 余次报道学院的建设成果，成都大学、西昌学院、内蒙古鄂尔多斯应用技术学院等 20 余所高校来参观交流，相关教师参与课程思政的交流报告 20 余次，践行了具有产教融合特色的课程思政体系。

5 结语

智能制造学院从完善课程思政机制和搭建产教融合协同育人平台入手，系统化设计和实施课程思政与产教融合的双向赋能，围绕电子信息、装备制造产业，有效提升了适应地方社会经济发展和行业技术进步的应用型人才培养质量，形成了具有产教融合特色的课程思政育人体系。

参考文献

[1] 习近平在全国高校思想政治工作会议上强调 把思想政治工作贯穿教育教学全过程 开创我国高等教育事业发展新局面[N]. 人民日报，2016-12-09.

[2] 梅鲁海. "课程思政"+"产教融合"协同育人主体的交互共生和价值耦合[J]. 中国职业技术教育，2021（29）：18-26.

校本红色文化资源融入大学生党史学习教育的路径探析

◎ 瞿懿韬　刘铁鹰

（成都工业学院　马克思主义学院，成都　610037）

【摘　要】党的百年奋斗史是一部丰富生动的"大思政"教科书。开展大学生党史学习教育，是高校加强思想政治工作的重要契机，也是落实立德树人根本任务的重要实践活动。但面对新任务、新要求，大学生党史教育仍然存在缺乏理论揭示、缺乏现实回应以及缺乏实践认知等短板效应。为此，学校通过用好用活百年党史和校史蕴含的红色基因，发挥传统课堂主渠道；激活第二课堂功能，发挥德育资源价值；以拓展网络传播路径为主要方式，探索以陈毅革命精神为代表的校本红色文化资源融入大学生党史学习教育新模式，不断增强育人实效。

【关键词】校本红色文化；陈毅革命精神；大学生；党史学习教育

引言

2022年1月，习近平总书记在省部级主要领导干部学习贯彻党的十九届六中全会精神专题研讨班开班式上指出，要用好红色资源，加强革命传统教育、爱国主义教育、青少年思想道德教育，引导全社会更好知史爱党、知史爱国。[1]党史是教科书也是营养剂，是大学生思想政治教育的重要内容，也是实现"立德树人"根本目标，培养新时代合格接班人的重要课堂，对推动党

基金项目：四川省首批省级新文科研究与改革实践项目；2022年度成都工业学院校级科研项目（2022SZ008）。

第一作者简介：瞿懿韬（1984—），男，讲师，硕士；研究方向：青年思想道德、大学生思想政治教育。

和国家各项事业形成深远影响。因此，探索把红色资源融入大学生党史学习教育新路径，既能在高校思想政治工作这一重要载体中拓宽党史教育的方法和途径，又能不断丰富党史教育资源，进一步增强工作实效性。

1 校本红色资源融入大学生党史教育的深刻内涵

红色文化是在马克思主义指导下，中国共产党带领广大人民在革命、建设和改革的伟大实践中，创造和孕育出的理论成果、物质遗存和精神财富的总称。[2]红色文化资源对于帮助大学生树立正确的世界观、人生观、价值观，增强吃苦耐劳意识，涵养优良品格和品德修养具有重要的价值，是大学生学习历史、感悟历史、坚定理想信念、提高思想觉悟的重要源泉，意义重大而深远。本文以成都工业学院为例，探索如何通过提升大学生党史学习教育实效性，挖掘以陈毅革命精神为代表的校本红色文化资源，以构建一体化协同育人机制为保障，强化党史资政育人价值，不断创新大学生党史学习教育路径方法，激发学生在学思践悟中瞄准艰苦奋斗的"对标尺"，形成创新发展的"动力源"。

1.1 校本红色文化蕴含着丰富的理论教育资源

红色文化根植于中华优秀传统文化的深厚土壤，是伴随中国共产党诞生、成长、壮大而不断丰富的文化体系，是马克思主义同中国革命实践相结合、不断创新发展的系统。马克思主义赋予红色文化以精神内核，规定了红色文化的理论基础和实践源泉，而红色文化的时代背景、发展脉络和熔铸淬炼，决定了其重要的政治功能和教育价值。[3]陈毅元帅一生为中国人民的解放事业和国家建设奋斗的历程，无不彰显出作为一名中国共产党人对时代命题的探索与解答。陈毅革命精神中蕴含着的丰富理论教育资源，对于帮助大学生认识和明确自己肩负的光荣使命和时代责任有重大的实践指导价值。

1.2 校本红色文化蕴含着丰富的理想信念教育资源

当代大学生思想活跃、特点鲜明，在多元价值观的冲击之下，容易受到历史虚无主义、个人主义和享乐主义等思想观念的影响，虽然大多数学生认同红色文化的认知和价值层面，但学习党史的主动性不高、深入度不够，对崇尚艰苦奋斗、自强不息的革命精神和理想信念认识不足。陈毅是学校百年办学历史中培养出的杰出校友，元帅追求真理、坚定信念的政治品格，忠心报国、勇于献身的爱国精神以及胸怀坦荡，无私无畏的人格魅力蕴含了丰富的理想信念教育资源，有利于激励大学生不断砥砺前行，更能成为大学生经受学习和生活中各种困难考验的精神动力。

1.3 校本红色文化蕴含丰富的初心使命精神资源

"读史使人明志。"在大学生中开展党史学习教育，主要是帮助大学生认识前人探索救国救民之路的艰辛历程，深刻感受无数英雄人物和革命烈士在风雨如晦中对信仰的不懈坚持。

陈毅革命精神中蕴含着心忧天下的爱国之心、傲霜斗雪的奋斗之心、无我忘我的为民之心，是对大学生进行党史教育的精神"富矿"。同时，百年校史中一代代师生披荆斩棘、筚路蓝缕的奋斗史，也是初心使命教育和自强不息教育的精神"根脉"，让学生在抚今追昔中感受到伟大的奋进力量，在潜移默化中提升情感修养和价值追求，进而深化对新时代初心使命的新要求、新内容的理解和自觉践行。

2 校本红色资源融入大学生党史教育的时代价值

成都工业学院杰出校友陈毅元帅是学校文化符号和精神标识。以陈毅革命精神为主体的校本红色资源，与学校历史底蕴和文化背景同根同源。以对校友伟人崇敬自豪的心理为纽带，能引发学生的情感共鸣和思想共识，使党史教育与学生的距离更为贴近。通过挖掘和提炼学校历史上形成的最具思政教育价值的红色校本资源，有助于推动思政传统教育资源与学校特色教育资源的融合，彰显红色文化的时代价值，凝聚建设"全国一流、四川引领"的应用型高校的磅礴力量。

2.1 有助于廓清历史虚无主义，契合党史学习的目标要求

马克思、恩格斯创立的历史唯物主义，穿透历史的重重迷雾，第一次深入现实的人的物质生产实践之中，科学地揭示了人类社会发展的规律，为人类社会指明了历史发展的基本方向。党的二十大报告提出："坚定历史自信，增强历史主动。"坚定历史自信，就要坚持用历史唯物主义的观点认识历史，

增强历史自觉和历史定力。党史学习教育中，陈毅在其生平事迹和各个历史时期的革命实践中展现出的坚定、正确、鲜明的政治态度和政治立场，能为大学生在成长成才过程中提供重要的方向指引。同时，将其与中国共产党革命奋斗和发展建设的历史进程相结合，深入挖掘其蕴含的党史教育元素和承载的教育功能，能进一步弘扬和传承老一辈革命家的精神风范，廓清历史虚无主义的迷雾，为党史学习教育的开展提供坚定政治态度和坚守政治立场的范例。

2.2 有利于弘扬学校优良传统，促进党史教育情感认同

百年风雨兼程，筚路蓝缕。成都工业学院在办学历程中，形成了以"艰苦奋斗"的办学精神、"手脑并用、学做合一"的实干精神为代表的独特学校气质，滋养了几代成工人足履实地、励精图治，形成了优良的学风和教风。通过党史学习教育，学习陈毅革命精神、践行成工精神，发扬学校优良传统，让当代大学生更深刻地了解老一辈革命者的奋斗历程，将零碎的片段化党史知识，转化为整体性的认知全貌，深刻体会百年党史的奋斗历程与当今个体幸福的密切联系，进一步促进学生从情感认同、文化认同向思想认同、政治认同转变，不断增强对马克思主义理论、中国特色社会主义和中国共产党的认识和理解。

2.3 有助于传承红色文化基因，激发新时代青年奋斗动力

陈毅革命精神内涵丰富，既饱含着中国共产党革命先辈们高尚的道德情操光芒，又为当代青年主动担当历史使命、投身时代发展洪流、砥砺奋斗建功提供精神滋养。将这种宝贵的精神融入党史学习教育中，能帮助大学生强化理想信念、增强民族自信心，树立正确的价值导向。同时，在党史学习教育中注重发掘学校在百余年发展建设历程所铸就的红色品格和红色资源，传承红色基因，能够进一步让学生在回望历史的过程中，重思在当下国家发展、民族复兴中自身的责任和方向，实现高校育人价值目标。

3 校本红色资源融入大学生党史教育的有效路径

红色文化与党史学习教育不仅具有内在的价值关联性，而且具有目标的契合性。基于此，充分挖掘校本红色文化资源，特别是陈毅革命精神在党史

教育工作中的潜力，用好用活学校百年历史中蕴藏的红色基因，筑牢思政工作"主阵地"、建强思政队伍"生力军"、做活思政教育"大文章"，对于学校积极探索和实现陈毅革命精神和党史学习教育融合的路径具有重要的意义，可以从重视传统课堂功能、激活第二课堂功效、发挥爱教基地作用、建设虚拟课堂空间等方面着力，灵活运用多种教育方式，使二者有机地融为一体。

3.1 发挥以红色文化为价值引领的传统课堂主渠道功能

传统思政课课堂是校本红色文化融入大学生党史学习教育的主要方式和途径，因此必须重视思政课的主渠道功能价值。一是在课程内容上要紧密结合教学大纲、内容和计划，结合课程改革，关照学生成长需求和生活实际。如在形势与政策课程中，专设陈毅革命精神专题，通过学习了解革命校友陈毅戎马一生、了解学校百余年的办学历史，让大学生结合新时期青年责任和使命担当，传承陈毅革命精神，弘扬红色文化基因，投身社会实践、努力成长成才。如在毛泽东思想和中国特色社会主义理论体系概论课程中，通过红色革命理论和史实的阐释，展现以陈毅同志等为代表的老一辈无产阶级革命家参与组织领导淮海战役等一系列重大战役、为新中国外交方针战略的制定和贯彻殚精竭虑、积极贯彻执行新中国的外交政策思想，协助周恩来参加一系列重要外交活动、谋求强国大计，探索中国道路等伟大实践。二是在课程形式上可通过问题链专题式教学，围绕陈毅革命精神设置讨论话题或理论辩题，引导学生开展小组讨论和主题辩论。例如在中国近现代史纲要课程中，精选突出性重大历史事件，选取近现代史中关乎党和国家命运的重大抉择作为讨论或辩论的主题。三是在教学模式上采取"线上+线下"的方式，拓展党史学习教育平台，通过主题团日、主题班会、党史知识竞答等形式，形成立体的党史学习教育场域。同时，依托"学习强国"、人民网、共产党员网等资源平台开展线上自学，引导学生树立正确的党史观，将陈毅革命精神融入学习教育日常，进一步丰富校本红色文化的理论深度和实践厚度。

3.2 激活以实践活动为主要形式的第二课堂功能价值

理论与实践相互联系，相互促进。通过实践课堂可使大学生以更为直观的形式体验和感受红色文化，深度参与党史学习教育过程。一是充分利用学校思政课实践基地"陈毅故里""建川博物馆"等校内外德育基地资源优势，定期组织学生实地参观考察，通过体验式、沉浸式的实践学习，以生动、直观的教育带领大学生深入了解中国共产党波澜壮阔的发展历史，走近历史场景和历史伟人。同时，推动学生以党在历史进程中积淀形成的革命传统和红色文化鞭策自己，常怀报国之志，坚定理想信念，勇担历史重任，通过实践教育，引导大学生把体验感悟转化为自觉的行为。二是积极拓展课堂教学外延，着力用好"思想政治理论课实践教学"和"第二课堂学分"，以课程化的形式，将党史教育融入"第二课堂"活动板块，把党史教育贯穿于学生综合素质的培养锻造过程，为党史实践育人拓展平台、拓展路径。同时，在活动中注重大学生的思想引领，引导学生将党史学习教育中获取零散的感性认知上升为对党的历史进程和领导地位系统而深刻的理性认知。三是利用"三下乡"暑期社会实践、"返家乡"寒假社会实践和"逐梦计划"等活动，开展红色专题社会实践项目，把党史学习教育与大学生日常教育、专业学习、科创活动、社会实践有机结合起来；发挥"互联网+大学生创新创业大赛"红色筑梦之旅、"创青春"等比赛"以赛促学"作用，燃点思政教育红色力量。此外，优化学生综合评价体系，将学生参与红色社会实践的情况作为评先评优、党员发展等考察的重要因素。通过对形式的改革创新，让大学生深度参与陈毅革命精神和校本红色文化资源传承发展，引导大学生从被动接受向主动学习党史知识转变。

3.3 挖掘以爱教基地为依托平台的德育资源价值

四川省爱国主义教育基地——陈毅纪念园是学校极为宝贵的教育资源。利用其丰富的史料，创建情景课堂，加强应用研究，有助于提高党史教育的感染力和针对性。一是将其与党的革命奋斗和学校发展建设的历史进程相结合，深入挖掘其蕴含的党史教育元素和承载的教育功能，对陈毅元帅的生平事迹、各个历史时期的革命实践及其所体现的精神风貌等红色文化资源进行系统梳理，形成生动活泼、富有说服力的党史教育素材。根据陈毅纪念园陈列展示的图片、实物、史料，提炼其党史背景知识，形成校本红色文化典型案例，进一步充实展陈内容和图书文献，开展数字化资源库建设，打造充满红色文化氛围的党史育人阵地。二是通过"弘毅讲坛"和陈毅研究平台，邀请校外知名专家、学者和陈毅后人、亲属为师生举办党史专题报告会和陈毅革命精神讲座，帮助学生直观、真实地回顾党的奋斗历程，客观认识中国特色社会主义道路的必要性和必然性，加深学生对党史的正确理解。三是利用学校陈毅和红色文化科研平台，积极开展"陈毅革命精神"校本红色文化价值内涵与党史教育、党史与思想政治教育、党史教育在人才培养中的价值引领等方向的应用研究，推进研究成果向教育资源转化，为"陈毅革命精神"等校本红色文化资源应用于党史教育、以党史教育促进大学生思想政治教育奠定学理支撑。

3.4 拓展以虚拟课堂为特色的党史教育传播路径

当代大学生是成长于互联网的"原住民"，他们依赖从网络获取信息和资讯，互联网对他们生活的影响也越来越大。因此，要推动陈毅革命精神等校本红色文化资源融入大学生党史教育，就要因事而化、因时而进、因势而新，善用技术资源，不断强化育人阵地建设。一是加强学生网络互动社区和"两微一端"建设，着力打造互联网育人新阵地，整合校本育人资源，通过打造既符合新时期"00后"大学生特点，又具励志性和亲和性的网络思想政治工作平台。针对重大活动、热点问题和突发事件等开展大学生网络素养教育，做好网上舆论引导工作，以"对话"的氛围消弭生硬"说教"。二是随着科技的不断进步和发展，运用VR虚拟现实技术与三维可视化技术结合数字展示以及多媒体技术，将党史中的人物、事件等融入其中，成为创新学习教育的重要形式。通过虚拟体验式课堂，学生采用小程序打卡、AR互动合影、实时弹幕分享、剧情场景演绎、互动游戏一系列体验环节，参与体验课堂，[4]在一定程度上规避了传统课堂偏理论性的弱点，又在一定程度上解决了实践教学组织成本高和安全管理难等问题，兼具直观性与便捷性，成为未来党史教育的拓展形式和发展方向，从而引导大学生将体验感悟转化为认知行为，以党在历史进程中积淀形成的革命传统和红色文化鞭策自我常怀报国之志、坚定理想信念、勇担历史重任。

4 结语

党的历史是最生动、最有说服力的教科书。在新的时代背景下，更新教育理念、创新工作方式、提升育人实效既是加强大学生党史教育的重要抓手，又是校本红色文化资源向党史教育资源转化的重要路径。深入挖掘学校校本红色文化资源"宝库",用身边的党史故事和校史案例教育和启迪学生,开拓多样化的党史学习教育形式,帮助引导他们学史明理、学史增信、学史崇德、学史力行、以史为镜、以史明志。[5]以"四维一体"模式为特色的"成工经验",将校本红色文化资源充分赋能大学生思想政治教育的各项工作,实现红色文化的育人功效,进而打造地方高校红色文化教育特色,不断推动高校党史学习教育走深走实。

参考文献

[1] 习近平在省部级主要领导干部学习贯彻党的十九届六中全会精神专题研讨班开班式上发表重要讲话[EB/OL].（2022-01-11）[2022-2-27].http://www.gov.cn/xinwen/2022-01/11/content_5667663.html.

[2] 张春和,宋爱奎. 红色文化融入思政课的审思与探索[J]. 四川民族学院学报,2020（5）:34-35.

[3] 蓝贤发. 用红色文化厚植大学生爱国主义情怀[J]. 人民论坛,2021（1）:150.

[4] 李亚静,张春和. 红色文化资源融入大学生党史教育的路径研究[J]. 贺州学院学报,2022（3）:135.

[5] 杨非. 湖湘红色文化融入新时代大学生党史教育的内容耦合[J]. 湖南大众传媒职业技术学院学报,2022（9）:54.

新文科背景下应用型高校外语教师课程思政建设能力提升研究

◎ 卢梦迪[a]　苗萌[b]

（a.成都工业学院　基础教学部，成都　611730；
b.成都工业学院　外语与国际教育学院，成都　611730）

【摘　要】本文旨在以针对新时期"三全育人"的教学目标，从"思政课堂""思政课程"和"思政竞赛"三个方面，探讨新文科背景下应用型高校外语教师的课程思政建设能力提升的有效途径。通过促进大学英语教师的专业自主发展，建立研究共同体，优化专业发展监控与评价体系，以及完善大学英语课程的顶层设计和教师专业发展的协调机制，从而实现大学英语课程思政建设与教师专业发展同向而行，形成协同效应。

【关键词】课程思政建设；教师发展；应用型高校

引言

课程是教育教学之本，思政是立德树人之根，实施课程思政是实现"价值塑造、知识传授、能力培养"三大目标的重要前提。习近平总书记在2016年召开的全国高校思想政治工作座谈会上明确指出，要坚持把立德树人作为中心环节，把思想政治工作贯穿教育教学全过程。[1]随后，2020年5月8日发布的《高等学校课程思想政治建设指导纲要》的内容明确强调，教师是全面推进课程思政建设的关键。[2]也就是说，落实课程思政的重点在于提高教师

基金项目：成都工业学院2023—2024校级教育研究和教学改革项目（20230201）；成都工业学院2022年度课程思政专项课题（KCSZ202303）；四川外国语言文学研究中心专项科研课题（上海外语教育出版社资助课题）（SCWYH23-16）。

第一作者简介：卢梦迪（1996—），女，讲师，硕士；研究方向：认知语言学、英语教学。

的课程思政意识和理论水平，以及将思政元素融入日常教学过程，从而实现由"思政课程"到"课程思政"的有效转变。[3]

以"大学英语、课程思政、教师能力建设"为关键词对 CNKI 数据库进行检索，发现：从 2016 年提出"三全育人"的理念到"课程思政"的问世，"大学英语课程思政"的大量研究论文如雨后春笋般涌现，其研究成果尤其集中在 2018 年以后，研究重点主要涉及课程思政的核心内涵、具体内容和教学步骤等方面。[4]然而，在推进部分课程思政教学实践中，对课程思政的实施者——外语教师重视不够，缺乏相应关注。[5]

1 外语教师课程思政能力建设的价值意义

"大学英语"作为语言知识类课程，课程兼具文化承载功能，对于学生多元文化能力的提升和价值塑造有着不可替代的重要作用。而大学英语课程思政建设作为高等教育改革的重点之一，不仅关系到应用型高校人才培养质量的提升，更关乎其社会责任和服务使命的体现。[6]因此，作为外语课程思政教学实践的重要践行者——教师，其课程思政能力的建设和提升在整个教学改革环节中应占据核心地位。

1.1 助推大学英语课程思政改革

《大学英语教学指南》（2020 年版）规定，高校英语教学要积极融入学校思想政治教学体系，在立德树人的任务中发挥重要作用。[6]课堂是课程思政的主渠道和主战场，课堂教学的影响力直接决定课程思政的有效性。提高外语教师思想政治素质，有利于充分挖掘"读写教程""听说教程""外刊阅读""跨文化交际"等外语课程中所蕴含的文化基因和价值范式，有效地将课程融入爱国主义、理想信念、中华优秀传统文化和职业生涯规划教育中，从而实现知识、能力、思政的"三维学习目标"。[7-9]

1.2 完善大学英语教师发展机制

大学英语"课程思政"建设，教师是关键。增强外语教师的课程思政意识是提升其教学能力的前提。首先，外语教师课程思政能力建设有助于提升教师的教学能力，更新教育观念，使其能够适应教学改革和学科发展的需要。

其次，这也有助于促进教师的专业成长和职业发展，例如通过参与教研、学术交流、课程研发等方式，激发教师的创新精神和学术热情，为教师提供广阔的发展空间和机会。[10]此外，外语教师参与课程思政建设能够增强他们对学生的关注和关怀，培养学生的思想道德和人文素养，引导他们树立正确的价值观和世界观，为学生的全面发展提供良好的教育环境和学术支持。这不仅有利于学生的成长，也能够增强教师的责任感和使命感。

1.3 反哺"三全育人"教学理念

"三全育人"是指全员、全过程、全方位的教育模式。其基本理念是把思想政治教育贯穿于学生教育和教学工作的全过程和各个环节，丰富学生的思想政治教育，以此更好地适应学生成长的需求、时代的发展、社会进步的要求。孙有忠[11]表示，外语课程的思政目标主要包括两个方面：一是学会表达中国的理论、制度和政策，讲好中国故事；二是学会用英语表达中华优秀传统文化，培养家国情怀和人文素养，同时了解文化多样性，增强跨文化交际能力和培养人类命运共同体意识。只有这样，外语课程思政才能实现"三全育人"的教学目标，达到知识传递与价值塑造的同频共振。

2 应用型高校外语教师课程思政建设现状分析

课程思政的实施需要了解教师的真实需求和教学实践的现状。因此，笔者对我校 48 名大学外语教师进行了问卷调查（如表 1 所示），了解他们在大学外语课程思政实践中面临的问题和需求。通过 SPSS 对数据进行了分析，从理论知识、课程思政教学内容、教学评价方法等方面汇总了一些不足之处。

2.1 相关理论知识有待提高

大部分教师（78.5%）对课程思政理念缺乏深入的认识，仅简单地将其看作"思想教育"的一种手段，而混淆了"思政课程"与"课程思政"两者最大的区别，一味强调思政的重要性，忽视了外语知识的传授才是外语课程的核心内容。

高校外语专业教师应重视相关理论知识的提升，学会将其运用到课堂教学中。

表 1　外语教师课程思政建设问卷调查

序号	问题
1	您对课程思政的内涵了解吗？
2	您认为对学生进行思想政治教育是谁的责任？
3	到目前为止，您有参加过关于课程思政的培养（讲座）吗？
4	您觉得外语学科（专业）适合加入思政元素吗？
5	在当前的教学中，您会主动挖掘文本中的课程思政元素并融入教学过程中吗？
6	您在处理教材内容时，会优先考虑融入思政元素吗？
7	当前教学中，您觉得现在开展课程思政，最主要的困难是什么？
8	您认为课程思政会对学生有哪些帮助？
9	在教学中，您认为运用哪些方法进行课程思政最有效？
10	您如何对学生的思政学习效果进行评价？

2.2　课程思政内容把握不清

调查结果显示，虽然大多数教师（86.2%）认为自己在课堂中融入了课程思政，但存在随意性较强、与教学大纲中的思政目标脱节的情况。同时，对于其他内容，如经济、大数据、人工智能、地下空间等涉及专业知识性较高的应用类文章中的思政要点，许多教师（88.9%）由于缺乏相应工科背景，难以权衡和把握，所以避之不讲，导致课程思政内容单一乏味，难以真正地将课程思政融入课堂。

2.3　教学评价方式单一滞后

课堂教学成果的体现，重点在于教学评价。大部分教师（70.9%）表示在外语课程思政教学中并没有设置相关的思政内容评价体系，仅将其作为该堂课知识点的一个补充，评价方式仍以总结性为主，注重知识和能力结果导向，从而造成了教学目标与教学成果"两张皮"的现象。为解决这一问题，当前的重点应为确立课程思政教学评价标准，建设完善的课程思政教学评价体系。

3　外语教师课程思政建设能力提升路径研究

外语教师是实施大学英语课程思政的关键因素。为提升其课程思政建设能力，本文提出"课程思政进课堂、课程思政创示范、课程思政登赛场"三者结合的思政建设能力提升范式，以推动大学英语教师从"一堂课"到"一门课"，再到"课内课外"的连贯建设体系。通过这些方式，促进大学英语教师提升思政意识、更新教学理念、重构教学内容、整合教学模式和路径，从而提高育人能力，最终实现"院院有精品、门门有思政、课课有特色、人人重育人"的总体目标，为外语教学营造良好的教育氛围。

3.1 课程思政进课堂：提升教学素养，思政入脑入心

教师队伍建设在深化课程思政改革中扮演着至关重要的角色。为了确保课程思政能够真正渗透到学生的内心深处，外语教师需要更加积极主动，勇于创新。

因此，外语教师在课堂中可采取以下措施：

（1）更新课程思政教学理念。将学生置于核心地位，灵活地运用《习近平谈治国理政》系列教材探索"三进"方法，将大学英语教学与国家方针政策有机结合，与时俱进。

（2）创新课程思政教学内容。加强思政课教师与英语教师的合作，共同开展教学研究，深入挖掘英语课程本身蕴含的思政元素，将思政小课堂与社会大课堂相互融合，实现课程思政润物细无声。

（3）革新课程思政教学方法。通过增加合作式学习任务、共同创建虚拟学习空间、采用问题导向的探究方法等，实施线上线下混合式教学，以达到大学英语混合式教学的思政目标。

（4）焕新课程思政校本特色。建立符合学校实情和学生需求的课程思政素材库，形成教学资源开放共享、共建资源供给体系的生态教学系统，促进跨学科、跨课程的互联互通和在线共享课程资源的有效流动。

3.2 课程思政创示范：关注教师成长，思政潜移默化

高质量大学英语思政课程的开发有助于推动大学英语教师队伍建设。在这个过程中，我们必须遵循规则，实现从"一堂课"到"一门课"的转变。提高大学英语教师思政建设能力，需要做好顶层设计、统筹规划，构建常态化的领导机制、管理机制、运行机制、评价机制，特别是建设机制。

（1）完善课程思政培训体系。开展以教师思想政治教育为重点的专题培

训，是落实习近平总书记关于教育工作重要讲话精神的关键一步。通过实施系统的教师培训体系，帮助外语教师树立崇高的教育目标，增强外语教师的自信心和责任感，引导师生和谐共建教育"精神大厦"。

（2）优化课程思政教学体系。学院外语教研室可根据不同课程特点组建课程思政教学团队，讨论制定相关课程实施方案，深化外语课程改革创新。外语思政研究团队通过集体备课、展示和分享典型案例，让外语教师在潜移默化中将课程思政融入外语教学目标和教学过程中。同时，学校支持骨干教师以实际行动影响和激励其他教师共同进步，建立一系列高质量的大学英语课程思政示范课程，从而发挥大学英语课程在基础课程中的支撑作用。

（3）推动课程思政科研体系。学院鼓励教学团队积极开展本科英语课程相关的思想政治教育和教学改革课题，并深入开展研究。在这个过程中，大学英语教师不仅可以增加课程中思政内容的把握力度，也能提升自身的课程思政能力。

3.3 课程思政登赛场：鼓励赛教融合，思政协同育人

为提高外语教师发展质量，需要开展外语教师竞赛和学生竞赛，以提高外语教师的课程思政素质，并且要重点围绕英语核心内容和课程思政教学，实现课堂知识和校外实践的动态转变。

（1）拓展课程思政课堂教学。实践是最好的课堂，当面对不同文化和价值观的冲突时，教师应运用对比教学方法引导学生进行批判性讨论，以加深对不同价值观的理解。此外，还可以组织"跨文化能力竞赛""外语演讲比赛""配音大赛"等一些思辨性和实践性的竞赛，鼓励学生主动关注生活中的思政点，获得更深层次的知识，同时更加了解中国文化和时事新闻，将课堂中所学的语言知识和思政内容延伸到课外，形成一个充满思政元素的学习环境。

（2）参加课程思政课外竞赛。在我校"大思政"教育格局框架内，外语学院应积极支持外语教师参加外语教学中的各类课程思政竞赛，以此鼓励教师利用竞赛来反哺教学。此举与我校关于加强和改进新形势下思想政治工作实施意见以及课程思政建设实施方案相一致，以"课程思政"为重点的课堂教学改革将全面提高外语教学的课程设置、人才培养，并有效推进外语教师师资队伍建设。

4 结语

大学英语课程思政与教师思政建设能力提升的研究成果，既能作为课程思政的理想本土载体，也能作为思政实践教学的绝佳素材和教师职业发展的摇篮。同时，这些成果也有助于探索有效的跨学科学习路径和方法，实现横向渗透，也为推进"大思政"教学提供了实践智慧和有益参考，有助于塑造本科英语课程"跨专业、跨学科、跨院系"的思政研究环境。因此，为有效提高育人效果，外语教师必须准确把握时代脉搏，精心处理教学内容中的思政成分，在课堂教学中结合现代化教学手段，并结合完善的课程思政评价体系和及时的课后反馈，培养学生的思辨意识、创新意识和家国情怀。

参考文献

[1] 曲涛，刘翔. 内容语言融合教育理念下高校英语专业"三进"工作探索与实践[J]. 语言教育，2023，11（2）：43-52.

[2] 王晖. 在思政课开展习近平新时代中国特色社会主义思想"三进"工作[J]. 时代报告，2021，（9）：114-115.

[3] 朱德熠. 需要层次理论在高校思政政治教育中的应用研究[J]. 经济研究导刊，2021，（14）：62-64.

[4] 吴蓓蕾. 习近平新时代中国特色社会主义思想"三进"的实施策略[J]. 时代报告，2020，（10）：6-7.

[5] 贾冰. 高校思政教学"教材-教学-价值"体系转化的路径探索[J]. 高教学刊，2020，（16）：103-105+109.

[6] 吴春娅，郭文飞. 立德树人视域下高校推进"三进"工作路径研究[J]. 内蒙古煤炭经济，2020，（8）：222+224.

[7] 刘苏，王瑞，苏红燕，等."平'语'近人"进高校的对策研究[J]. 山西青年，2019，（23）：56.

[8] 杨艳梅，袁紫娟. 红色文化资源在高校思政教学中的运用模式——以贵州某地方高校为例[J]. 知识文库，2019，（15）：13-14.

[9] 余靖. 高校思政课对习近平新时代中国特色社会主义思想"三进"的推动作用[J]. 长春师范大学学报，2019，38（7）：21-23.

[10] 薛薇.习近平新时代中国特色社会主义思想"三进"研究[J].高教学刊,2018,(14):182-184+187.

[11] 孙有中.课程思政视角下的高校外语教材设计[J].外语电化教学,2020(6):15-17+20.

隐喻认知理论视域下的高校外语课程思政教学设计研究

◎ 杨运杰　卢梦迪

（成都工业学院　基础教学部，四川　宜宾　644000）

【摘　要】外语课程思政教学建设是一个十分复杂的系统工程。过往研究已经对外语课程思政进行了整体的架构与探讨，但将语言学理论尤其是认知语言学中的隐喻认知理论应用于外语课程思政教学设计的研究还很有限。因此，本文基于隐喻认知理论，聚焦外语课程思政的教学设计这一微观层面，一方面，探讨了隐喻认知理论与课程思政的关联性，为将该理论应用于外语课程思政教学提供了学理依据；另一方面，基于上述讨论，从教学目标、教学内容、教学策略等多个层面出发，具体论述了将该理论应用于外语课程思政教学设计的四条路径。

【关键词】隐喻认知理论；外语教学；教学设计；课程思政

1　引言

《高等学校课程思政建设指导纲要》（下文简称《纲要》）指出，要将思想政治教育贯穿人才培养体系，全面推进高校课程思政建设。[1]外语教学是我国高等教育的重要组成部分，理应与思政课程以及其他专业课程同向同行，形成协同效应，构建全方位育人大格局。

基金项目：成都工业学院课程思政教学研究中心 2022 年度校级课程思政专项课题（KCSZ202317）。

第一作者简介：杨运杰（1996—），女，讲师，硕士；研究方向：认知语言学、英语教育、文化与翻译。

自《纲要》发布以来，外语界就外语课程思政展开了广泛、深入的研究。文秋芳（2021）探讨了大学外语课程思政的内涵和实施框架。[2]罗良功提出了外语专业课程思政的根本目标、本质和尺度。[3]何莲珍认为，外语课程思政建设，要从教师队伍、课程建设和课堂教学三个方面入手。[4]刘建军和张湖婷则分别从深度教学理念和系统视角出发，对如何实施外语课程思政进行了探索。[5,6]可见，研究者们目前较为关注的，主要是外语课程思政的整体架构问题，且应用的理论多为教育学的相关理论。对于具体的教学设计以及语言学理论的应用，还有待进一步探索。

有鉴于此，本文拟从隐喻认知理论出发，对高校外语课程思政教学设计进行研究。一方面，探讨隐喻认知理论与课程思政的关联性，为将该理论融入高校外语课程思政建设提供学理依据。另一方面，以隐喻认知理论为指导，探索将其应用于高校外语课程思政教学设计的具体路径。

2 隐喻认知理论与课程思政的关联性

在过去的2000多年里，人们普遍认为，隐喻仅仅是一种修辞手段。自Lakoff和Johnson《我们赖以生存的隐喻》问世后，人们对隐喻的看法发生了翻天覆地的变化，认识到隐喻还是一种思考和推理的重要方式。近年来，世界范围内似乎掀起了一场史无前例的"隐喻革命"，"隐喻至上"也成为当今语言研究的一个突出特点。[7]Lakoff和Johnson所建立的隐喻认知理论认为，隐喻思维可帮助人类通过一个概念域来认知和理解另一概念域。[8]一般而言，隐喻是从熟悉的、有形的、具体的、常见的概念域来认知生疏的、无形的、抽象的、罕见的概念域，前者为源域，后者为目标域。隐喻认知理论对于解释人类概念的形成、认知的发展和行动的依据等都具有重要的作用。[9]隐喻认知理论的发展可分为三个阶段，各阶段的核心观点如下：第一阶段，隐喻是数学映射；第二阶段，隐喻是投影仪；第三阶段，隐喻是神经连接。[8]

课程思政，其本质在于实现立德树人的目标，[3] "致力于为塑造学生正确的世界观、人生观、价值观发挥积极作用"。[2]教学一般要实现两类目标——显性目标和隐性目标。显性目标涉及知识的获得和技能的掌握，隐性目标正是课程思政所要实现的育人目标。课程思政教学设计，就是要实现显性知识学习和隐性思政教育的统一。[10]而思政目标，既然属于隐性的教学目标，就不能喧宾夺主、直接灌输，而是要在潜移默化中实现对学生价值的塑造。"就像盐溶于水，无形无色却又无处不在，填补了专业课程教学在育人环节上的空白"，[11]又或者如"空气一样，弥漫于宇宙，洗荡于乾坤，普及众生，人人有得呼吸"。[12]

如上所述，课程思政教学目标的实现是在无形之中完成的，是在知识的传授过程中潜移默化的。而隐喻这一认知方式，能够帮助人们通过有形、常见、熟悉的事物，去认识无形、罕见、陌生的事物。教学目标中的知识目标、能力目标，正好就符合隐喻源域的要求，而其中的思政育人目标，恰好对应了隐喻目标域的特征。通过隐喻认知方式，教师能够很好地将显性知识教学和隐性思政教育相结合，而不至于出现"两张皮"的现象。与此同时，以受众为本位的隐喻式传播方式，也能够助力提升思想政治教育的育人实效。[13]

3 隐喻认知理论下的高校外语课程思政教学设计

3.1 寻找显隐目标的相似性

隐喻认知方式产生作用的机制是源域和目标域之间的相似性。而基于这一原理，要实现高校外语课程的两大目标——课程知识目标与课程思政目标之间的有机融合，就势必需要寻找二者之间的相似性。如此，方能避免踏入课程思政设计的典型误区——知识目标与思政目标相分离。[10]

以《全新版大学进阶英语综合教程1》中的一篇课文为例，文章的标题为"Deaf DJ"（耳聋的打碟师）。[14]这篇文章讲述了一位耳聋的男孩，经过数年的努力，克服了生理、心理上的重重困难，最终成为一名打碟师的故事。文章的最后，这位耳聋的打碟师告诉读者，如果有梦想，就要勇敢地去追寻。该素材语言特点十分鲜明，包括身体残疾、克服困难、勇毅前行等英文表达。学生通过学习这些语言，能够生动地讲述相关励志故事。因此，课文学习的显性知识目标就是学习困难和克服困难的相关语言表达，而隐性的思政目标则可设定为培养学生坚忍不拔的品质。显性目标与隐性目标的相似点就是"克服困难、勇敢前行"。如此，在显性知识目标完成的同时，隐性知识目标也得以顺利达成，而不至于让学生产生割裂或生硬之感。

3.2 确保教学目标的同一性

隐喻认知理论第三阶段对应的模型，被称为"隐喻式神经连接"模型或"隐喻的神经论"模型。[8]该模型认为，刺激的次数越多，两神经元之间的连通越牢固。只有获得足够的刺激，两神经元之间才会形成相对稳定的连通。因此，要想确保课程思政的教学效果，教学活动和内容需要多样化，但教学目标则需要始终不变、一以贯之。

以《英语阅读2》第七单元"Intellectual Property"（知识产权）为例，单元的主题是知识产权。[15]学生通过这个单元的学习，其知识目标在于掌握知识产权相关词汇，同时对知识产权保护法有一定的了解；课程思政目标则可以设定为尊重知识产权。为了让学生通过本单元的学习顺利完成上述目标，教师需要向学生提供多样化的教学内容与活动，如词汇练习、图片描述、视频观看、文章阅读、小组讨论、作文书写等。但是，需要注意的是，这些活动都要与知识产权有关，如观看的视频，其主题可以是"知识产权是什么"；阅读的文章，其主题可定为"知识产权保护法"；小组讨论"如何处理知识产权的侵权行为"；写作的主题则可设置为"在日常生活中如何尊重知识产权"。这样，通过多样化的教学内容与活动，就能够确保提供足够的刺激。而多种活动和内容目标的同一性能够保证这些刺激作用力的一致性，从而较好地帮助达成课程的思政育人目标。

3.3 突出教学内容的适切性

语言具有体验性，隐喻也具有体验性。隐喻的神经论模型表明，二者的体验性具有十分密切的联系。[9]因此，人们习惯用熟悉的、具体的信息去理解陌生的、抽象的信息。而对于外语课程思政教学而言，要让学生顺利理解教师预设的隐性课程思政目标，所提供的教学内容必须是真实且贴近学生日常生活的。

以《全新版大学进阶英语综合教程2》的一篇文章为例，文章的主题是"Maker Culture"（创客文化）。该文讲述了创客文化——自己动手文化在中国的发展，同时为读者提供了一些具体的人物和企业实例。学生学习这篇文章时，正处于大一下学期。上大学以前，大部分学生没有时间和精力自己动手制作一些东西。但进入大学以后，学生有了自己可支配的时间，同时相当一部分学生已经开始专业实训，自己动手做一些工业零部件。如果能将思政教学目标设定为感受自己动手的乐趣，并将这部分教学内容放在学生专业实训后进行，就能够很好地贴合学生的日常生活和学习经验，学生也能更容易地在潜移默化中受到课程思政教育的熏陶。而如果将思政教学目标设定为工业文化精神，试图拔高文章的文化、精神内涵，则不免有些偏离语言教学的素材和内容。

3.4 强化教学策略的隐喻性

如上所述，课程思政的根本目标在于立德树人，而立德树人目标的实现必然离不开学生思维和认知能力的发展。何莲珍表示，外语课程思政建设，应注重围绕"思维品质、科学精神、创新能力等重点优化课程思政内容供给"。[4]与此同时，隐喻，本身就是人类赖以生存的一种重要认知方式。体验哲学（Philosophy in the Flesh）认为，思维也具有隐喻性。[17,18]同时，隐喻与我们的创新思维、语言习得等思维能力都具有十分密切的联系。[19]因此，在外语课程思政教学设计中，为顺利实现其立德树人的根本目标，需着力强化教学策略的隐喻性，即引导学生从隐喻视角出发，看待语言和语言学习，从而看到语言背后隐藏的思维模式。

以《综合英语教程1（第四版）》的一篇文章"The Rocking-Horse Winner"（木马赢家）为例。[20]文章实际上是戴维·赫伯特·劳伦斯（David Herbert Lawrence）所作的一篇小说，小说通过男孩保罗为了获得母亲的爱，骑上木马以预测真实的赛马结果，终因过于疯狂导致力竭而亡的悲惨故事，从侧面反映出工业社会中金钱对人与人之间关系的扭曲。小说本身就具有极强的隐喻性，因此，在理解小说的主题时，教师可引导学生从隐喻的角度出发进行思考，思考哪些元素隐喻了哪些现实，并探索小说的结局到底隐含着怎样的启示。与此同时，在学习具体的语言知识时，教师可引导学生发现具体语言表达中的隐喻，如"She married for love, and the love turned to dust."（她为爱而结婚，但爱情最终化为灰烬。）其中，隐喻是"love is entity"（爱是实体），因此，爱会化为灰烬。由此，可提示学生从这一点出发进行思考，就会发现爱也可以是旅程、死胡同、奢侈品，或者是其他更具创新性的隐喻用法，从而延伸出不同的具体语言表达。在此基础上，还可引入造句练习、翻译训练等。在单元结尾，还可最终呈现为写作训练。如此不仅能帮助学生学习语言知识，还能锻炼学生的思维，提升学生的认知，同时促进学生创新能力的发展。

4 结语

本文基于认知语言学的隐喻认知理论，将研究重点聚焦于外语课程思政的教学设计这一微观层面。研究首先对隐喻认知理论应用于课程思政的学理依据进行了阐释。教学有两大目标——显性的知识目标和隐性的思政目标，二者恰好与隐喻中较为具体、有形的源域以及较为抽象、无形的目标域相对应。紧接着，研究就如何将隐喻认知理论应用于外语课程思政教学设计进行了讨论，从教学目标、教学内容、教学策略等多个层面出发，提出了四条具体可行的实践路径，即寻找显隐目标的相似性、确保教学目标的同一性、突出教学内容的适切性、强化教学策略的隐喻性，并就每条不同的路径，结合具体的教学实例进行了详细分析。借此，希望能为高校外语课程思政教学设计的理论与实践发展略尽绵力。

参考文献

[1] 中华人民共和国教育部. 教育部关于印发《高等学校课程思政建设指导纲要》的通知[EB/OL].（2020-05-28）[2023-06-23]. http://www.moe.gov.cn/srcsite/A08/s7056/202006/t20200603_462437.html.

[2] 文秋芳. 大学外语课程思政的内涵和实施框架[J]. 中国外语，2021（2）：47-52.

[3] 罗良功. 外语专业课程思政的本、质、量[J]. 中国外语，2021（2）：60-64.

[4] 何莲珍. 大学外语课程思政之"道"与"术"[J]. 中国外语，2022（4）：1-12.

[5] 刘建军. 深度教学理念下的外语课程思政教学探索[J]. 教育学术月刊，2022（11）：99-105.

[6] 张湖婷. 系统视角下从外语课程思政教育机制铸牢中华民族共同体意识——兼论课程思政教育机制的系统建设[J]. 贵州民族研究，2023（2）：199-204.

[7] 王寅. 认知语言学[M]. 上海：上海外语教育出版社，2006.

[8] LAKOFF G, JOHNSON M. Metaphors we live by[M]. Chicago：The University of Chicago Press，2003.

[9] 王寅. 隐喻认知理论的新发展——语言体验性论文之六：从神经学角度论证隐喻和语言的体验性[J]. 解放军外国语学院学报，2006（5）：1-5+37.

[10] 胡杰辉. 外语课程思政视角下的教学设计研究[J]. 中国外语，2021（2）：53-59.

[11] 王学俭，石岩. 新时代课程思政的内涵、特点、难点及应对策略[J]. 新疆师范大学学报（哲学社会科学版），2020（2）：50-58.

[12] 陶行知. 陶行知全集（第三卷）[M]. 成都：四川教育出版社，2005.

[13] 白蔚. 大思政视域下以电影意识形态隐身术提升思想政治教育的育人实效探析[J]. 高教论坛，2021（8）：4-7.

[14] 李荫华，季佩英，冯豫. 全新版大学进阶英语综合教程第1册[M]. 上海：上海外语教育出版社，2017.

[15] 赵文书，王守仁，方杰. 英语阅读2[M]. 上海：上海外语教育出版社，2021.

[16] 李荫华，范烨，梁正溜. 全新版大学进阶英语综合教程第2册[M]. 上海：上海外语教育出版社，2017.

[17] LAKOFF G, JOHNSON M. Philosophy in the flesh—the embodied mind and Its challenge to western thought[M]. New York：Basic Books，1999.

[18] 王寅. 认知语言学的哲学基础：体验哲学[J]. 外语教学与研究，2002（2）：82-89.

[19] 王寅，李弘. 语言能力、交际能力、隐喻能力"三合一"教学观——当代隐喻认知理论在外语教学中的应用[J]. 四川外语学院学报，2004（6）：140-143.

[20] 邹为诚，李伟英，张建琴，等. 综合英语教程1[M]. 4版. 北京：高等教育出版社，2022.

基于三全育人的供应链管理课程思政实践探索
——以成都工业学院为例

◎ 金宝辉　廖梦怡

（成都工业学院　经济与管理学院，成都　611730）

【摘　要】通过挖掘三全育人课程思政的内涵，构建了三全育人课程思政的建设机制，对三全育人的供应链管理课程思政建设进行了总体设计，在此基础上，对供应链管理课程思政的教学目标与思政元素、教学方法进行了分析与探索，对供应链网络设计部分进行了详细的课程思政教学设计，最后给出了供应链管理各章节课程思政的典型案例和思政元素的建议。

【关键词】三全育人；课程思政；供应链管理；实践

2015年7月，中宣部和教育部联合印发《普通高校思想政治理论课建设体系创新计划》，提出"坚持思想政治理论课与专业课相结合，注重发挥所有课程的育人功能，所有教师的育人职责"的原则，明确了专业课的思政育人功能和教师的思政育人使命。[1]从2016年开始，党和国家、教育部陆续出台了一系列关于高校思想政治工作的文件，包括《关于加强和改进新形势下高校思想政治工作的意见》（中发〔2016〕31号）、《关于加快建设高水平本科教育全面提高人才培养能力的意见》（教高〔2018〕2号）、《关于深化新时代学校思想政治理论课改革创新的若干意见》（国务院公报2019年第24号）等。这些文件对课程思政的实施主体、实施要求、建设目标等进行了具体规定和要求。[2]

2017年12月，教育部在《高校思想政治工作质量提升工程实施纲要》（教

基金项目：成都工业学院2023年度校级科研项目（2023RW013）。

第一作者简介：金宝辉（1975—），男，满族，高级工程师，博士；研究方向：物流与供应链管理。

通信作者简介：廖梦怡（1991—），女，讲师，硕士；研究方向：会计理论与实务。

党〔2017〕62号）中首次提出基于"全员全过程全方位"的三全育人格局。三全育人提出了新时代高等教育的创新理念和创新模式，反映了教育的本质和特征，体现了立德树人的内在要求，符合人才培养的发展趋势，契合高校思政教育的规律。[3]但目前一些高校的思政育人力量相对分散，三全育人的系统性和整体性还不强。[4]

思政课程包含着专业知识教育和思想政治价值观教育的双重功能，需要将思想政治的德育融入专业课程的智育。但当前课程思政建设中还存在着专业课教师的思政育人意识不足、思政元素与专业知识未充分融合、思政评价未纳入教学评价等问题。[5]

本文以成都工业学院供应链管理课程思政为例，通过挖掘三全育人课程思政的内涵，分析三全育人课程思政的建设机制，对三全育人的供应链管理课程思政建设进行了总体设计，对三全育人的供应链管理课程思政的教学目标与思政元素挖掘、教学方法进行了实践探索。

1 三全育人课程思政的内涵与建设机制

1.1 三全育人课程思政内涵

三全育人要求全体教师实施全过程、全方位育人，育人的重点和目标是提高思想政治教育工作的质量。三全育人过程中，要把握新时代三全育人的内涵和特征，强化教学方法，构建教学机制。[6]

专业课程中的思政教育，是将思政教育的知识、理念、价值和精神追求等融入专业课程和知识传授中去，进而对学生的思想和行为产生影响。[7]

三全育人课程思政，需要以三全育人理念创新为引领、以三全育人模式创新为关键、以三全育人质量提升为目标，采用多种模式和手段，全过程、全方位地促进育人资源最大化整合和育人效果最大化提升。[3]

1.2 三全育人课程思政建设机制

建立健全三全育人制度体系，构建包括动力机制、协同机制、保障机制、反馈调节机制等在内的稳定长效机制，并形成闭环运行的体系。[8]

在实现路径上，应通过引导学生认知、优化教学方法、完善教学评价等策略[5]，尽快破除思政教育面临的现实问题，发挥其应有的育人功能，以专业育人和思政育人的统一来促进学生的全面发展。

专业课程的思政体系，一般包括课程思政知识体系、课程思政教学方法和课程思政教学评价，并与三全育人课程思政总体要求、专业课程思政目标等形成闭环反馈。在课程思政知识体系建设时，要充分挖掘专业知识体系中所蕴含的思政元素。[7]课程思政教学方法要坚持从"以教为中心"到"以学为中心"的转向，拓展课堂内教学和课堂外教学的融合延伸。在教学评价体系建设时，要围绕课程思政的知识、能力、素质的人才培养目标，对全员育人、全过程育人和全方位育人的课程思政体系进行综合评价。

2 基于三全育人的供应链管理课程思政总体设计

2.1 课程思政设计思路

三全育人课程思政，要求专业课教师在课程教学的全过程中融入思政元素和思政教育，创新课堂教学模式，改进课堂教学过程管理。[9]

三全育人课程思政实施路径包括：提升教学案例质量，更新课程思政案例库资源；丰富案例教学形式，加强课程思政教学引领；完善课程素质目标设计，建立课程思政评价机制。

三全育人课程思政元素一般可以从以下几个方面去挖掘：培养政治认同；深刻理解国家战略及思想；培养学生的职业道德素养；树立法治思维；掌握辩证思维方法；弘扬中华传统美德。[10]

三全育人课程思政融入途径一般包括知识讲授、实训实习、案例分析（时事热点）、课堂讨论、课堂及期末考核。[11]

2.2 供应链管理课程性质

"供应链管理"是物流管理专业的核心课，课程共 48 学时，面向本科大三学生开设。课程内容主要包括供应链管理基本概念、供应链管理运行机制和运行模式、供应链构建与优化、企业组织结构设计与业务流程再造、供应链需求预测、供应链运作管理、供应链绩效评价与风险管理等七个理论模块和供应链经营实战模拟实验操作。通过本课程的学习，使学生具备供应链管理运营的基本能力和素养，能够分析、优化供应链管理系统，培养学生团结协作的精神和职业素质。

"供应链管理"的思政元素包括习近平新时代中国特色社会主义思想、社会主义核心价值观、中华优秀文化传统、职业道德、供应链战略方针、时事新闻、社会热点、中国企业的供应链管理实践等，教师需要将这些思政元素有机融入课程知识体系和教学目标，让学生感悟和探索中国智慧和专业知识。

2.3 课程思政建设总体框架

三全育人的供应链管理课程思政需要将三全育人的思政教育贯穿专业课程教学的全过程。[12]三全育人的供应链管理课程思政建设总体框架如图 1 所示。

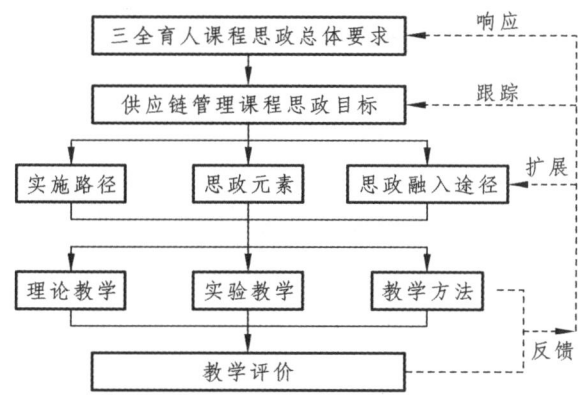

图 1　三全育人的供应链管理课程思政建设总体框架

教学过程中要明确三全育人课程思政的总体要求，细化供应链管理课程思政的目标，设计供应链管理课程思政的实施路径、思政元素、思政元素的融入途径，在此基础上，构建包括理论教学、实验教学、教学方法、教学评价等在内的供应链管理课程思政教学和评价体系，[12]并就教学产出体系与三全育人课程思政的总体要求形成反馈和响应，跟踪并达成供应链管理课程思政的目标。

3　基于三全育人的供应链管理课程思政建设

3.1　教学目标与思政元素挖掘

3.1.1　教学目标

（1）知识目标：了解和理解供应链管理基本概念、供应链管理运行机制和运行模式、供应链构建与优化、企业组织结构设计与业务流程再造、供应链需求预测、供应链运作管理、供应链绩效评价与风险管理。

（2）能力目标：掌握供应链管理运行机制和运行模式、企业组织结构设计与业务流程再造、供应链需求预测的基本原理，能够进行供应链构建设计与优化、供应链运作管理、供应链绩效评价与风险管理。

（3）素质目标：树立学生正确的价值观，培养学生强大的社会责任感，养成良好的艰苦奋斗精神和吃苦耐劳的职业素养。

3.1.2 课程思政元素挖掘与分析

"供应链管理"课程在物流管理专业人才培养中占据着重要地位，是专业的核心课程，本课程在完成知识传授、技能培养的同时，更加注重价值引领、内涵建设。

根据本课程的性质、教学内容和特点，课程思政元素重点从以下四个方面进行分析和挖掘：

（1）深刻理解我国供应链管理在中国共产党领导下取得的快速发展和成就，树立正确的发展理念，引导学生形成正确的政治观。

（2）理解供应链管理对我国国民经济和人民生活的重要意义，树立对供应链行业发展的信心，培养学生的社会责任感。

（3）理解供应链管理的综合性和复杂性，树立运用科学方法解决实际问题的理念，培养学生的专业素养。

（4）理解供应链管理工作的特殊性，树立艰苦奋斗、努力拼搏的工作态度，培养学生吃苦耐劳和创新发展的职业素养。

3.2 课程思政教学方法

3.2.1 基于布鲁姆认知模型的教学策略

基于布鲁姆认知模型，将"讲好中国故事、领悟中国管理智慧、增强政策认同、提升中国供应链韧性"作为教学策略，帮助学生从认知与操作两个层面去理解和创新供应链，将知识传授、能力锻炼和素质培养融为一体，实现课程育才目标和育人目标双达标，基于布鲁姆认知模型的教学策略如图2所示。

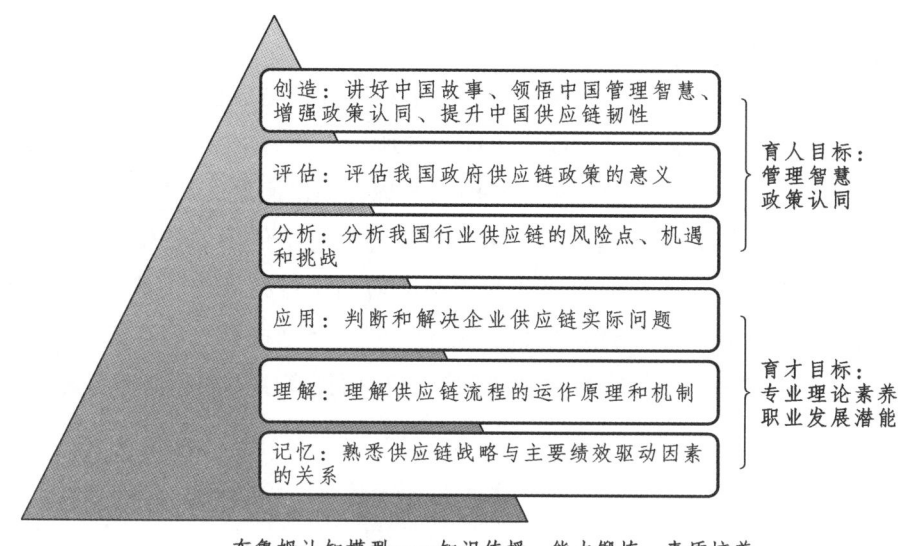

图 2 基于布鲁姆认知模型的教学策略

3.2.2 基于 BOPPPS 全过程育人的教学理念

基于 BOPPPS 全过程育人的教学理念,将思政教育融入各个教学环节(如图 3 所示)。通过智慧树、雨课堂等线上学习平台引导学生开展课前预习和课后复习。课堂上采用多元化教学方法,调动学生主动探索的积极性。鼓励学生在课后参加素质拓展、科研实践、竞赛和实习活动等,巩固和拓展所学知识。

图 3 基于 BOPPPS 全过程育人的教学理念

针对 BOPPPS 全过程育人模式,设计全过程考核方式,将思政评价融入各考核阶段(如图 4 所示)。

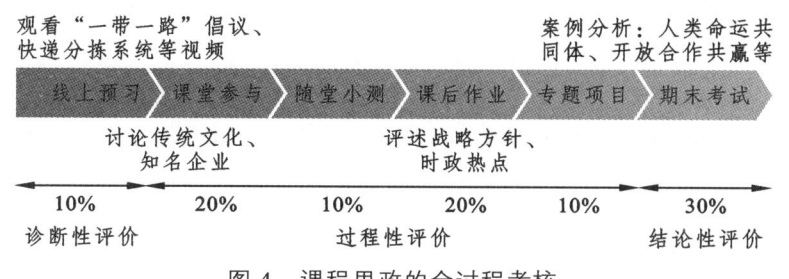

图 4 课程思政的全过程考核

3.2.3 多元化教学方法

教学中采用启发提问、案例分析、电子数据分析与建模等多种教学方法，提升学生的认知、交流、分析能力（如图5所示）。启发提问，为调动学生的学习积极性和求知欲望，预先创设好问题情境，提出问题，让学生自主思考、分析问题和解决问题。案例分析，引导学生分组对案例中的特定问题进行分析，探索解决方案，对多个方案进行评估，对结果进行评价。基于电子表格的数据分析和建模，包括选址模型、预测模型、计划模型、库存模型等，学生可以直接构建电子表格模型来解决问题，从而提高学习的信心和兴趣。

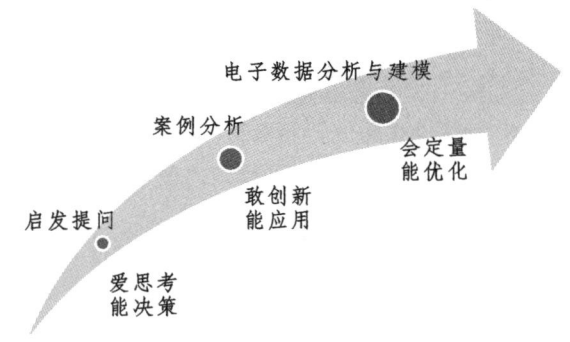

图 5 多元化教学方法

3.3 "供应链网络设计"课程思政教学设计实例

以下以"供应链网络设计"为例，对课程思政教学进行详细设计。

3.3.1 课堂教学要求

（1）知识要求：理解供应链网络设计的影响因素；理解供应链网络设计的要点。

（2）能力要求：识别影响供应链网络设计的关键因素；掌握供应链网络设计的要点。

（3）素质要求：通过课堂问答和案例分析提升学生快速决策的能力、口头和书面表达的能力、社交能力和创造力；通过小组作业培养学生团队合作能力；通过企业调研，提高学生的民族自豪感，体会学思结合、知行合一的重要性。

3.3.2 课堂教学设计

课堂教学详细设计包括线上预习、知识回顾、导言、知识点教学、课堂小结、课堂小测、课后作业等部分，如表 1 所示。

3.4 供应链管理课程和典型案例思政元素建议

本小节对供应链管理课程各章节进行分析，提出典型案例、思政元素和教学方法的建议，如表 2 所示。

4 总结与思考

实施供应链管理课程思政后，学生的社会责任感和专业认同感有所提高，积极参加校内外公益活动，踊跃参加专业学科竞赛。

梳理本课程的思政探索实践，其创新特色主要在于：第一，结合专业知识，紧跟时事发展。通过引入国际国内时事，引导学生树立正确的政治观、社会责任感和专业素养、艰苦奋斗和吃苦耐劳精神。第二，结合三全育人和课程思政，设置多维度、多主体、多样化的全过程考核评价体系。

由于供应链管理课程知识体系仍然在快速发展，后续研究中需要继续挖掘更具有典型意义的思政案例和思政元素，并采用针对性的教学方法，提高供应链管理课程思政的教学效果，落实三全育人的根本要求。

表1 课堂教学详细设计

教学过程	教学内容	教师活动	学生活动	设计意图
[线上预习]	浏览第3章教材内容	结合老师提供的PPT，分析哪种类型的供应链网络最适合日用品？	阅读 思考 回答	培养学生自主探究的能力
[知识回顾] 3分钟	上一章主要内容 ——供应链管理的信息和运作模式	[提问]效率型供应链通常在存在设施、库存、运输、采购、定价和信息六大驱动因素上采取哪些策略呢？ [板书]画出供应链网络设计框架图	思考 回答 倾听	帮助学生养成温故知新的习惯
[导言] 3分钟	本堂课内容 ——3.2供应链网络设计概述及供应链网络设计要点	[讲授]设计一个供应链网络的过程可以分为四个阶段。	倾听	通过知识地图帮助学生把握本堂课在整门课程中的地位
[知识点1] 15分钟	影响供应链网络设计的关键因素	[讲授]本堂课重点为识别设计供应链网络时应考虑的因素，以及分析供应链网络设计方法的优缺点 企业在设计供应链网络时可以有多种选择，以惠普公司的供应链网络为例进行分析 [讲授]供应链网络的服务可以从提供给顾客的价值和满足顾客需求的成本两个方面来评估。 [案例分析]结合亚马逊案例，讲述响应时间与设施数量之间、库存成本与运输成本之间的关系。 [提问]请以当当网和新华书店为例，分析各因素之间的关系 [板书]将两家企业定位到供应链网络中合适的位置 画出各因素的关系图及企业位置	倾听 思考 整理 倾听 思考 回答	举一反三，引导学生探寻问题的本质，从感性上升为理性，鼓励学生拓展知识面

续表

教学过程	教学内容	教师活动	学生活动	设计意图
【知识点2】15分钟	供应链网络设计要点及各种供应链网络的优缺点	【讲授】供应链网络设计要点包括网络布局、库存策略、资源分配三部分，讲授各部分的核心和决策的关键问题。 【提问】供应链网络设计的主要环节有哪些？其中的产品流、信息流、顾客流的特征是什么？ 【案例分析】结合戴尔、亚马逊、沃尔玛、7-11便利店等案例，分析它们的优缺点。 【小组讨论】分组讨论叮咚买菜、盒马鲜生、京东到家、多多买菜的供应链网络	倾听 思考 讨论 回答	检查预习效果，鼓励学生自学 现学现用，培养学生团队协作能力，通过实践探索加深对理论的理解
【课堂小结】3分钟	梳理本堂课重难点知识	【板书】用思维导图画出本堂课的重难点知识结构	倾听	加深理解，博闻强记
【课堂小测】3分钟	测试本堂课重难点知识	【出题】根据本堂课的重难点知识出5个判断题和5个选择题	线上答题	提高学生抗压能力
【课后作业】3分钟	供应链网络设计实践	【提问】根据老师提供的文献资料，分析海外仓、保税仓在跨境电商供应链中的作用如何？ 【小组作业】分组调研不同行业中国知名企业的供应链网络和供应链网络设计，分析其优缺点	思考 回答 调研 展示	了解世情国情，提高学生对我国供应链管理的自信

表2 供应链管理课程典型案例和思政元素建议

序号	章节标题	典型案例	思政元素	教学方法
1	导论	21世纪全球市场竞争的规律和特点	提高学生对中华民族的文化自信，培养团队合作意识	引导学生理解"纵向一体化与横向一体化"
2	供应链管理要素与运行机制	《关于积极推进供应链创新与应用的指导意见》文件，二十大报告中关于供应链韧性的论述	培养学生为强大的祖国感到自豪，并且激励自己为之努力奋斗	引导学生讨论时事热点，使学生理解中国是全球供应链中不可缺少的重要组成
3	供应链的构建与优化	华为、海尔等中国知名企业的供应链网络	提高学生对中国优秀民族企业的自豪感	鼓励学生在课堂上展示他们调研的不同行业的中国知名企业供应链网络
4	供应链企业的组织结构和业务流程再造	华为、联想通过业务流程再造实现供应链发展战略	提高学生对中国供应链管理理论与实践的自信	引导学生研究企业组织结构对应供应链的重要性和匹配性
5	供应链需求预测	中国芯片业和市场竞争	增强学生对现代企业发展的了解和自信	引导学生讨论中兴通讯案例，帮助学生理解供应链需求预测的重要性
6	供应链运作管理	啤酒游戏	培养学生理解信任机制和战略伙伴关系的重要性	组织学生在课堂上完成啤酒游戏，引导分析导致牛鞭效应的原因并提出对策

续表

序号	章节标题	典型案例	思政元素	教学方法
7	供应链中的库存管理	长虹彩电显像管库存案例	让学生内化"无过不及"的中国管理智慧，培养学生的思辨精神	组织学生分成正反方辩论库存的作用，引导学生理解"中庸之为德"
8	供应链中的采购管理	中国高铁国际采购案例、美国供应链国际百日报告	鼓励学生分析我国重点产业供应链的现状、机遇和挑战，培养学生的国际化视野	引导学生分析中国、美国的采购行为，帮助学生理解供应链作为国家战略的重要地位
9	供应链中的生产计划	中国制造2025及制造业与物流业两业融合等文件	培养学生跨专业发展的思维，强化国制造大国向制造强国发展的理念	结合专业研究方向设置，引导学生探索制造业与物流业的融合
10	供应链中的物流管理	货拉拉平台、中国外运数字化物流平台	激发学生自主创新、勇于学习的斗志	引导学生讨论时事新闻，强化信息技术的作用
11	供应链绩效评价	全过程评价、供应链运作参考模型	强化全过程评价及面向发展评价，激发学生创新探索精神	引导学生比较全过程评价、平衡计分卡模型、运作参考模型
12	供应链风险管理	京东等物流企业在武汉疫情的突出表现	培养学生的民族自豪感、专业认同感，加强风险防范意识	鼓励学生在课堂上展示他们调查中国物流企业在疫情中的责任与担当
13	供应链管理的发展与实践	平安银行案例、传化物流案例	引导学生关注社会经济和技术发展，提高学生的社会责任感和主人翁意识	引导学生结合社会经济与技术发展分析，思考服务供应链、绿色供应链和供应链金融出现的必要性

参考文献

[1] 孟樱,庞加兰.管理学课程思政教学改革的探索[J].西部素质教育,2022,8(8):23-25+46.

[2] 罗仲尤,段丽,陈辉.高校专业课教师推进课程思政的实践逻辑[J].思想理论教育导刊,2019(11):138-143.

[3] 梁伟,马俊,梅旭成.高校三全育人理念的内涵与实践[J].学校党建与思想教育,2020(4):36-38.

[4] 杨晓慧.高等教育三全育人:理论意蕴、现实难题与实践路径[J].中国高等教育,2018(18):4-8.

[5] 张波.培养完整的人——课程思政导向的价值观育人[J].教育研究,2023,44(5):92-102.

[6] 王艳平.高校三全育人的特征及其实施路径[J].思想理论教育,2019(9):103-106.

[7] 王学俭,石岩.新时代课程思政的内涵、特点、难点及应对策略[J].新疆师范大学学报(哲学社会科学版),2020,41(2):50-58.

[8] 朱平.高校三全育人体系协同与长效机制的建构——以全员育人为中心的考察[J].思想理论教育,2019(2):96-101.

[9] 郭昱辰,王嘉旸.思政教育融入"供应链管理"案例教学的路径重构[J].上饶师范学院学报,2022,42(5):109-114.

[10] 陈彧,金鑫,李彬.专业课程思政建设实践研究——以"采购与供应链管理实务"课程为例[J].教育教学论坛,2021(26):112-116.

[11] 高秋萍.思政教育融入供应链管理课程的教学改革与思考[J].物流工程与管理,2023,45(2):172-174.

[12] 刘连花,谢爱丽."供应链管理"课程思政建设研究[J].江苏商论,2022(8):114-116.

课程思政视域下工业文化融入大学英语教学的路径研究
——以成都工业学院为例

◎ 眭婷[a] 曾筝[b] 王曦[c]

（a.成都工业学院 基础教学部，四川 宜宾 644000；b.成都工业学院 外事办，成都 611730；c.成都工业学院 外国语学院，成都 611730）

【摘　要】外语课程思政改革要求大学英语课堂教学自觉融入中华优秀传统文化，工业文化作为中国特色社会主义文化的重要组成部分，当为大学英语课程思政建设的重点内容之一。为推进中华优秀传统文化进校园、进教材、进课堂，响应"文化赋能"行动、四川"工业兴省"发展战略，本研究结合成都工业学院办"四川工业的行业大学"的发展愿景，认为工业文化融入大学英语教学具有现实必要性。本研究针对大学英语课程思政建设中工业文化缺失这一痛点，分析工业文化育人价值，研究工业文化融入大学英语教学的价值意蕴及实施路径，旨在主动对接学校发展定位、四川工业兴省重大需求，为传承和传播四川工业文化输送高质量、复合型的外语人才。

【关键词】课程思政；工业文化；大学英语教学；教学设计

引言

为深入贯彻习近平总书记关于建设社会主义文化强国的重要讲话精神，2021年，工业和信息化部印发了《推进工业文化发展实施方案（2021—2025）》，强调发挥工业文化研学教育功能，推动"工业文化进校园、进教材、进课堂"[1]。为进一步繁荣发展四川工业文化，传承工业精神，助力工业转型升级和高质

基金项目：2023—2024年宜宾校区教育研究和教学改革项目（20230204）；成都工业学院中华传统文化学院2022年课题（ZHY202227）。

第一作者简介：眭婷（1997—），女，讲师，硕士；研究方向：生态语言学、外语教学、系统功能语言学。

量发展，2022 年，四川省经信厅牵头制定了《四川省推进工业文化发展行动方案》，提出要"加强工业文化研究和教学实践，鼓励高等院校将工业文化有机融入课程教学，深入挖掘四川工业文化内涵，积极打造工业文化精品课程"[2]。成都工业学院的百年发展史具有深厚的工业基因，其建设"全国一流、四川引领"的应用型高校及"四川工业的行业大学"发展路径与四川工业兴省发展战略一脉相承。因此，将工业文化融入大学英语教学有助于为服务区域经济社会发展培养和输送复合型外语人才。

已有学者开始研究工业文化进教育、进校园、进课堂，如成涛从分析当前高职院校工业文化育人现状入手，结合职业教育特点，发挥工业文化育人功能，从课程设置、理论研究、育人工程、传播体系等维度构建工业文化育人模式。[3]刘明辉从课程体系入手，提出以嵌入式和专题式教学[4]，丰富教学内容；以对分课堂为主，将三线建设文化融入高校思政课程。但现有研究几乎都是围绕工业文化融入高职教育、创新创业教育或思政课程的路径研究或育人模式构建。大学英语课程在实现课程渗透文化、文化涵养思政这一目标时，明显还存在工业文化缺失或不足现象，尚未充分发挥大学英语课程的人文属性，未能实现其传播工业文化的隐形教育功能。本研究结合学校发展定位及四川省发展战略要求，立足于应用型本科高校，以成都工业学院为例，探索工业文化融入大学英语教学的价值意蕴，疏通教学实践中的难点和堵点，提出切实可行的具体实施路径，担当四川工业文化传承使命，帮助大学生领会当代四川工业精神，讲好四川工业故事，传递工业文明时代价值。

1 工业文化融入大学英语教学的现实必要性

工业是强国之本，文化是民族之魂。工业文化是指整个人类社会在实现工业化进程中不断积累下来的物质财富和精神财富的总和。[5]工业文化融入大学英语教学全过程，主要是弘扬企业家精神、创新精神、工匠精神、劳模精神、诚信精神等[6]，激发大学生对于工业的兴趣和从业意愿，从而为工业经济的可持续发展培养人才。工业文化融入大学英语课堂有助于带领学生在课程学习和课后实践中切实领会工业文化，用英语讲好地方工业故事，发扬与传播优秀工业文化，培养大学生的文化认同感与自豪感，坚定文化自信。

1.1 工业文化融入大学英语教学的必要性

首先,工业文化融入大学英语教学是推进中华优秀传统文化"三进"工作和加强大学英语课程思政建设的必然要求。《高等学校课程思政建设指导纲要》将加强中华优秀传统文化教育确定为课程思政建设目标要求和内容重点之一。[7]中国工业文化是中国特色社会主义先进文化的重要组成部分,理应融入大学英语教学,以推动大学英语课程思政建设,实现高质量发展,培养和提升应用型本科院校大学生工业文化素养,保证人才培养质量,这也是落实立德树人根本任务的重要举措。

其次,工业文化融入大学英语教学是建设高水平应用型本科院校的内在需求。尤其是对于成都工业学院这样的工业院校而言,工业文化建设成为打造"四川工业的行业大学"的内在要求和必然选择,是高校主动承担四川工业兴省发展战略的重要举措。应用型本科高校主要面向地区经济与行业,发挥学校专业特色与优势,以培养应用型人才为主,服务区域经济发展。应用型人才的培养不应只体现在各专业课程教学上,更应贯穿于各个课程教学。大学英语课程的人文性决定了其在工业文化赋能、工业文化传播等重大工程上的突出作用。为对接学校"建成四川工业的行业大学"发展路径,大学英语课程不仅应该培养高质量的外语人才,还应主动肩负起四川工业文化传承与工业发展的使命,将工业文化浸润在大学英语教育教学全过程,为四川工业兴省培养一批亲近工业文化、具有深厚工业文化素养的复合型外语人才。

1.2 工业文化融入大学英语教学的现实基础

中国工业文化是伴随工业活动而形成的,历史悠久、底蕴深厚,是中国特色社会主义文化的重要组成部分,具有较高的历史价值、科技价值、社会价值和艺术价值,蕴含着丰富的德育资源。以成都工业学院为例,四川省工业特色鲜明、工业文化遗产资源丰富、工业文化价值突出、工业门类完备、遗产主体保存完整,为大学英语课堂教学与实践提供了丰富的教学资源与案例。全省共有工业遗产90余处[2],"三线"建设、两弹城核工业、航空工业、川酒、川盐、丝绸等民族工业种类繁多,形成了具有四川特色的工业文化,将其有机融入大学英语教学有助于增强学生对四川工业文化的认知与认同,培养用英语讲好四川工业故事、传播工业文化的能力。在大学英语课程教学中，授课教师可结合学生专业融入工业文化知识，深入挖掘工业文化内涵，带领学生体会以企业家精神、工匠精神、劳动精神等价值观为核心的工业文化，体会工业精神的当代价值；在课堂语言学习中以多种形式渗透工业文化，潜移默化地教育学生，普及工业文化知识，提高其工业文化素养，促进工业文化得到持续的传播。

2 工业文化融入大学英语教学的价值意蕴

在高校课程思政建设背景下，结合四川省工业兴省战略需求，高校应积极响应社会发展需要，主动承担起工业文化传承与创新的重任。大学英语课程作为公共必修课程，受众面广，理应充分发挥其人文属性，将工业文化引入课堂教学，深入贯彻产教融合，加强工业研学实践，方能彰显四川工业文化底色、成都工业学院办学特色。

2.1 丰富课程思政内涵

大学英语课程是高校推进课程思政建设的主阵地，高校正在持续推进中华优秀传统文化融入各课程教学实践中。为了顺应时代发展潮流，响应"文化赋能"行动，增强"四川制造"文化软实力和核心竞争力，高校切实引入四川工业文化进校园、进教材、进课堂，加强工业文化教育与实践。这一举措推动了课程思政建设内涵式发展。推动工业文化融入大学英语教学育人全过程的最终目标在于加深大学生对于工业文化的认知，从课堂学习和实践中获得工业文化体验感，从而产生文化认同感和自豪感，坚定工业文化自信。只有当学生在课程学习不断获得真实体验感、产生文化共鸣时，才能在未来职业规划与发展中，自觉将工业文化蕴含的精神与价值观内化于心，外化于行，真正助力工业转型升级和高质量发展，实现立德树人根本目标。

2.2 彰显学校工业文化底蕴

成都工业学院作为一所百年工科院校，是辛亥革命后四川省第一所实业学校，工业文化底蕴深厚。如今，在四川工业兴省战略指导下，成都工业学院坚定不移走应用型特色发展、高质量发展之路，面向四川工业行业，聚焦新型工业化，发挥学科专业优势，力争成为四川工业的行业大学。

因此，将工业文化融入大学英语教学是对接学校办学定位的重要举措，彰显了成都工业学院文化底色，传承学校工业基因，充分展现大学英语课程"文化教育+语言教学"的成工特色，为学校建成工业人才培养基地、四川工业文化宣传平台、工业企业展示交流服务平台做贡献。面对新任务，我们要主动更新优化人才培养方案，以工业产业需求为导向，动态调整教学内容，为助力学校成为服务和支撑四川工业现代化建设的标杆院校做出贡献，成为四川工业精神传承载体、工业知识普及的重要窗口。

2.3 促进工业文化传承与发展

大学英语课程的隐形教育功能使得工业文化在课堂教学上不断得到传承、发展与创新。为了更好地承担工业文化传承与创新的使命，高校各门课程应结合课程特色、学生专业特点、遵循教育规律，将工业文化融入课程教育教学内容。将工业文化融入大学英语教学全过程也极大地促进了教师对于四川工业文化研究，包括对以"三线精神、企业家精神、工匠精神、创新创业精神、诚信精神"为核心的四川工业精神进行研究，挖掘四川工业遗产、工业旅游、工艺美术等工业资源，以便在大学英语课堂中适时并恰当地融入工业文化教育。这不仅能提升学生的工业文化素养，还能助力四川工业遗产保护与活化利用，使工业文化得到有效传承和发扬，培养大学生成为四川工业文化传播者，展示并传递四川工业文化形象。

3 工业文化融入大学英语教学的痛点与堵点

为贯彻落实《四川省推进工业文化发展行动方案》，对接学校建设"四川工业的行业大学"新任务，大学英语教育教学面临新要求与新挑战。大学英语课程不仅要培养语言综合运用能力强的人才，还须具备工业文化素养，以满足人才培养方案要求以及服务区域经济发展需要。目前，教师正在大学英语课堂教学中不断探索、挖掘工业文化思政元素并赋予其时代内涵，但仍然存在不足或需要改进之处。

3.1 工业文化育人理念不成熟

应用型本科高校大学生在入学时英语综合运用能力相对较为薄弱一些，因此教师在大学英语教学中会侧重于强调和讲解语言知识与课文内容，容易忽视挖掘教学材料中蕴含的育人元素，在一定程度上存在重知识技能传授、轻人文素质培养与文化传承等不足。问题根源在于教师对工业文化认识度不深、文化育人理念重要性认识不足，工业文化育人能力还需进一步提升，学生工业文化素养更待进一步加强。

另外，大多数大学生对于学校当地工业历史事件的认识不足，尚未精准地理解工业精神的科学内涵，对于工业文化的了解主要来源于博物馆及教师课堂讲述。如果课上老师未适时地引入工业文化或者布置相关研究内容，大学生很难在学习生活中主动去阅读文献档案或者观看相关纪录片。而且工科专业学生在认识上可能存在偏差，认为只要把自己专业技术学好就行，工业文化等精神层面的素养用处不大。因此，为了推动工业文化的传承与发展，为四川"工业兴省"输送高质量、高工业文化素养的外语复合型人才，大学英语教师必须将工业文化融入课程教学育人全过程，带领学生去体验工业文化，潜移默化地培养学生的文化认同感与文化自信。

3.2 工业文化育人教学设计不完善

为了适应大学英语教学新要求，教师开始在课堂教学内容中加入工业发展历史、工业文化案例等相关内容，但存在内容较为零散、与学生专业相关度不高、教学手段单一等问题，导致学生兴趣不高，难以形成共鸣，没有达到内化于心，工业文化育人效果不佳。例如，以段落翻译为例，某教师为将工业文化融入大学英语教学，指导学生翻译一段与工业文化相关的中文段落，却未增加相关工业文化背景知识介绍。这样一来，学生处于被动灌输的状态，与教师缺乏交互式探讨，并且只有语言知识的运用，缺少了文化涵养思政的目标，学生的文化体验感不强，参与度不高，难以从中理解到深刻的文化内涵，不能引起文化共鸣。

3.3 工业文化研究亟待加强

将工业文化融入大学英语教学是遵照学校办学定位、适应课程思政建设要求、满足区域经济发展需要的必然结果。教师作为育人者，须先育己。《大学英语教学指南》（2020年版）从五个方面对高校教师提出了素养提升要求，首先便是育人素养。[8]为了保证工业文化育人效果，教师必须具备深厚的工业文化底蕴，只有通过不断深挖工业文化中蕴含的情感态度和价值内涵，才能将工业文化内化于心，能够在课堂教学中针对主题式教学内容适时有机地融入工业文化育人内容。目前大学英语课堂上工业文化的呈现形式较为浅显、"机械"，缺乏对工业文化内涵深入挖掘，存在"生搬硬套"的现象，语言知识技能与文化育人内容存在"两张皮"现象。[9]工业文化育人模式还缺乏系统性。教师只有先行进行工业文化研究，才能不断积累思政育人素材，科学设计教学内容，达到应有的育人效果。

4 工业文化融入大学英语课程思政建设的实施路径

为有效促进工业文化融入大学英语教学育人全过程，本研究针对当前的痛点与堵点，按照教学过程主要环节研究具体实施路径，多方协作，以实现工业文化育人目标，提升大学英语课程人才培养质量（如图1所示）。

4.1 工业文化育人能力提升疏堵点

人才培养目标的实现、大学英语育人效果的提升依赖于教师的教育教学水平，工业文化有效融入大学英语课程思政建设的关键不仅依靠教师扎实的专业知识与技能，还取决于教师的文化素养与知识储备。育人先育己，教师应当自觉提高自身工业文化素养、不断加深对工业文化内涵的解读，增强文化敏感度和自觉意识。同时，师资队伍的培养离不开学校的大力支持，只有上下联动、多方合力才能提升师资力量和育人能力，让工业文化育人工作落地见效。

4.1.1 科研平台打造育人智库

2023年4月，成都工业学院积极顺应四川工业兴省战略要求，依托百年工科院校的历史文化优势，在工业和信息化部指导下建立了校级科研平台——四川工业文化研究院，立足于工业文化传承、创新，以四川工业遗产保护与传承为根本，致力为四川工业发展提供智力支持。科研平台的成立落实了工业文化进校园，营造了浓厚的工业文化氛围，也鼓励教师结合自身专业方向不断加强四川工业文化研究。这对于培养"双师型"教师队伍具有重要意义。实际上，该工业文化教研平台为工业文化育人提供了庞大的育人智库，促进各门课程教师之间探讨工业文化，相互交流借鉴育人方法和手段，升华学校工业基因，更有效地为四川工业振兴培养高质量应用型人才。

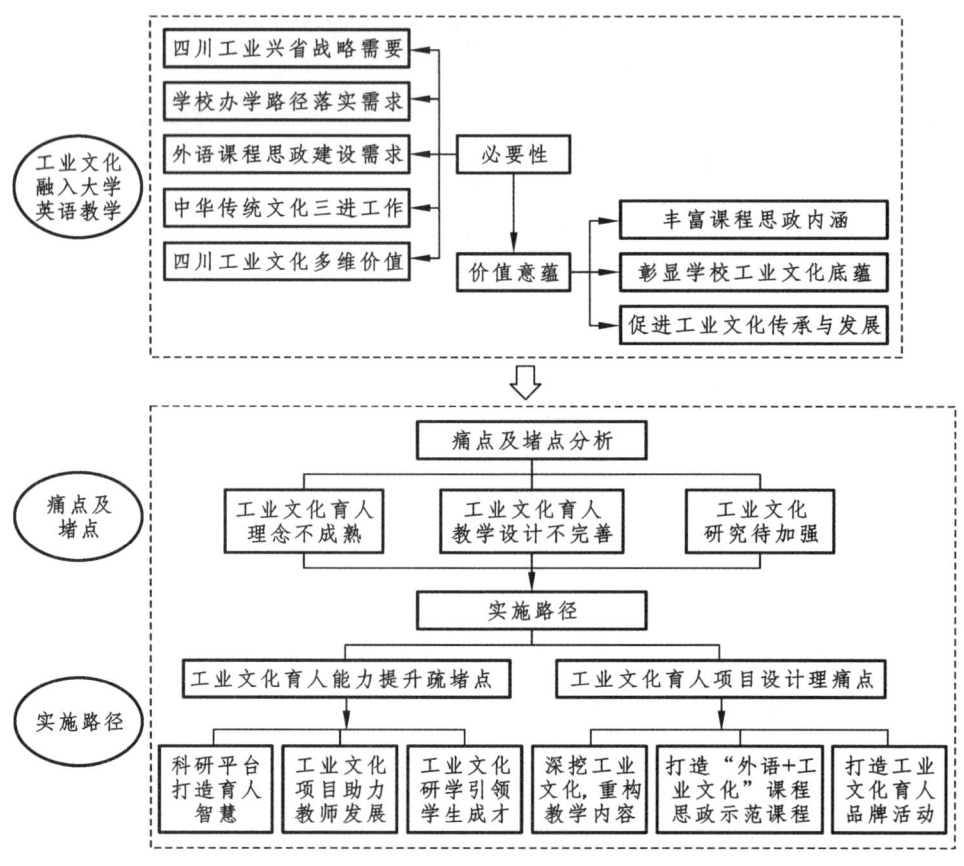

图1　工业文化融入大学英语教学的实施路径

4.1.2　工业文化项目助力教师发展

为提升教师的文化素养、传承工业文化，成都工业学院启动中华优秀传统文化学院科研项目，结合学校历史文化及所在地发展现实，支持教师申报学校所在地传统文化研究和工业文化研究项目，以期为四川工业文化教育教学、科研、人才培养及社会服务做出学术贡献。学校启动并支持此类项目，大力鼓励教师深化四川工业文化理论研究、四川工业遗产研究等，为教师发展提供经费支持，让教师在研究四川工业文化各个方面过程中不断挖掘工业文化中的育人元素及与大学英语教学之间的规律，不断积累育人素材，建立工业文化教学资源库，以便在大学英语教学实践过程中结合单元主题，润物细无声地融入教学内容。

4.1.3 工业文化研学引领学生成才

教师有能力将多样、零散、泛化的工业文化资源在以大学英语教学为主体的通识教育课堂上通过各种教学手段整合为教育资源，潜移默化地影响学生价值观的形成。在产教融合战略思维指导下，教师还应将教育延伸到课外实践中去。

成都工业学院一直坚定不移走"产教融合"发展道路，这为工业文化研学的开展提供了政策支持。结合学校科研平台及培育项目的开展，学校、教师可通过工业文化研学的形式带领学生到工业遗产旧址、工业文化博物馆去切实体验工业文化、感受工业精神，并且指导他们用英语讲好工业故事、传播工业文化、传递四川工业文化形象。除此之外，川渝工业文化教育实践基地共有 20 处[10]，种类繁多、分布广泛，为工业文化研学提供了可靠的实践平台，也为"用英语讲好四川工业故事"系列实践活动提供了实践基地，真正实现产教学研相融合。只有让学生互动地体验工业文化，才能将语言知识、能力培养与价值塑造融为一体，产生文化共鸣和文化自信。

4.2 工业文化育人顶层设计理痛点

为了有效地将工业文化融入大学英语教学全过程，本研究从课程建设、课堂教学设计、课后实践活动等方面全方位地设计了大学英语课程工业文化育人模式。

4.2.1 深挖工业文化，重构教学内容

大学英语教材内容直接呈现的多是语言知识点，其中只有少量的文化背景知识。此外，蕴含于教材中的工业文化思政资源往往比较零散，更深刻的文化内涵及价值观需要教师去挖掘、凝练、组织。立足于学情、语言教学内容，教师可以嵌入式思政教学方式适时地在语言知识教学与能力培养中融入

工业文化育人资源，重新组织教学内容，形成育人目标清晰、逻辑合理、特色鲜明的工业文化育人模式[11]，促进学生在语言学习过程中主动与工业文化互动，理解其中深刻的精神内涵。

教师在教学过程中应当针对不同的教学内容，灵活采取多种教学方法，增强与学生之间的互动，以启发式教学，采取交际法、任务型教学法、情景教学法等多种手段充分调动学生的参与度与学习热情，让学生实现在"做中学"。为了培养学生的自主学习能力和兴趣，教师可利用智慧树、QQ 群等在线平台发布任务，不仅用来检验英语语言知识与技能，还需布置与工业文化相关的产出任务，以评价课堂思政目标达成度。评价学生的"思政输出"不仅可以依靠具体的课后产出任务，还可以建立工业文化资源库，利用互联网优势，发挥学生的主观能动性，以单元主题为核心，让学生在课前以小组分工协作的方式完成思政资源搜集、筛选与上传，供小组相互学习与评价。在教学实施过程中采取线上线下有机衔接与融合的方式能够将语言知识学习与思政育人内容有机衔接，最终共同促成教学目标。[12]

以高等教育出版社《新英语口语教程 3（演讲与辩论）》第 10 单元"产品推介（Product Presentation）"为例，本单元的知识能力目标主要是通过带领学生熟悉产品从设计到呈现的全部流程，使学生掌握介绍产品的词汇、短语、句型表达及修辞手法，能够清晰而富有逻辑地组织演示内容。结合单元主题，工业文化育人目标的实现从讲好"中国制造"的故事出发，将"中国出口商品博览会"这一真实语境引入本单元课程教学全过程，结合项目式学习与任务型学习，让学生以营销团队的身份从展会官网（中国制造产品）上选品、对外展示和推介。学生在准备产品推介过程中，教师不仅要从语言知识、商务知识、演讲能力方面指导学生，而且要从诚信意识、创新精神、质量意识、可持续发展观等方面引导学生，让学生切身体会到讲好中国品牌故事的重大责任，领会外语学习的时代使命。

4.2.2 打造"外语+工业文化"课程思政示范课程

根据《推进工业文化发展实施方案（2021—2025）》，国家正在大力推进"工业+旅游"融合发展，积极发展工业文化旅游，跨国文化旅游产业的持续发展也为旅游英语课程开展提供了契机。将工业文化融入大学英语教学是发挥课程的隐性教育功能，潜移默化地影响学生的价值观与行为；以工业文化旅游为核心的旅游英语课程则是专门为传承与创新工业文化开设的，目的在于为工业文化旅游的蓬勃发展培养具备工业文化素养的跨文化交际人才，服务工业文化旅游行业发展需求。旅游英语示范课程主要面向四川工业文化，涉及四川工业史、四川工业遗址、工业文化创意产品、四川工业故事等领域，包含交通、食宿等与旅游相关的英语知识与表达。课程旨在为弘扬工业精神、振兴工业产业、提升全民工业文化素养做出贡献。

4.2.3 开创工业文化育人品牌活动

学校可结合百年来的办学历史及办学特色与理念，深挖工业文化内涵，积极打造双语工业文化走廊，营造良好的工业育人环境。在实践周，学校、社团、班级、教师可多方联动，精心打造工业文化讲堂、"用外语讲好工业故事"文化节、工业文化主题演讲比赛等一系列工业文化育人品牌活动，让师生在实践过程中感受和认识工业文化魅力，领会工业文化内涵，坚定自信心和自豪感。

由于大学英语课时紧张，部分教学活动可能在课堂上来不及展开，尤其是学生的实践活动。第二课堂作为课堂教学的延展与补充，是检验学生语言综合运用能力、评价工业文化育人效果的重要平台。因此，教师应当充分利用第二课堂活动，举办短视频大赛、工业英语口语角、配音大赛等活动，活动主题可结合课堂教学内容或最新时事，不仅能满足学生的学习需求，巩固课内知识与技能，也能保证思政输出，提升学生文化素养，检验育人成效。

结语

"弘扬工业文化精神，助力学生成长成才"是国家推动工业文化发展、四川"工业兴省"战略举措赋予高校的时代使命，也是成都工业学院建设"四川工业的行业大学"发展路径的必经之路。将工业文化融入大学英语教学丰富了大学英语课程思政的内涵，既推进了工业文化繁荣发展，又提升了应用型本科高校学生的工业人文素养，帮助学生认识到经济社会发展背景下外语学习的时代使命。工业文化的培育是一项长期而艰巨的任务，将工业文化有机融入大学英语教学能够让学生处于工业文化的浸润、感染、熏陶下，逐渐意识到中国特色工业文化的重要性，不断夯实专业能力，为讲好中国工业故事、传播中国工业精神做出自己的贡献。

参考文献

[1] 中华人民共和国工业和信息化部. 关于印发《推进工业文化发展实施方案（2021—2025 年）》的通知[EB/OL]. （2021-05-11）[2023-08-10]. https://www.miit.gov.cn/jgsj/zfs/gzdt/art/2021/art_c17ba6b45e6f42a6a9e501e9a03e33e9.html.

[2] 四川省经济和信息化厅. 关于印发《四川省推进工业文化发展行动方案》的通知[EB/OL]. （2022-09-27）[2023-08-10]. https://jxt.sc.gov.cn/scjxt/jxtzcwj/2022/9/30/d942f238b9d740658fdad64aa18e7e16.shtml.

[3] 成涛. 高职院校工业文化建设的路径探讨——以湖南工业职业技术学院为例[J]. 湖南工业职业技术学院学报，2020，20（3）：54-56+69.

[4] 刘明辉. "三线建设"文化融入高校思政课的现实基础、价值定位和实践路径——以湖北汽车工业学院为考察视角[J]. 深圳职业技术学院学报，2023，22（1）：31-37.

[5] 王新哲，周荣喜. 工业文化研究综述[J]. 哈尔滨工业大学学报（社会科学版），2015，17（1）：88-93.

[6] 严鹏，陈文佳，刘玥，等. 工业文化研学[M]. 上海社会科学院出版社，2022.

[7] 教育部高等学校大学外语教学指导委员会. 大学英语教学指南（2020 版）[M]. 北京：高等教育出版社，2020.

[8] 胡杰辉. 外语课程思政视角下的教学设计研究[J]. 中国外语，2021，18（2）：53-59.

[9] 四川省经济和信息化厅. 关于公布川渝工业文化教育实践基地的通知[EB/OL]. （2022-09-28）[2023-08-10]. https://jxt.sc.gov.cn/scjxt/wjfb/2022/9/28/9ebc38971d0048fcb207efb0dc6ca424.shtml.

[10] 顾卫星. 中华文化英语传播能力培养研究：内涵、路径、实践——以"中国特色文化英语教学"为例[J]. 山东外语教学，2019，40（4）：47-56.

[11] 郑玮. 基于产出导向法的混合式中华文化外语教学实践——以"英语趣谈中国文化"课程为例[J]. 江苏外语教学研究，2022（3）：25-28.

[12] 刘晓阳. 课程思政视角下大学英语教学中的中国文化导入研究[J]. 吉林工商学院学报，2021，37（1）：123-125.

面向应用型人才培养的操作系统课程思政探索与实践

◎ 宋国明　龚茗茗　李君　张远红　张启军　李琦

（成都工业学院　计算机工程学院，成都　611730）

【摘　要】落实立德树人、全方位育人是大学每个专业课教师的根本职责，全面实行以理想信念为核心的思政教育是当前专业课程建设和改革的重要内容。作为计算机类专业的核心课程，操作系统的课程思政在人才培养中至关重要。本文在分析操作系统课程特点及实施课程思政所面临的挑战的基础上，按照应用型人才专业培养目标的要求，构建课程的专业育人目标和思政育人目标，探索了操作系统课程思政的教学体系和流程设计，并基于实践总结了可行的教学内容、教学模式、教学方法和评价方式的创新，提升了人才培养质量。

【关键词】课程思政；操作系统；教学改革；应用型人才

习近平总书记在二十大报告中指出，我们要坚持为党育人、为国育才[1]。高等教育在落实立德树人的根本任务时，必须将价值塑造、知识传授和能力培养三者融为一体、不可割裂[2]。面对我国高校教育实施"三全育人"的教育发展新局面，计算机专业在应用型人才的培养过程中，应落实以理想信念为核心的思政教育是当前专业课程建设和改革的重要任务，在知识传递和能力的培养过程中，要同时进行价值观的教育，以提高学生的综合素质，促进大学生的全面发展[3]。

操作系统是计算机专业人才培养的核心课程，具有理论与实践紧密结合

基金项目：成都工业学院2021年第三批校级课程思政项目；成都工业学院2021—2022年人才培养质量和教育教学改革项目（20211102）。

第一作者简介：宋国明（1972—），女，教授，博士；研究方向：智能计算、嵌入式技术及应用。

的特点。操作系统作为计算机系统重要的系统软件，其技术掌握与发展关系着国家的数字基础建设。面对当前不断升级的"卡脖子"技术问题，我国科技企业华为公司推出了鸿蒙、Open Euler 操作系统来应对国外对我国操作系统的技术封锁。因此，在当前国际形势下，操作系统课程在专业能力培养和课程思政的建设方面的重要性更加凸显。

1 操作系统课程思政面临的挑战

操作系统课程是计算机类相关专业的核心课程，在计算机科学与技术、软件工程、物联网工程等专业的人才培养中，国内外计算机专业的教师一直高度重视该门课程的教学。操作系统作为连接计算机系统硬件与软件的纽带，该课程的教学内容包含了对计算机系统进行深入理解的众多核心技术要点，是构建和培养学生对计算机系统全局性思维的关键。

操作系统课程的教学内容涵盖了操作系统的起源、发展、设计的原理和实现，以进程管理、内存管理、文件系统管理、I/O 管理、硬件驱动等几部分构成了课程的主体内容，具有理论和实践结合紧密的特点。与计算机类专业的其他课程相比，本课程有抽象的概念较多、理论性较强的特点。随着信息技术的快速发展，以及国家数字化"新基建"的产业布局，操作系统课程的教学内容也需要与时俱进地进行更新和扩展。将思政元素引入操作系统这样的专业课程，重塑课程内容体系和育人目标，课程思政的建设面临以下挑战[4]：

（1）大多数专业教师对课程思政的内涵、课程思政的运行规律的理解和认识不足，尚处于探索阶段；

（2）思政育人目标与课程的专业教学目标面临有效融合；

（3）教师担心课程的教学内容太多，开展课程思政会影响课堂教学的进程，课时量难以兼顾；

（4）课程思政的实施方法及评价手段多样，教师感到难以适从。

本文针对操作系统的课程思政，阐述了内容体系设计和实施流程，按照课程的专业育人知识点，结合信创产业的发展，分析思政元素、挖掘思政内容，进行了操作系统的课程思政教学设计与实践，从教育方案、教学模式和育人方法等方面进行了有效的探索。

2 操作系统课程思政的设计与实践

以下通过分析操作系统课程的教学内容和特点，紧紧围绕思政教育的核心要旨，坚持"立德树人、专业育人"为课程思政主线，紧密结合计算机类专业学生的知识结构，梳理课程的知识体系，对课程思政建设进行系统和细节的设计。

2.1 课程思政的体系设计与实施流程

操作系统课程是为计算机类专业学生在大二上期开设的核心专业基础课，其专业培养目标为建立计算机系统的全局观，培养计算机系统能力、创新实践能力和综合素质。该课的课程目标主要体现在四方面：知识目标、能力目标、素质目标和情感价值目标。[5]

知识目标：理解并掌握操作系统的原理、操作系统设计的关键核心技术和实现机制、具体方法，引导学生探索开源的创新系统和前沿技术。

能力目标：具备对操作系统中涉及的算法、策略及工具等进行分析、比较和评价的能力，应用科学的发展观、科学的方法论分析和解决计算机系统中的复杂工程问题的能力，能自主探索、自主学习新技术，了解新兴操作系统的发展趋势。

素质目标：通过对操作系统中解决复杂工程问题能力的培养及实践训练，培养学生的批判性思维和科学的世界观，培养不怕困难、勇于钻研、坚持不懈的科学精神，并形成良好的职业素养。

情感价值目标：通过国内国际科技时事的分析，激发学生的创新精神和爱国情怀，学习大国工匠精神，树立科技报国的远大抱负。

在明确上述课程目标后，可制定操作系统课程的思政育人目标：坚持"立德树人、专业育人"，以社会主义核心价值观为基石，在操作系统课程中有机地引入爱国、诚信、责任、创新等相关内容，激发学生的学习动力，帮助学生树立正确的世界观、人生观和价值观。通过对学生进行科学思维方法的训练，激发学生探索求知、追求真理、技术创新的社会责任感和使命感。

在课程中将思想价值引领贯穿课程目标设定、教学内容选择与安排、理论教学设计、实践环节设计等教育教学全过程，使学生在获得专业知识的同

时，提高综合素质、促进全面发展，落实"价值引领、知识传授和能力培养"三位一体的育人目标。[6-7]

操作系统课程思政的教学体系设计和实施流程如图1所示。

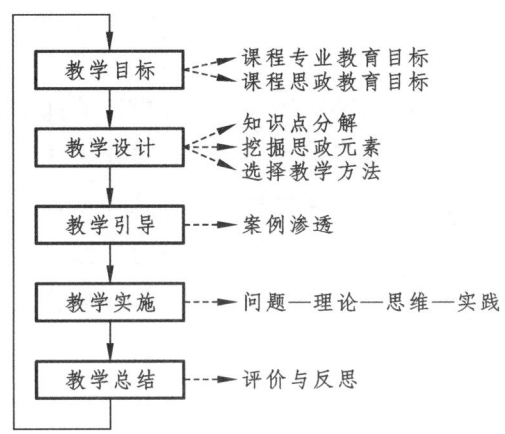

图1　操作系统课程思政的体系设计与实施流程

2.2　思政元素分析与内容设计

操作系统课程蕴含了大量的思政元素，通过分析该课程的各个知识单元，从操作系统概述、组织结构、资源管理等方面进行思政元素的挖掘。教学上，组织多层次（知识、能力）、多类型（社会公德、科学素养、家国情怀）的教学案例，思政教育内容与学科特点和专业知识相结合。[8-9]

（1）学生通过学习操作系统发展的历史演变，了解我国自主研发国产操作系统，领略中国智慧，体会来自大国的文化自信和创新精神。

（2）在学习操作系统原理和实现系统资源管理的算法的过程中，挖掘蕴含在知识背后的思维方式、价值观和文化意义，引导学生建立规则意识，建立平等竞争、团结合作、和谐共处的社会理念。培养学生艰苦奋斗、持之以恒的工匠精神，锻炼其创新创业意识，以满足培养中国特色社会主义新时代信息工程人才的要求。

（3）在知识点讲授的同时结合科技时事案例、热点事件的分析，如芯片断供、华为、中兴事件，全面引导学生正确认识世界和我国发展大势，充分认识国产自主可控的信息技术应用创新的重要性，树立主人翁意识和远大抱负，激发科技报国的家国情怀、使命担当。在学习中紧跟科技前沿，将来成为技术过硬、心怀祖国和满足中国制造 2025 急需的高素质应用型人才,并在此过程中学习不畏艰难、精益求精、勇于创新的大国工匠精神。

操作系统课程思政元素及思政案例设计示例见附表。

2.3 课程思政教学设计

根据我校"建设特色鲜明的应用型本科高校"的办学定位与"培养高素质应用型计算机人才"的专业培养目标,结合操作系统课程的教学内容和课程思政的教学目标,从顶层设计课程的教学体系和内容,创新教学模式、改进教学方法和学习评价方式,深入挖掘思政教育资源,将思政之"盐"溶入课程之"汤","学""思"结合,培育学生成为德才兼备的高素质应用型技术人才。

1. 确立思政价值引领的理论教学环节设计

在教学设计上,将理论教学环节分为课前预习模块和课堂学习模块,树立"深度教学,广度教学,力度教学,厚积薄发"的课程建设方针,如图 2 所示。

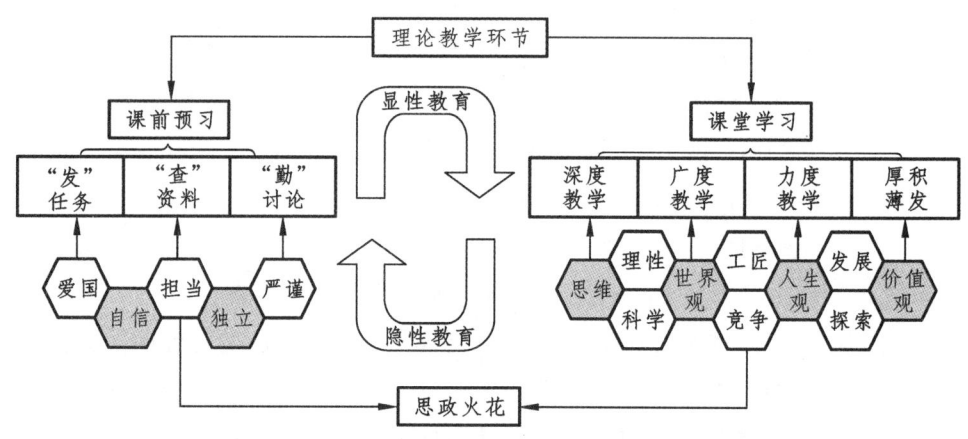

图 2 操作系统课程思政的理论教学设计

(1)深度教学[10]。在教学过程中通过设置一定深度的教学内容,引导学生通过学习、推理、演化来掌握计算机操作系统中原理性较强知识的学习方法,在充分锻炼批判性思维和分析性思维的同时,提高推理和演算的能力,从而加深学习成就的获得感。

(2)广度教学。指导学生将课堂所学的算法思维与实际的国产操作系统的实现过程案例相结合，由实践拓宽知识广度。

（3）力度教学。在课前、课后及课堂中，营造健康、积极、正能量的学习氛围，以"春风化雨"的方式培养学生正确的思维方式和价值观。将问题驱动的学习方法与小组合作学习的方式有效地结合起来，培养竞争与合作的意识，塑造勇于探究、敢于尝试、不怕失败的优秀品质。

（4）厚积薄发。引导学生深入了解所在学科领域的技术发展现状及未来趋势，正确认识我国与其他发达国家在计算机专业领域之间存在的差距，从而注重缓慢而广博的知识积累，树立"量的积累必然产生质的飞跃"的信念，通过今后不懈的努力，厚积薄发，让自己成为所在领域的翘楚。

融入课程思政的混合式教学模式，实现了教学"以教师为中心"向"以学生为中心"的转变。在充分地调动学生学习的积极性和主动性后，引导学生主动分析工程实践问题，从而达到专业能力、职业素养、钻研精神的全方位培养。

2. 改进实践教学环节设计

改变传统的以验证类实验为主的实践教学内容，把实践分为三个层次：验证类实验、设计类实验、创新类实验。验证类实验是考查基础理论的掌握情况，通过多次动手实践来加深熟练度，从而培养求真、务实、严谨、理性的科学态度。设计类实验考查算法设计和系统分析能力，培养工匠精神与创新意识。创新类实验立足科研项目与学科竞赛，培养学生的竞争协作意识和创新创业素养。

3. 打造适应课程思政育人元素的线上教学资源，优化学习评价体系，激发学生学习兴趣

充分利用现代信息技术及开放式教学资源，实施线上线下混合式教学模式，通过开发包含思政元素的微课、慕课等线上资源延展教学内容。建立线上、线下多元的学习过程评价体系，激发学生自主学习能力和刻苦钻研的精神，改善教学效果，提高教学质量。

2.4 教学实施

根据教学内容和教学环节采用适当的方式开展课程思政教育。

1. 采用线上线下混合式教学

充分利用智慧树线上教学平台,将思政案例所包含的专业文章、视频与相应的知识单元有机结合,作为课前学习任务进行推送,在预习相应知识点的同时,体悟与其相关的思政元素。

在课前通过案例渗透进行教学引导后,课堂上再将思政案例嵌入专业知识的教学活动中,通过"问题—理论—思维—实践"的方式将专业育人的知识内容与"思政"育人元素环环相扣。在实践环节采用沉浸式设计,让学生通过亲身实践来体验、体会和感悟。课后,通过完成作业和课程相关的调研,培养学生学思结合,知行统一,实现自我教育。此外,任课教师通过课程交流 QQ 群推送与课程相关的热点新闻报道等,延伸课程思政。

2. 改革课程考核方式

注重过程考核,采用 1∶3∶6 的评定成绩方法,将平时考核与期末考核相结合。学生期末总成绩构成分为:课前学习、平时考勤成绩占 10%,课堂表现、课后作业、实践教学成绩占 30%,期末考试成绩占 60%。

充分利用智慧树线上教学平台,跟踪学生课前学习任务及课后作业的完成情况,了解对相应知识点的掌握情况,便于制定个性化的辅导。同时,利用智慧树线上教学平台在课堂教学中针对重要的知点引入"头脑风暴"式课堂讨论和即时练习,加深学生对相应知识点的掌握和应用,同时也使学生在课堂上保持专注,提高学生的学习兴趣和学习成效。图 3 所示为课堂上对知识点"索引节点"发起"头脑风暴"讨论,学生在线回答后形成的词云图,以方便教师了解学生对该知识的理解和掌握情况。

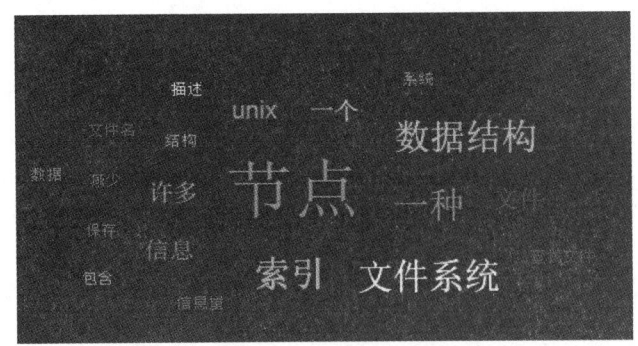

图 3　智慧树平台课堂"头脑风暴"生成的词云图

同时，采用多元化的教学评价机制，将教师评价、学生自评、小组互评等多种方式结合起来，实现对学生课前、课堂上和课后的教学过程管理，方便教师了解学生的个体学习情况，及时评估教学目标的达成情况。区别于以往的课程考核评价方式，对操作系统的课程考核进行了以下改进：① 课堂中利用在线教学平台进行抢答加分，这种课堂互动既可活跃课堂气氛，又可激发学生兴趣；② 更新设置考核中各环节的权重，增加平时学习过程的考核，适当降低期末卷面考试成绩的占比，增加由"视频学习、章节测试、课堂互动、考勤、作业、实验"组成的平时成绩的占比。多元评价考核体系的采用，有效地促进了学生的自主学习、交流和探究，提升了学习效果。

3 取得的成效及进一步的探索

自2020年开始在操作系统课程教学内容中融入思政元素，通过两年多改革教学方式、探索教学途径，我们明显地感受到课堂氛围和学情的改观。实施课程思政，充分调动了学生对课程的兴趣及对专业的热爱，学生在课堂纪律、学习态度、学习成绩等方面取得较好的成效，难度较大的双语教学也有所改观，学生期末的不及格率得以降低。

通过在授课中充分体现信息技术应用创新、科技强国等思政内容，实现了知识传授、能力培养与价值引领的有机统一，激发了学生的爱国热情和钻研精神，学生积极入党的人数增加，有考研志向的学生人数明显增加，近年考研成功的毕业生普遍反馈经过操作系统课程的学习，自己在考研中有所受益。

尽管在前期的课程实践中取了初步的成效，但我们对操作系统课程思政内容的建设和教学改革还将从以下几方面作进一步的思考和探索：

（1）在课程思政的建设和实践应用过程中，须始终坚持"实""润""真"三个方面的贯穿和实践。

① 课程思政建设的具体知识点要"落实"，落在具体的案例上，落在具体的学习材料上；思政要素要"真实"，采用的现实案例是课程本身知识点思政要素的自然延伸，做到"贴切而不牵强，可信而不空洞"；实际效果要"做实"，做到育人过程的入脑、走心、不流于形式。

② 教学过程中要敏锐捕捉学生的兴趣，巧妙寻找适合的切入点，通过思

政案例引起学生在世界观和价值观上的共鸣，让课程思政教育达到"春风化雨、润物无声"的效果。

③教师授课要"认真"，讲授的内容和案例要"求真"，鼓励和培养学生自信、自强，保持"本真"。

（2）根据课程的知识体系和育人目标，继续尝试对教学方法和教学材料运用的创新探索。

操作系统课程思政的建设在教学设计上注重与教学体系、教学主体、教学过程融合。在教学方法上，注重社会热点与思政教学的结合，根据学生对不同热点的兴趣，通过建立学习小组，结合线上线下混合式教学模式，构建交互式学习系统。在教学内容、教学案例的安排与习题的选择设计环节中，体现学习任务的渐进性和挑战性，让学生在交流互动中享受获得知识的成就感。实施以"学生为中心"，教师为引导的"因材施教"，实现对学生的计算机专业思维和独立人格的综合塑造。

（3）继续探索思政融入计算机专业课程教学，促进知识、能力和价值三维培养目标的达成途径及新方法，建立有效的评价体系和持续改进机制，为其他的计算机专业课程的课程思政形成示范效应。

4 结语

本文阐述了面向应用型人才培养的操作系统课程思政的探索与实践，通过分析课程的专业育人目标和思政育人目标，设计了操作系统课程思政的教学体系与实施流程，并举例说明了在课程建设中思政元素的挖掘和思政案例的设计，结合"培养高素质应用型计算机人才"的专业培养目标从教学内容、教学模式、教学方法和评价方式等方面，探索了创新的课程教学设计。在课程教学的实施中，充分利用互联网信息技术，使用智慧树等线上教学平台进行线上线下混合式教学，结合多元化的教学评价手段，达成思政育人的目标，促进了学生的自主学习能力，提高了专业系统能力和综合素质，提升了学习效果。

本文所探索的操作系统课程思政的途径还需不停地完善和更迭，以期为应用型人才培养的其他计算机类专业的核心课程的教学改革提供一定的借鉴。

参考文献

[1] 习近平. 高举中国特色社会主义伟大旗帜为全面建设社会主义现代化国家而团结奋斗——在中国共产党第二十次全国代表大会上的报告[M]. 北京：人民出版社，2022.

[2] 中华人民共和国中央人民政府. 教育部关于印发《高等学校课程思政建设指导纲要》的通知[EB/OL].（2020-05-28）[2022-05-28]. http://www.gov.zhengceku/2020-06/06/content_5517606.htm.

[3] 国务院. 中共中央　国务院发出《关于进一步加强和改进大学生思想政治教育的意见》[EB/OL].（2004-10-15）[2023-07-30]. http://www.moe.gov.cn/jyb_xwfb/gzdt_gzdt/moe_1485/tnull_3939.html.

[4] 李姗姗，沈立，文燕军，等. 高级操作系统课程思政探索与实践[J]. 计算机教育，2022（11）：85-88.

[5] 杨路，王希武，高鹏宇. 信创产业背景下操作系统课程思政体系化设计[J]. 中国教育技术装备，2022（8）：71-73.

[6] 胡洪彬. 课程思政：从理论基础到制度构建[J]. 重庆高教研究，2019，7（1）：112-120.

[7] 李文生，叶文，刘晓鸿. 操作系统课程思政探索与实践[J]. 软件导刊，2022（7）：83-88.

[8] 侍伟敏，周艺华，杨宇光. 课程思政视角下操作系统安全课程中知识结构模块化及其关联性教学方法的研究[J]. 科教文汇，2021（2）：119-120.

[9] 王丽芳，武瑞娟，樊彩霞. 操作系统中进程同步与互斥思政教学设计[J]. 计算机时代，2021（6）：102-105.

[10] 李薇，黑新宏，王磊，等. 课程思政教育在 C 语言程序设计课程中的应用[J]. 计算机教育，2019（11）：20-23.

附表 操作系统课程思政元素及案例设计

章节内容	专业知识点	思政案例	思政育人目标
操作系统概论	操作系统的发展及组织结构	(1) 中国计算机发展史：从春秋时期的计算工具算筹到北宋的珠算，到华为鸿蒙、Open Euler等国产操作系统。 (2) 个人计算机体系结构：联系"卡脖子"技术时事热点，介绍中国企业构建数字基建所作出的努力，国产CPU（华为海思、中科龙芯）、国产操作系统（华为OpenEuler、北京中科红旗Linux）、国产数据库（武汉达梦、人大金仓）	民族自信、文化自信； 爱国意识、社会责任感、国家安全意识
进程管理	CPU调度	(1) 进程由一个状态转换到另一个状态，拥有的资源满足条件且抢占CPU才能运行，对应量变到质变的哲学思想。量变到质变的积累，才可厚积薄发。 (2) 通过类比交通信号灯，引出信号量机制下对进程互斥与同步的典型算法，对应有规则、有秩序、有底线的哲学思想。从同步机制的不断优化引入公平意识，有序的机制及相应的服务意识，增强职业精神。	辩证思维、拼搏和奋斗精神； 团队协作，竞争与合作，社会责任
	进程同步		
	死锁	(3) 从交通十字路口或独木桥的堵车、死锁预防、死锁避免、死锁检测、死锁恢复，提出死锁的概念，而后针对该问题的四种处理方式：死锁预防、死锁避免、死锁检测、死锁恢复，列举应对的策略；注意效益、成本的核算，树立居安思危，防患未然的思想，随时需具备安全意识、大局意识规则意识及相应的安全预案，并进行定期检查	安全意识、大局意识、成本意识、规则意识

续附表

章节内容	专业知识点	思政案例	思政育人目标
存储器管理	内存分配；虚拟存储	（1）内存管理如何让多道进程合谐共享存储空间并发地执行，内存分配要解决空间的有效使用，避免资源浪费。 （2）虚拟存储方式可使计算机存储空间利用率最大化，讲解存储器管理内存空间利用的重要性时，融入"创新是引领发展的第一动力"，为建设创新型国家，实现科技强国这一目标，体现以强国和创新为先的价值观	辨证思维，工匠精神； 创新思维，科技强国和创新为先的意识理念
I/O系统	缓冲管理；硬件接口标准化	（1）以"办公室多个人员，如何共用1台打印机？"引入缓冲技术工作原理，以缓冲技术实现对切入复现前人的经典算法，考虑继承，发展和改进，体现的继承和发展为主的价值观。 （2）以华为公司在建立5G标准方面工作为例，讲述标准规则的重要意义，学习华为的标准意识、爱国意识，社会责任感、责任担当意识	工匠精神； 爱国意识，担当意识，社会责任
文件系统及实现	文件目录；索引结点	文件目录引入大大提高了文件系统的效率，由文件系统管理引入中国工业4.0与中国制造2025，概述中国工业软件技术及应用趋势，培养学生不怕困难、勇于探索的精神结合文件目录引入进行"按名存取"的重要数据结构、索引结点的由来实现对文件进行"按名存取"进而培养学生的效率思维	家国情怀，工匠精神
操作系统安全	系统安全与保护	热点事件讨论分析："棱镜门"事件、网络传销、网络诈骗，网络安全，树立正确的网络安全观，让学生认清网络上哪些无意识的行为会触犯法律，学会保护个人信息，不轻易在网络上受骗	法治精神，安全意识

87

课程建设与教学改革

基于机器人类课程群金课建设的新工科教育模式改革探索与实践

◎ 刘佩森　李刚俊　田亚铃　黄晓燕

（成都工业学院　智能制造学院，成都　611730）

【摘　要】机器人技术是机械电子工程专业核心技术之一，在课程安排和改革过程中，提出机器人课程群建设，打破原有课程单元的建设。通过课程群顶层规划，聚焦人才培养目标，有效提升课程之间的关联，优化教学内容和教学方法；组建课程群大教学团队，明确教师、企业、思政和双创等多元教学主体的协同；发展课程群之间的有机改革，以金课建设标准，形成一脉性的改革思路和方法，具体概括为课内与课外互补化，过程考核信息化，典型案例与企业案例结合化，课程竞赛制与项目制配合化。本文以成都工业学院2019级机械电子工程专业学生培养为例，阐明新工科教育模式下课程群改革探索与实践的过程。

【关键词】课程群建设；机器人教改；机械电子工程；新工科；金课建设

成都工业学院机械电子工程专业是首批国家级一流本科专业建设点专业、四川省首批卓越工程师教育培养计划专业、四川省首批教育综合改革试点专业、四川省首批应用示范建设专业和四川省首批课程思政示范专业。在专业定位上，机械电子工程专业秉承学校"地方式、应用式、开放式"的办学定位，确立"一带一机"的专业人才培养定位。"一带一机"中的"一带"指的是以传输带为典型代表的大型复杂生产线，"一机"指在生产线上起主要

基金项目：成都工业学院校级教学改革项目（20210439）。

第一作者简介：刘佩森（1989—），男，讲师，硕士；研究方向：生产线控制及机器人应用。

通信作者简介：李刚俊（1965—），男，教授，博士；研究方向：机器人应用。

生产力的工业机器人及其系统。由此可见，机械电子工程专业致力培养服务于智能化生产线所需要的设计、制造、生产、机器人开发与编程、维护和保养等专业化人才。

"一带一机"专业定位下，与机器人技术有关的课程数量众多。传统的人才培养在教学过程中面临如下痛点：

（1）每门课程独立性强，课程间关联程度低，未能有效形成课程体系建设。

（2）评价单一专业知识，多学科交叉、多专业融合能力不足。

（3）课程常以典型工业机器人等设计和应用为例题，但缺少企业真实案例，距离生产实际遥远，学生感知性不强，很难达到启发学生的效果。

（4）课程难度偏大，理论性强，实践性要求高，学生普遍存在学习被动、缺乏内在驱动力和兴趣的情况。

现有的机器人类课程改革主要集中在单门课程的教学改革和优化上，通常包括教学模式、教学方法和考核方式上，多推行项目制[1]、模块化教学[2]、增加"微课"模式[3]、与职业证书关联[4]以及与技能大赛结合的理念[5-6]。目前，机器人类课程群的改革探索和实践还较为稀缺，部分学校仍然聚焦在课程数字资源的建设上。[7]

针对机械电子工程专业机器人类课程群教学中存在的诸多痛点，本研究践行新时代党的教育方针，提出课程群顶层规划、课程群大教学团队建设和课程群有机课程改革的金课建设。本文以成都工业学院机械电子工程专业2019级学生为例，给出课程群建设与改革实践案例，旨在打破课程壁垒，突破专业技术限制，形成新工科教育模式改革探索与实践。

1 课程群顶层规划

在新工科建设的背景下，课程建设与改革的趋势逐步向课程群延伸。课程群建设作为一种新型的课程建设模式，顺应了高校教学改革的要求。[8]本文所指的机器人类课程群是指围绕机械电子工程专业的人才培养目标要求，为完善学生对机器人相关知识、技术和应用等的掌握，具有逻辑联系的若干课程重新规划、整合构建而成的课程体系。课程群的建立遵循"知识体系的完整性和一脉性"原则[9]，经过课程群顶层规划，具有自身特色。

确定机器人技术的主干教学方向和课程内容是课程群顶层规划中首要解

决的问题。本专业聚焦机器人技术，服务于智能生产线系统，因此机器人技术的主干教学方向应为机器人在生产线中的应用，而非机器人本身的设计、计算和优化等知识。目前，机器人在生产线中由易到难逐步取代人工操作，能完成搬运、码垛、喷涂、焊接、装配、现加工和协作等工作，其核心技术是"机器人技术+机器视觉技术"，也称为"手眼系统"。综上所述，初步确定出机器人类课程群内容，以机械电子工程专业2019级人才培养为例，涉及机器人技术的相关课程包括"机器视觉及应用""机器人技术基础""机器人控制技术""工业机器人编程及应用"和"并联机器人机构学"等，还包括课程对应的专题实践环节，具体课程安排如表1所示。

表 1 机器人类课程群课程安排

课程名称	课程性质	学分/学时	开设学期	实践环节
机器视觉及应用	限选课	2/32	4	4学时实验
机器人技术基础	必修课	2.5/40	5	4学时实验
机器人控制技术	必修课	3/48	6	6学时实验
并联机器人机构学	选修课	2/32	6	
工业机器人编程及应用	限选课	2/32	7	工业机器人应用编程综合实践

上述5门课程和1门综合实践课程支撑起机械电子工程专业机器人类课程体系。从课程规划来看，课程群分为三个层次，层层深入，有序推进。三层递阶型立体化机器人类课程群如图1所示。通过第一层次课程学习使学生掌握服务于智能生产线的"手""眼"核心技术。第二层次的课程学习则着重于机器人的深层利用和控制，培养学生拔高应用能力。第三层次则通过课程设计和综合实践等培养学生的机器人综合应用能力以及工程实践和创新能力。

第一层次为基础层，由"机器视觉及应用"和"机器人技术基础"两门课组成。"机器视觉及应用"课程着力于"手眼系统"中"眼"的技术，重点介绍了生产线中机器视觉的应用以及如何与工业机器人配合。"机器人技术基础"着力于"手"的技术，以工业串联操作臂为学习对象，引导学生学习如何将机械臂以需要的姿态、速度和力度移动到某个位置或者实现路径规划。

第二层次为拔高层，由"机器人控制技术"和"并联机器人机构学"两门课组成。其中的专业必修课程"机器人控制技术"以移动机器人为学习对象，典型案例就是与生产线相配合的自动引导小车（AGV，Automated Guided Vehicle），学生要学习、熟悉移动机器人软、硬件系统，控制方法以及机器人操作系统（ROS，Robot Operating System）。"并联机器人机构学"是为学有余力且兴趣浓厚的同学开设的一门选修课程，以并联机器人为学习对象，作为工业串联操作臂的补充，其广泛应用于快速、短距离的搬运、分拣场景或有重载需求的场合。

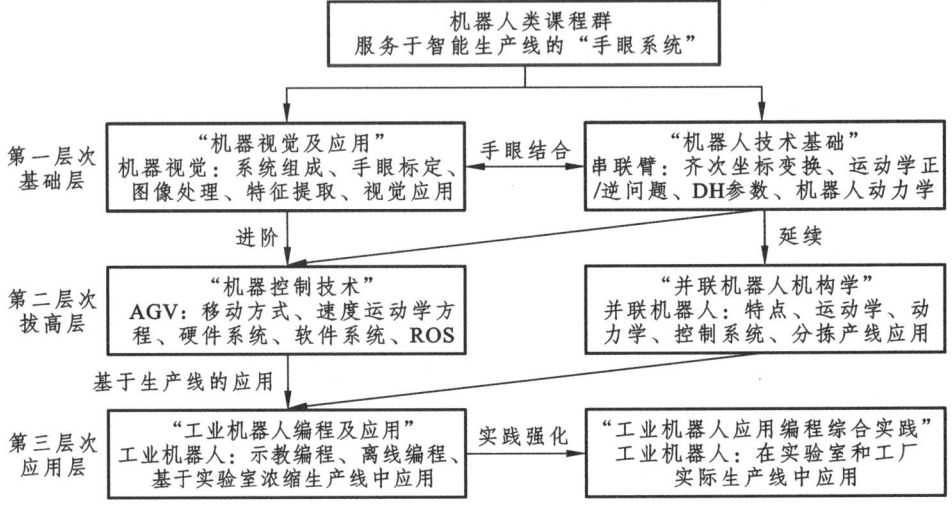

图1　三层递阶型立体化机器人类课程群

第三层次为应用层，由"工业机器人编程及应用"和对应的实践环节"工业机器人应用编程综合实践"组成。这两部分教学环节采用"实验室授课+企业实践"的模式，以实验室浓缩版生产线和企业实际生产线为研究学习对象，增加学生对"一带一机"技术的理解，综合提升学生解决实际问题的能力。图2展示了2019级机械电子工程专业学生在实验室开展"工业机器人编程及应用"教学活动的场景。

图2　学生在实验室开展教学活动

2 课程群大教学团队建设

课程群教学团队是保证课程群教学改革和发挥实效的基础和保障。课程群教学团队区别于传统的教学团队，不限于本门课程，而是以课程群组建教学团队。课程群的教师团队要明确课程群在专业培养中的定位，厘清不同课程在课程群系统中的逻辑关系，针对学生培养目标，规范教学内容，促进教师间交流，避免内容重复或内容跳跃。机器人类课程群教学团队突出"产业需求导向、跨界交叉融合、支撑引领行业"的培养要求，推动企业专家和工程师进入教学团队，组建大教学团队；通过线上和线下相结合的方式展开教学研究活动，以强化本专业学生面向智能化生产线的职业胜任力和持续发展能力，构建产教融合校企合作的协同育人模式。

机器人类课程群大教学团队的建设是提升教学质量和应用型人才培养的关键，其核心体现在多元教学主体的协同。当前组建的大教学团队包括 10 名专任技术教师、2 名思政教师、2 名创新创业教师以及 3 名企业专家。其中学校方有教授 5 人，副教授 2 人，讲师 7 人。企业专家来自与学校合作的四川成工富创科技有限公司、富士康鸿富锦精密电子（成都）有限公司和四川普什宁江机床有限公司，其中教授级高工 2 人、高级工程师 1 人。大教学团队师资情况如图 3 所示。

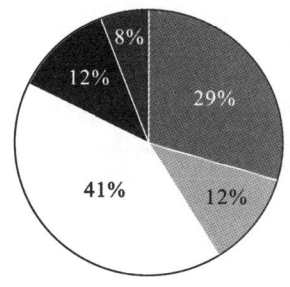
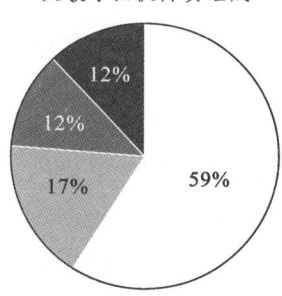

■教授 ■副教授 □讲师 ■教授级高工 ■高级工程师 □专任教师 ■企业专家 ■思政教师 ■双创教师

图 3　大教学团队师资情况

大教学团队通过定期教研活动、企业调研、学生座谈和问卷反馈等多种形式，推动产学研用之间开放合作，促进课程内容与技术发展衔接、教学过程与生产过程对接、人才培养与产业需求融合，实现人才培养和行业企业协同发展、同频共振、融合创新。

专任教师是课程教学的主体,承担理论教学、课程改革、课程评价和同学生沟通等职责。企业导师是实践教学制定的参与者,也是实际生产案例的贡献者,更是"双师双能型"教师队伍的建设者。

思政教师加入大教学团队,有助于落实"立德树人"根本宗旨,推进"三全育人"的要求。教学团队多次研讨教学改革,挖掘思政元素,确立课程群专业目标和德育目标。通过调整授课内容和探索授课模式,精心设计思政元素的有效融入。在专业课程上,将机器人技术与思政教育相融合,润物细无声。充分发挥我校特有的"陈毅精神"思政元素,让学生实际体会"陈毅精神",理解"追求真理,坚定信念;忠心报国,勇于献身;胸怀坦荡,无私无畏"的内涵。与此同时,将思政教育和专业技术的纽带连接好,给学生树立正确的学习榜样,促使学生积极主动地学习技术以及培养刻苦钻研的精神。

双创教师加入大教学团队,有助于创新应用型人才培养。在课程群育人过程中,课程团队老师支持学生积极参与学科竞赛,引导学生用机器人技术解决实际问题。以 2019 级机械电子工程专业学生为例,经统计,参与省级以上机器人相关的学科竞赛人次数超过 100 人次,学生主动申请并立项的机器人技术相关大学生创新创业项目达 40 余项,申请国家发明、实用新型专利 20 余项。

3　课程群有机课程改革

组建课程群有利于教师对课程教学问题进行深入研究,成体系地解决课程教学之间所面临的突出问题,通过不断调整教学内容、改进教学方法、教学手段逐步提高教学水平。与单门课程改革不同的是,课程群改革应注意课程改革的一脉性以及课程群之间的有机结合。机器人类课程群教学改革采用相同的改革方法、考核方法以及评价方法,有助于学生强化课程群内课程之间的关联,并且熟悉课程的教学模式。课程群改革总体方法可概括为:课内与课外互补化,过程考核信息化,典型案例与企业案例结合化,课程竞赛制与项目制配合化。

课内与课外互补化能够有效应对课内学时数不足的问题,引导学生充分利用线上课程资源进行主动学习。通过调整理论授课内容，将部分基础知识交给学生课外自学，课内学习则聚焦重、难点知识。依靠课程群信息资源库的建设（包括自建和公开教学资源），逐步提升学生自学的体验，并通过答题和抽查等手段不断反馈学生的学习效果，在后续课程群改革中，不断提升基础知识自学的比例。通过线上和线下双渠道学习，既扩充了教师有限的授课时间，也为学生充分理解和消化知识提供了保障。

过程考核信息化是指提升过程考核占比，并且以信息化的方式，实时、量化和公开地反馈给学生。强化过程考核，有助于提升学生学习主动性，利用信息化的方式可以激励学生参与并积极完成课程要求。机器人类课程群过程考核占比60%，期末占比为40%，过程考核一般分为课程作业、课程参与和课程实践三部分。课程作业统一采用电子作业，大幅提升作业的归集、批改和统计效率。课程参与形式多样，例如课堂表现、课前分享、课程助教等。课程实践根据课程实际情况，设计课程实验、课程竞赛以及企业实践等环节。

典型案例与企业案例结合化不仅能提升学生学习兴趣，而且能强化学生毕业后的职业胜任力和持续发展能力。依托合作企业，不断挖掘企业真实案例，带着实际问题引导学生思考和学习，发挥企业重要育人主体作用，构建产教融合校企合作的协同育人模式，推进"引企入教"，共同拓展优质教育资源。例如在"机器人视觉及应用"课程中，结合中国中车集团的弹簧检测项目真实案例，如图4所示。该系统使用四自由度SCARA工业机器人、装载机器视觉传感器、工业光源、配备机器视觉检测算法、手眼标定系统等，能够实现多规格弹簧的分类和分拣。通过具体案例的讲解、样机的观察，使学生认识到，机器视觉和工业机器人配合的"手眼系统"能够发挥巨大的生产效率。

课程竞赛制与项目制配合化能够最大程度提升学生动手实践和解决实际需求的能力，还增加了学生学习兴趣。目前机器人类课程群采用逐步提升式的实践环节安排，"机器视觉及应用"和"机器人技术基础"采用实验项目制，根据任务书完成具体要求。"机器人控制技术"和"并联机器人机构学"采用课程竞赛制，"工业机器人编程及应用"及其实践课程采用企业项目制。不论是具体项目制还是课程竞赛制，都面向全员参与，充分利用课外时间，让学生真正动手，在实践中锻炼提升。学生参与从"项目定义"一直到"样机实现"的全过程，并通过答辩方式完成考核。

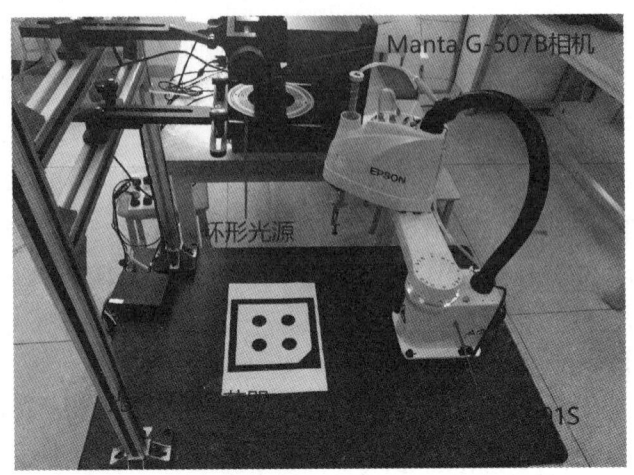

图 4　配置机器视觉的 SCARA 机器人分拣系统

4　结语

机器人技术是机械电子工程专业重要的技术单元，是"一带一机"专业定位中的关键一环。在课程建设过程中，课题组采用课程群统筹建设，通过顶层规划梳理了课程之间的内在联系，优化教学内容和环节。依托大教学团队的建设，明确教师、企业、思政和双创多元教学主体。课程改革始终围绕"高阶性、创新性、挑战度"的标准，通过课内与课外互补化、过程考核信息化、典型案例与企业案例结合化、课程竞赛制与项目制配合化的改革方法，加大学生学习投入，科学"增负"，让学生体验"跳一跳才能够得着"的学习挑战。我校 2019 级机械电子工程专业的教学实践取得了良好的效果，学生兴趣度增加，学习参与度明显提升，应用能力增强。在课程改革过程中，教师的任务量会激增，不仅需要教师投入更多教研精力，还需充分利用互联网技术和学生助教等高效做法推进课程改革。总而言之，基于机器人类课程群金课建设的新工科教育模式改革探索与实践是教学相长的过程。

参考文献

[1] 关荣. 如何定制个性化自行车？——密苏里大学工程学院工作室项目制教学案例分析[J]. 装饰，2019，No.317（9）：144-145.

［2］蔡敬民.基于能力导向的模块化教学体系构建：以合肥学院为例[M].北京：中国科学技术大学出版社，2012.

［3］彭精立，沈杨，李星，等."机电一体化系统"课程教学改革探讨[J].南方农机，2021（10）：3.

［4］周曲珠，郭秀华.基于"机器人产业"的机电一体化技术专业人才的培养研究[J].价值工程，2017（3）：249-251.

［5］王超.技能大赛引领下的机电一体化技术专业教学改革与实践[J].机电技术，2011，34（5）：158-160.

［6］余德林.技能大赛引领下的机电一体化技术专业教学改革与实践[J].中小企业管理与科技（下旬刊），2015（9）：223.

［7］马忠丽，顾硕鑫，于文杰，等.机器人工程专业课程群数字资源建设实践——以成都信息工程大学为例[J].西部素质教育，2022，8（9）：127-129.

［8］龙春阳.课程群建设：高校课程教学改革的路径选择[J].现代教育科学，2010（3）：139-141.

［9］唐丹，尹宏鹏，方觅，等.新工科背景下基于OBE理念的信息类课程群建设[J].计算机教育，2023（6）：141-144.

新工科背景下基于 SPOC 的计算机程序设计课程改革与实践

◎ 刘明纲　李琦

（成都工业学院　计算机工程学院，成都　611730）

【摘　要】C 语言是一门简洁而高效、描述能力强、程序在不同平台上的可移植性强、语法简洁、具备低级系统访问能力，可以灵活地处理内存和数据结构的应用广泛的编程语言，普遍被高校本科阶段计算机程序设计类课程选用。为了符合新工科建设对人才培养提出的更高要求，本文探讨了新工科背景下基于 SPOC 的"程序设计基础 A（C 语言）"课程教学改革方法，梳理课程培养目标，构建有效教学模式，进行教学实践，为提高新工科背景下机械电子类本科生教学质量提供参考。

【关键词】新工科；教学方案设计；混合式教学模式

1　背景

教育部于 2017 年 6 月审议通过了《新工科建设指南（"北京指南"）》，旨在深化工程教育改革，加强工程教育的发展，以建设具备国际竞争力的工程教育体系。2018 年 3 月，教育部办公厅发布了《教育部办公厅关于公布首批开展新工科研究与实践项目的通知》，对新工科研究与实践项目提出了进一步要求。

新工科背景下的课程建设主要包括以下几个方面的要求。

基金项目：校级教改项目（116/215128）。

第一作者简介：刘明纲（1978—），男，讲师，硕士；研究方向：大学计算机课程改革研究、人工智能算法研究。

通讯作者简介：李琦（1972—），女，副教授，硕士；研究方向：计算机类课程改革研究。

注重基础知识与应用能力的结合：新工科 C 语言课程旨在培养学生扎实的 C 语言基础知识，同时注重将其应用于实际工程项目中。学生需要通过课程学习，掌握 C 语言编程的核心概念、语法和算法等，能够使用 C 语言解决实际问题。

强调实践性教学：新工科 C 语言课程强调实践性教学方法，鼓励学生通过编写程序、设计项目等实际操作，深入理解 C 语言的运行机制和应用场景。通过实践探索和实际项目的实施，提高学生的问题分析和解决能力。

结合软件工程实践：新工科 C 语言课程要求将软件工程的概念和实践融入教学中，使学生了解软件开发的规范和流程，在程序设计过程中注重代码的可读性、可维护性和可扩展性。

培养团队合作和沟通能力：新工科 C 语言课程强调培养学生的团队合作和沟通能力，通过小组项目和合作编程等形式，锻炼学生的团队协作意识和沟通技巧。

强化问题解决能力：新工科 C 语言课程重视培养学生的问题解决能力，通过提供实际情境和案例，引导学生思考和分析问题，并运用所学知识和技巧解决问题。

这些要求以将学生培养成为具备扎实的 C 语言编程基础、具备实际应用能力和综合素质的工程人才为目标，适应当前工程领域对于 C 语言技术能力的需求。

基于上述要求，本文在新工科背景下开展适用于非计算机专业的"程序设计基础 A（C 语言）"课程的教学改革与实践，探索适用于新工科建设的"C 语言程序设计"课程知识体系，期望提高教学质量和水平。

2 课程改革方案设计

构建"一中心、两闭环、三系统、四驱动"的理实一体混合式教学模式。

具体方式：结合我校办学定位和生源特点，以《大学计算机基础课程教学基本要求》为指导，对标新工科课程的建设要求，开展理实一体课程教学。

依托实验环境，全过程构建计算思维和应用技能的培养框架，将价值塑造、知识传授、能力养成融为一体，充分在课程教学中延续我校"手脑并用，学做合一"的办学传统。

"一中心"：以开放式学生学习为中心（提供课内外学习环境）；"两闭环"：实施教学设计闭环、学习过程闭环；"三系统"：建设 SPOC 学习系统、实验实训系统、学测评一体化系统；"四驱动"：通过课堂讲授、课外自学、学习辅导、学科竞赛四个方面驱动学生学习。课程改革框架如图 1 所示。

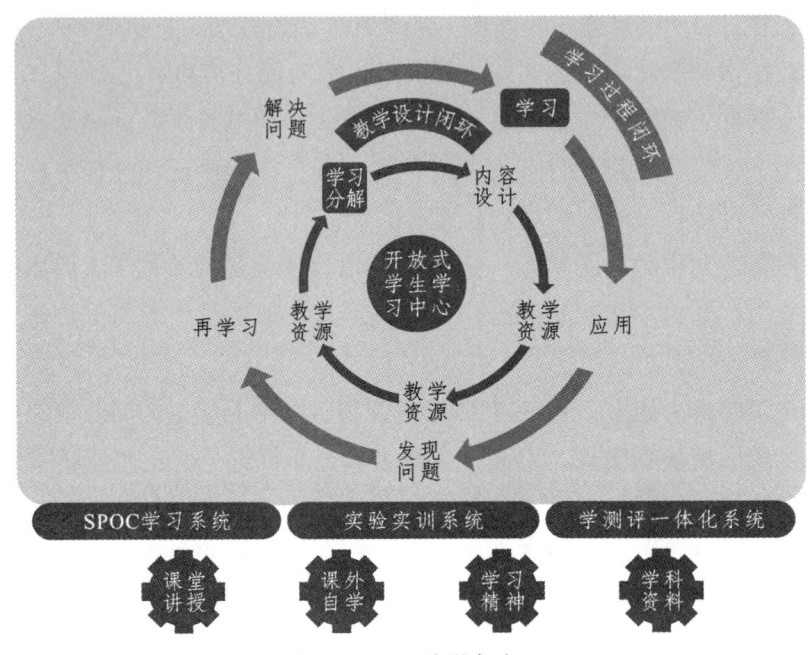

图 1　课程改革框架

2.1　重构课程知识体系

2.1.1　梳理新工科背景下"计算机程序设计"课程的培养目标

本文根据成都工业学院发布的《通识教育课程和学科基础类课程支撑指标点》要求，确定了课程的性质和任务：本课程是全校非计算机专业的学科基础必修课程，是高校计算机基础课程的核心课程。它以高级编程语言为平台，介绍计算机程序设计的思想和方法，为后续相关计算机课程学习打下基础，也有利于学生理解基本计算思想和方法，培养利用计算机求解问题的基本能力，并为进一步学习计算机技术奠定基础；紧跟当代计算机及应用研究发展前沿，提高学生自身的竞争力；以课程思政培养学生的科学精神和职业素养，实现课程立德树人的德育目标。课程目标：①通过本课程的学习，使学生掌握 C 语言的基本知识，掌握顺序、选择、循环程序结构，掌握常见的算法使用，学习结构化程序设计的基本思想，培养学生利用 C 语言解决实际问题的能力。②通过本课程的学习，使学生在掌握 C 程序设计基本方法的基础上，形成正确的程序设计思想，具备基本的信息素养、计算思维能力，为后续学习打下基础。课程目标如表 1 所示。

本校"计算机程序设计基础 A（C 语言）"4 个学分，64 学时，其中课外 16 学时。

表 1 课程目标

序号	课程目标支撑毕业要求指标点	毕业要求
1	课程目标 1：通过本课程的学习，使学生掌握 C 语言的基本知识，掌握顺序、选择、循环程序结构，掌握常见的算法和算法的应用场景，学习结构化程序设计的基本思想，培养学生利用 C 语言解决实际问题的能力	工程知识：掌握计算机基础知识和基本工作原理
2	课程目标 2：通过本课程的学习，使学生在掌握 C 程序设计基本方法的基础上，形成正确的程序设计思想，具备基本的信息素养和计算思维能力。为后续学习打下基础	使用现代工具：具备运用现代信息技术获取相关信息的基本能力，能够针对统计问题，选择并使用合适的技术和软件进行分析与推断，并能了解各种相关工具的局限性

2.1.2 优化课程教学内容

结合课程目标的要求，课程内容分为七个知识模块，形成较为完善的知识体系的同时，与实践应用相互结合，将计算思维的培养融合到程序设计过程中并提炼解决问题的思想方法，应用在多学科交叉案例中。课程思政融入课堂，有助于激发学生科学严谨的态度和科技报国的爱国情怀。课程知识模块如表 2 所示。

表 2　课程知识模块

教学内容	重点、难点
一、基础知识 （1）C 语言概述； （2）C 语言基本类型（2 学时）； （3）运算符及表达式（2 学时）	重点：集成开发环境的使用，理解基本数据类型的存储方式、运算的优先级。 难点：运算符优先级
二、简单程序设计 （1）字符的输入和输出函数 putchar( )和 getchar( )（2 学时） （2）任意类型的数据输入输出函数 printf( )和 scanf( )（2 学时） （3）简单程序举例、C 语句的分类（2 学时）	重点：格式输入和输出函数 scanf( )和 printf( )的使用。 难点：基本数据类型和各类运算
三、选择结构程序设计 （1）if 语句、if 语句的嵌套、switch 语句以及程序举例（2 学时）； （2）关系运算符和逻辑运算符、关系表达式和逻辑表达式、选择语句的结构。能够使用相关的语句编写解决相应问题的程序（2 学时）	重点：运算符优先级、结合性；if 语句、switch 语句的嵌套及程序设计。 难点：选择结构嵌套
四、循环结构程序设计 （1）for 语句、while 语句、do……while 语句、break 和 continue 语句、循环程序的嵌套（多重循环）、程序应用举例（2 学时）； （2）多重循环解决复杂问题的方案（2 学时）	重点：几种循环语句的基本结构、break 和 continue 语句的使用方法。 难点：循环程序的嵌套（多重循环）、利用控制语句和一些算法解决实际问题
五、数组 （1）一维数组的定义、初始化和引用；二维数组的定义、初始化和引用；字符数组（2 学时）； （2）引入数组的重要性，数组的定义、数组的引用、数组的初始化、字符串和字符串结束标志、字符数组的输入和输出以及字符串的处理函数（2 学时）	重点：数组的定义及有关概念。掌握二维数组的定义，字符数组，字符串结束标志等概念。 难点：结合算法，使用数组设计可处理同类型批量数据程序，以解决实际问题

续表

教学内容	重点、难点
六、函数 （1）多模块程序设计的概念、函数定义的一般形式、函数参数和函数的值（2学时）； （2）数组作为函数参数、局部变量和全局变量、动态存储变量和静态存储变量（2学时）； （3）函数的调用（嵌套调用、递归调用）（2学时）	重点：函数的基本概念、函数的定义、函数参数、函数的返回值、函数的调用、数组作为函数的参数、变量作用域和生存期的概念。 难点：函数的调用（嵌套调用、递归调用）、函数传值与传址、变量的作用域与生存期
七、指针 指针的概念、指针的运算、变量的指针和指向变量的指针变量、数组的指针和指向数组的指针变量、字符串的指针和指向字符串的指针变量、函数的指针和指向函数的指针变量、返回指针值的函数	重点：指针变量的引用、指向数组元素的指针、数组名作函数的参数以及字符串指针作函数的参数。 难点：各类指针的定义和使用，指针与变量、函数、数组的关系，用指针处理字符串的方法，使用指针编写解决实际问题的应用程序

2.2 构建信息化智慧教学平台建设立体化资源

针对本课程构建线上 SPOC 学习系统。课程组以中国大学 MOOC 网站为依托，依托国家精品在线开放课程，建设知识拓展、能力培养等拓展视频资源共 45 个，时长 256 分钟，2020 年入选中国高校计算机教育 MOOC 联盟课程资源库。

建设线上线下实验实训系统。装载"虚拟实验工场"线上实验平台，共开设虚拟实验 8 个。线下联合"万维"公司开发实验实训平台，强化学生实践能力培养。

建设线下学测评一体化系统。建设近 6000 道习题，提供给学生作为习题资源。

建设思政案例 15 个：实现知识传授、价值塑造和能力培养的多元统一，便于教师在课程教学过程中灵活应用。

2.3 实施混合式教学模式改革

在课堂模式上我们采用"线上学习+理实一体化课堂+讨论课"的教学手段，以开放式学生学习为中心，借助线上线下多维度教学数据，重构教学设计，培养学生自主学习能力。

教师通过问题导向等方法加强对学生线上学习的指导，助力学生提升自学能力和思维素养。理论实验一体化课堂教学，强化以练代讲；讨论课互动式教学激发学生的创造力和潜能。

同时，配套建设云计算开放实验室和"线上+线下"教师指导团队，有效支撑学生课前、课中和课后的全过程学习，为不同层次的学生差异化自主学习提供保障；鼓励学生积极参加学科竞赛，以赛代练，提升学生实际问题求解能力。

借助"一中心"和"四驱动"的教学体系有效推动线上与线下教学密切衔接，实现教与学全周期协同，以信息技术赋能教学提升。

（1）开展线上线下混合式教学。充分运用 SPOC 线上学习系统、实验实训系统和学测评一体化系统等三个资源系统，加强学习过程监控和过程性评价，有助于教师形成教学反思、教学流程再造，实现教学设计闭环；同时也有效帮助学生完成学习—应用—发现问题—再学习—解决问题—学习提高的递进式学习过程闭环。

（2）采用 PBL 互动式教学，引导学生课前线上自主学习、问题准备：学生分组对讨论题目线上学习，形成答案；课中互问互帮、验证进阶：教师随机抽问，引导大家互问互帮完善答案，并通过课堂实验环节进行验证，最后老师精讲点拨，开展相关前沿科学知识的拓展学习指导；课后反思总结、拓展提升：完成课后作业、在线测试、综合性实验等。讨论课有效提高了学生的学习兴趣，拓宽了思维，实现了引导性知识学习。

（3）理实一体化的课堂教学，以计算机使用中常见现象为案例导入，引导学生通过讨论、课堂实验、知识延伸等实现内容的关联式教学，帮助学生提升知识运用能力。

每个知识模块均设有关于国家前沿科技的课后思考题，进一步培养创新意识，增强民族自信，激发学生科技报国的使命感。

2.4 推进考核方式改革

课程的考核方式基于"三系统"即 SPOC 学习系统、实验实训系统、学测评一体化系统,通过多维度的教学大数据分析,实现全过程、立体化考核。过程性考核包含 SPOC 学习、课堂表现、实验及作业;期末考核采用无纸化试题库上机考试。

课程成绩构成:课程总成绩=期末考试(60%)+平时成绩(课内外作业与 SPOC 学习,20%)+课堂表现(10%)+实验成绩(实验平台课内外实验,10%)。成绩综合评定标准与课程目标的关系如表 3 所示。

表 3 考核方式与评价标准

课程目标		目标 1	目标 2	环节占总成绩比例/%
毕业要求指标点		1.9	5.9	
平时成绩	课程表现及答疑		10	30
	课外作业	15	5	
	综合讨论			
实验成绩	实验报告		10	10
(期末)考试成绩	客观题	18		60
	主观题	18	24	
毕业要求指标点所占比例合计/%		51	49	100

3 实施效果与评价

3.1 课程改革实施效果

本次改革将机械设计及自动化专业 2021、2022 级实施作为试点班级,进行了教学改革,经过 2 个学期的教学,取得了一定的成果。

(1)学生评教满意度高,课程评教全校排名居前;同行评教示范性强,该课程获评省级"线上线下混合式一流课程"和校级"课程思政"示范课程。

(2)学生成绩逐年提升,教学效果良好。学生创新能力提升,学科竞赛获省级及以上奖励 20 余项。

(3)教师们承担省部级教改项目 2 项、市厅级教改项目 2 项、校级教改项目 3 项;主编出版教材 5 部;发表教研教改论文 6 篇;多次在教学竞赛中获奖。

3.2 课程目标达成度评价

3.2.1 形成性评价

形成性评价是基于课堂互动、答疑、课外作业等过程阶段性给予评价。

3.2.2 课程考核成绩评价

课程考核成绩评价是基于考试试卷进行评价。选取参与改革的所有学生材料作为样本。重修、缓考和课程考核成绩为 0 分学生可以除外,补考通过的学生成绩按照 60 分计算。

例如:该课程共有 m 个课程目标,课程目标 i 中共有 n 项考核项目,其中第 j 项所占的比例系数记作比例系数 ij,课程目标 i 达成值计算公式为:

$$课程目标i达成值 = \sum_{j=1}^{n} \frac{课程目标i中考核项目j的平均得分}{课程目标i中考核项目j的总分值}$$

根比例系数 ij

该课程的课程目标达成值计算公式为:

$$课程目标达成值 = \min(课程目标i达成值)$$

课程考核综合考虑学生平时作业的完成质量以及在课堂互动、交流中的表现,试题内容也涵盖教学大纲要求的主要教学知识点,满足课程教学大纲的基本要求,学生的整体达成情况有所提升。图 2 比较了 2020—2021、2021—2022 年度"程序设计基础 A(C 语言)"课程各课程目标达成情况。图 3、图 4 分析了考核成绩各课程目标达成度的离散情况。

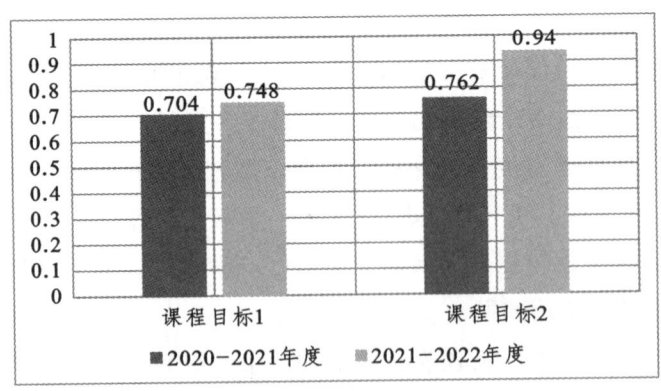

图 2　目标达成度对比

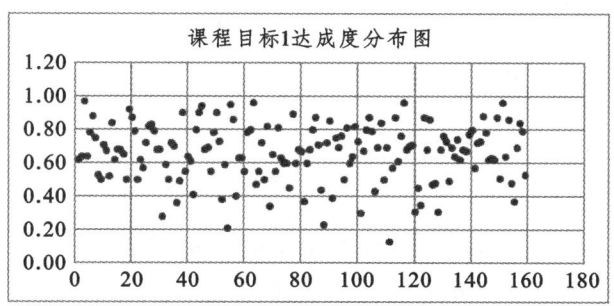

图 3 课程目标 1 达成度

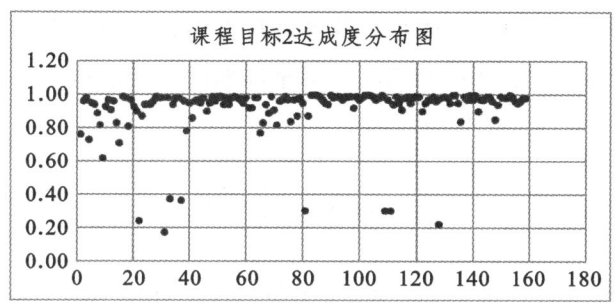

图 4 课程目标 2 达成度

在考核成绩评价结果中，课程目标 2 的达成度最高。而课程目标 1 所涉及的内容与学生先修课程的关系不大，不会因为前面课程掌握不好而造成直接影响，但是在考核成绩评价中，题目难度较高，所以未及预期。

2021—2022 年度课程目标 1 的达成度为 0.748，相比 2020—2021 年度的达成度 0.704 有所提高。这说明学生分析理解 C 语言程序设计相关理论知识及对计算机程序设计原理认知的水平有所提高。与此同时，达成度个体差异性较大，学生最高的达成度为 0.99，而最低的达成度只有 0.15，说明个别学生在学习状况和学习态度上有欠缺，对计算机程序设计等相关知识理解存在困难，需要重点关注。2021—2022 年度通过督促学生查找、搜集相关资料，加强拓展学生实践能力，将理论与实践相结合，使学生在学习本课程过程中能了解相关专业领域的研究前沿和发展趋势，提升了学生利用相关理论知识解决实际问题的动力和能力。

2021—2022 年度课程目标 2 的达成度为 0.94，相比 2020—2021 年度的达成度 0.762 有所提升。课程目标 2 的达成度提升的具体原因主要是加强了计算思维方面的训练，对算法基础知识进行了强化。

达成度的数据指标和学生对课程的评价基本保持一致。达成度指标更能科学地量化学习的效果。

4 结语

本文探讨了新工科背景下"程序设计基础A（C语言）"课程的具体教学改革方法。通过梳理课程培养目标，构建有效教学模式、进行教学实践，并且按照标准对教学效果进行过程性评价等，提升了教学效果，同时借助"一中心"和"四驱动"的教学体系有效推动线上与线下教学密切衔接，实现教与学全周期协同，以信息技术赋能教学全周期的改革取得了初步成效，可以为同类课程教学模式改革提供参考。

参考文献

[1] Akyildiz F，Su W，Sanakamaniam Y. Wireless sensor networks：A survey [J]. IEEE Computer Networks，2002，38（4）：393-422.

[2] 褚美玲. C语言程序设计课程的混合式教学实践[J]. 电子技术，2022，51（1）：163.

[3] 王玉星. 混合式教学在"C语言程序设计"课程中实施的初步探究[J]. 科技风，2021（30）：43.

[4] 李昱，郭晓燕，梁艳春. 应用型本科计算机专业程序设计类课程教学模式改革与实践[J]. 计算机教育，2020（11）：111-116.

[5] 张睿萍，周雪燕，孔梦荣. 基于PBL+SRS模式的程序设计类课程教学改革[J]. 计算机教育，2019（10）：146-150.

[6] 喻梅，王建荣，于健，等. 基于MOOC的线上线下混合教学实践[J]. 计算机教育，2021（3）：1-5.

[7] 贾凌杉. 基于教学平台线上线下混合式教学模式C语言课程改革[J]. 科技资讯，2021，19（11）：30.

[8] 刘海浪，刘华东，林大川. 从混合教学模式视角下进行教学改革实践：以"C语言程序设计"课程为例[J]. 中国多媒体与网络教学学报（上旬刊），2020（9）：63.

[9] 皇苏斌，赵森严，刘三民. 新工科背景下的C语言程序设计模块化教学改革探讨[J]. 电脑知识与技术，2021，17（7）：106.

[10] 田建勇. 基于新工科人才培养的"C语言程序设计"创新型教学改革研究[J]. 数字通信世界，2020（6）：283.

[11] 王国华，郑永森，林琳，等. 人工智能时代"C语言程序设计"教学改革[J]. 现代计算机，2020（28）：65.

[12] 邱晓红. "C语言程序设计"课程德智融合教学探索[J]. 教育教学论坛，2021（36）：149.

[13] 樊飞转，戴静，潘虹，等. 基于课程思政的C语言程序设计教学改革探索[J]. 科幻画报，2021（12）：131.

[14] 雷鸣，刘芳，袁朴玉. 课程思政视角下C语言程序设计教学改革研究与实践[J]. 数学学习与研究，2020（25）：141. 22-34.

面向实践能力培养的应用型本科院校课程建设实施路径研究
——以"区间信号自动控制"为例

◎ 董家希 蔡煊 杜利芳 鄢春花 周家宇 宋晓波 侯宇婷 肖金梅 廖继轩

(成都工业学院 汽车与交通学院,成都 611730)

【摘 要】本文以"区间信号自动控制"课程为例,对课程教学现状进行综合分析,并提出该课程在应用型本科院校中的实践教学改革措施,通过"目标—需求"导向、以学生为中心、融入思政元素等方式建立多元化实践教学体系;通过资源整合、信息化教学平台等方式建立教学资源库;通过加强校企合作,搭建"校企实训基地",提升师生实践能力等策略,探索工科课程建设实施路径,完善实践教学体系,不断提升人才培养的针对性和时效性,为行业发展培养大批应用型工程实践人才。

【关键词】区间信号自动控制;实践教学;教学改革;课程建设

引言

应用型高校是伴随着高等教育大众化产生的、以本科教育为主体、以应用型人才培养为突出特征的一种高校类型[1],旨在培养德智体美劳全面发展,具有创新精神、实践能力,服务产业发展需求的应用型人才。

2013年4月,德国在汉诺威工业博览会上正式提出"工业4.0"战略,拉开了工业4.0革命的序幕。以新兴学科引领的工业4.0革命正在蓬勃发展,对

基金项目:成都工业学院2023—2024年校级教育研究和教学改革项目(宜宾校区)"基于课程思政的工科实践教学改革探索与研究"。
第一作者简介:董家希(1995—),女,助教,硕士;研究方向:交通信息工程及控制。

高等教育提出了诸多挑战。[2]为了主动响应国家的发展战略要求，应对新一轮科技革命和经济形势的挑战，满足未来产业发展需求，自2017年开始，教育部积极推动新工科建设，随着"复旦共识""天大行动"和"北京指南"的确立，我国新工科建设正式拉开序幕。[3]在此背景下，作为应用型本科院校，应充分把握新工科建设的内涵，在传统工科专业中有机融合新工科建设的理念和要求，秉承"以理论知识为基础，以实践能力为重点"的教育理念，培养具备专业技能、能够快速服务社会、解决实际问题的应用型人才。因此，开展实践教学工作研究，探索新工科背景下的工程实践教学体系改革成为培养新兴工程应用型人才的关键环节。

"区间信号自动控制"是轨道交通信号与控制专业的核心专业课，具有知识点多、学科综合性强和实践应用性强的三大特点，是一门典型的工科实践类课程。其主要目的是使学生通过本课程的学习，掌握铁路区间信号控制设备的工作原理、使用方法控制模式及故障维修方法等。该课程对帮助学生掌握专业知识、学习积累工程现场操作经验、未来快速融入铁路信号的实际生产工作起到重要作用。因此，笔者以培养学生实践能力为目标，以培养铁路行业应用型人才为导向，针对"区间信号自动控制"课程，阐述目前实践教学的现状，并提出课程建设实施路径研究的具体方案。

1 "区间信号自动控制"教学问题分析

随着轨道交通行业的蓬勃发展，用人单位对铁路信号技术人才的需求日益增大，同时对于人才培养的创新能力和实践能力要求也不断提高。笔者通过对全国各铁路类院校轨道交通信号与控制专业的人才培养体系、师资队伍建设及区间信号自动控制课程建设进行前期调研，以及对实验实训基地进行实地走访，结合学生反馈，综合分析该门课程教学中存在的普遍问题如下。

1.1 专业基础薄弱，理论知识枯燥

区间信号自动控制课程主要包含需要学生掌握半自动闭塞、自动站间闭塞、ZPW-2000系列自动闭塞等铁路信号设备的组成及工作原理，掌握改变运行方向电路、高速铁路自动闭塞等区间闭塞控制模式的控制原理，以及区间

信号自动控制涉及的机车信号、行车调度指挥系统等的系统结构和工作原理，需要具备前导课程铁路信号基础的相关知识，且需要融合电路分析、通信技术等交叉学科的基础知识。

目前，该课程的授课对象是本科二年级学生，其特点表现为：理论知识不扎实，对工程实际了解较少。现有教学组织安排，教学环节设计中多沿用传统课堂模式，课程理论知识点多，电路原理分析对于知识连贯度要求较高，课堂内容安排较满，教学节奏紧凑，造成了课堂以教师为主体、缺乏互动环节的情况。同时，区间信号闭塞设备、组成结构等内容大多抽象，学生仅凭借书本内容及教师讲授无法形成感知认识，对现场各设备所处场景及其特性理解不够深入，对知识的掌握大多也是死记硬背、一知半解，无法真正掌握技能。学生反馈学习难度大，找不到兴趣点，导致缺乏学习主动性和积极性，甚至产生厌学情绪，使得教学效果不理想。

1.2 教学辅助资源有限，过度依赖教材

在传统的教学模式中，师生关系中教师占据主导地位，教学环节中教师教授占据绝大部分时间，在教学内容中过度依赖教材和课件。课程教学和实际操作训练没有有机结合，经常出现"教大于学""教大于做"的课堂模式。学生对于知识的了解相对碎片化、零散化、机械化，对于系统工作原理"知其然不知其所以然"。学生在这种课堂模式下很难形成个性思维，培养创新能力，在实际生产中缺乏发现问题，解决问题，独自思考判断的能力。[4]加之轨道交通信号与控制专业具有铁路行业特色，有很强的专业性和行业壁垒，现有的用于教学体系的教材和辅助资源滞后于日新月异的先进技术的发展速度，造成学生课堂学习局限于"纸上谈兵"，与实际工程应用出现脱节。因此，传统教学模式下的人才培养模式存在短板，学生进入工作岗位后无法迅速进入角色，解决实际问题，难以满足企业要求，距离培养新工科背景下的应用型优质人才的目标还有一定差距。

1.3 教师实践教学水平有限，缺乏工程经验

轨道交通信号与控制专业性较强，随着我国铁路行业的快速发展和高速

扩张，轨道交通领域用人单位对于人才的需求日益增加。为满足铁路行业各个岗位技术人才输送需求，各大高校相继开设轨道交通信号与控制专业。随之而来的是教师队伍人才紧缺的问题。从师资队伍来看，从事轨道交通信号与控制专业的专任教师数量有限，且多为年轻的硕士或博士毕业生，毕业后通过培训获得高校任教资格，拥有轨道交通领域相关企业工程实践经验的教师稀缺，而区间信号自动控制是一门实践性非常强的课程，相关的铁路设备工作原理、故障检测等十分依赖现场实际的工程经验。[5]此外，该课程涵盖的64D 继电半自动闭塞设备、ZPW-2000 系列自动闭塞等铁路信号设备价格昂贵且对实验场地要求较高，大部分高校难以配备完整的实验实训设备，无法全面了解控制系统工作的流程和原理，造成学生对于现场设备的施工过程及逻辑电路的连锁关系缺乏直接的操作经验。因此，部分专业教师工程经验缺乏和学校实验条件不足导致课程的实践教学水平有限，难以使学生实现真正的学以致用，难以突出强化实践教学在复杂工程应用中的重要意义。

2 "区间信号自动控制"课程体系改革实施路径研究方案

面向实践能力的教学模式与传统的教学方法相比，更加注重学生的主观能动性。应合理设置教学任务，引导学生主动发现问题、思考问题、解决问题，培养学生的实践应用思维，提升学生在课堂中的参与感和融入感，通过明确教学目的、优化教学环节设计、丰富教学形式，提高学生学习积极性和学习黏性，培养具备较强工程实践能力的高素质多元化复合型人才，落实立德树人的教育目标。

2.1 "目标—需求"导向，明确教学目的

对标企业用人需求，深入铁路企业进行调查研究，结合现场技术从业人员的岗位要求及实际情况，有针对性地构建符合应用型人才培养的课程知识结构体系，基于对区间信号自动控制课程教学内容的整体把控，结合学校应用型本科院校定位和具体情况，制定适用于本专业学生的教学大纲，明确该课程的教学目标。

在实践教学课程体系的改革中，以人才培养目标为导向，为避免形成学

生考前突击复习、机械性记忆、为应付考试而忽视过程的学习模式，不同于传统课程以期末考试成绩占较大比例的考核体系，增加了过程化考核所占比重，增加了课外学时调研、项目小组任务考核、学术前沿讲座等多元化考核方式，从而调动学生的积极性和学习的主动性；培养学生的实践创新能力和解决实际问题的能力，培养学生团队协作，分工合作的团队意识，引导学生关注行业前沿先进技术发展，激发学生对于专业的认同感和自豪感，从而培养优秀的行业高素质人才。

2.2 任务驱动翻转课堂，优化教学环节设计

教学环节设计是实现教学理论和教学实践有机融合的重要载体，张祖忻提出：教学系统设计不同于教学论等其他教育学学科相关研究的独特之处是运用系统方法来分析和解决教学问题，重在以学生为本，根据具体情景选择合适的手段，达到促进学习、推动教学改革的目的。可见，教学设计的恰当与否会在很大程度上影响学生的学习效果。

结合区间信号自动控制课程专业知识的特点，现场工作任务多以项目形式呈现，需要小组成员的通力协作。因此，我们在教学过程中，参照企业项目任务制的形式，选取合适的知识点进行翻转课堂。如图 1 所示，教师讲解相应的理论基础，并给出项目任务书，明确项目目标任务及完成时间节点。学生为主体，自由组队，并明确团队内的角色分工，自主制定项目工作计划，借助课堂资源和网络平台，自行查阅文献资料，在规定时间内完成任务并进行项目汇报。

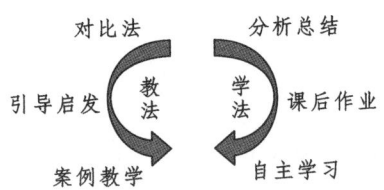

图 1　课堂教法与学法思维导图

例如，我们选取了高速铁路自动闭塞这个章节作为翻转课堂的试点内容，这部分涉及高速铁路自动闭塞的组成和工作原理，旨在让学生了解目前高速铁路闭塞的发展现状，对比与既有线自动闭塞的异同，加深对于自动闭塞系统相关知识的掌握。在教学过程中，根据教师给出的不同项目任务要求，10

人组成一个团队，完成整个项目的总体规划、项目分工、需求分析、框架设计，撰写总结报告，并进行最终成果汇报。最后，教师对知识点进行系统性讲解，并对学生的汇报成果进行点评。

在这个过程中，以实际问题促使学生积极主动学习，巩固课堂知识，通过项目任务制引导学生思考问题、解决问题，从而提高学生主动思考、分析解决问题的能力。小组协同作业还培养了学生互帮互助、合作共赢的团队意识，为快速适应企业工作打下坚实基础。

2.3 建立课程教学资源平台，丰富教学形式

区间信号自动控制课程教学内容中包含区间闭塞设备、继电电路分析等内容。课本中大量的文字描述枯燥乏味，难以记忆，学生难以对设备形成直观感受，对抽象的电路难以理解。传统的理论讲授方式不足以满足需求，且由于专业特殊性，网络上供学生自主学习的慕课资源较为稀缺。因此，在区间信号自动控制的教学过程中，我们通过多渠道挖掘整合教学素材，逐步积累教学资源，借助智慧树网络教学平台，建立起具有专业特色的课程教学资源平台，包括课程资源库、同步练习库、模拟演示库和项目实践库四个部分，如图 2 所示。

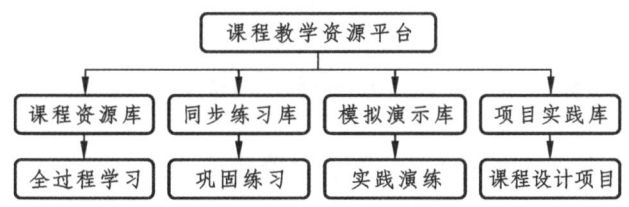

图 2　课程教学资源平台组成及应用

课程资源库贯穿学生学习过程全周期，课前发布学习目标及任务，学生带着目标进行课堂学习，课堂上对照课件对知识点进行深入理解，课后观看慕课视频等辅助资源拓展课堂广度。同步练习库主要为作业习题，学生可以通过练习题目巩固加深对于知识点的理解和记忆。模拟演示库包含了课堂中的一些实际应用的工程案例，综合性较强，学生在每章小节时可以结合综合案例将零散的知识点融会贯通，应用于实践。项目实践库中发布了关于课堂中的翻转课堂内容以及一些发散性的实践任务，学生可以自由组队选择完成

合适的课程设计项目，有助于提升自主解决问题的能力。

2.4 融入课程思政元素，落实立德树人教育目标

作为一门工科专业核心课程，"区间信号自动控制"除了要帮助学生掌握专业技能，拥有实践技能，更要培养学生的工程师思维，激发学生的家国情怀和使命担当。[7]课程建设也不应仅仅局限于这门课的基本教学内容，培养"工具之才"，应该提高自身站位，为未来培养"治国之才"，为行业发展、经济发展提供不竭动力。

在教学过程中，可以有机融入课程思政元素，潜移默化培养学生学术兴趣，增强其专业使命感和社会责任感，并引入可以量化的过程考核指标，建立学生正向反馈机制，及时对教学效果进行评价。例如，要求学生结合个人兴趣自行参加行业学术讲座或慕课专题讲座，并结合课程所学内容撰写学术报告。通过多元化考核方式，引导学生开阔视野，将课程学习中掌握的知识与铁路行业发展有机结合在一起，了解行业发展前景和先进技术，增强专业自豪感和认同感，坚定学生在铁路行业持续学习深耕的信心。坚持立德树人，从国家长远利益出发，培养有健全人格、有创新精神、有家国情怀的高素质人才。

3 服务行业发展需求，加强校企合作

3.1 培养专业实践技能，搭建"校企实训基地"

为了紧跟铁路行业发展需求，培养能够迅速适应岗位要求的应用型技术人才，学校人才培养改革及教学改革应适当融入对接企业岗位要求及标准，针对性培养学生专业技能，使学生更好地完成从学校到企业的过渡。因此，除了在课程中培养学生的实践能力外，还应积极拓展技能培训渠道，搭建发展平台，鼓励学生参加学科竞赛、行业技能竞赛，加强与企业交流合作，创造企业实习机会。例如，轨道专业学生可参加"1+X"城市轨道交通信号检修职业技能培训，考取技能等级证书，通过"课证融合"方式提升专业实践技能。

同时，学校积极与成都工业职业技术学院、四川铁道职业学院、西南交

通大学希望学院等铁路院校及运达科技、众合科技、交控科技等企业搭建校校合作、校企合作实训基地，引进企业导师指导学生毕业设计，积极探索"五共"育人，即共同制定人才培养方案、共同组建师资队伍、共同实施教学过程、共同评价育人效果的新模式，增强学校与企业间的黏合度，有效缓解教学过程与生产环节的脱节问题，有利于推动学生高质量就业，深化复合型技术人才培养。

3.2 加强工程实践能力，打造"双师双能"教师队伍

随着国家经济结构调整和产业升级，行业对于应用型、复合型、创新型人才的需求日益增加。高校师资队伍建设对于专业发展、学科建设和人才培养都至关重要。教师自身工程经验的欠缺一定程度上影响了教师在人才培养中发挥的作用。[8]因此，在探索实践教学改革的过程中，构建"双师双能"教师队伍也是重要环节，应采用多元化培养路径提升教师实践技能。例如，加强在职培养和持续学习培训；联合企业开展教师工程实践锻炼定期外派教师赴共建基地进行挂职锻炼；依托校企合作，鼓励教师积极将科研技术应用到现场的实际生产中，推进科研成果转化，同时通过科研反哺教学，积累工程实践经验和现场实际案例，融合到课堂教学和实践教学中去；鼓励教师参加行业资格认证和教学竞赛，"以赛促教、以赛促改"，提升教师专业实践技能和教学水平。

4 结语

工业技术不断革新，对技术型人才的需求不断加大，应用型本科院校的实践教学模式改革势在必行。本文以"区间信号自动控制"为例，通过明确教学目标，优化教学过程设计，丰富教学形式等，对实践教学改革的路径进行了研究与探索，全力推动教学体系向新工科领域发展，同时深入推进校企合作，积极探索人才链、教育链、产业链、创新链的有效衔接融合，意在为提高人才培养质量和提升服务经济社会发展能力做出贡献。

参考文献

[1] 王丽,苏玲. 应用型本科高校课程思政建设探索实践[J]. 对外经贸,2023(2):139-142.

[2] 刘旭,赵敏. 工业4.0时代高等教育课程与教学改革的趋势及应对[J]. 临沂大学学报,2022,44(1):33-41.

[3] 张鹏,张晖,杨学南. 新工科背景下地方院校大数据专业人才培养探索与实践[J]. 当代教育实践与教学研究,2019(23):202-204.

[4] 杨妮,陈永刚. 高速铁路大发展背景下铁路特色专业"区间信号自动控制"课程教学改革[J]. 西部素质教育,2019,5(24):182-184.

[5] 王丽娟. 基于多元智能理论的《区间信号自动控制》课程考核改革初探[J]. 课程教育研究,2014(13):219.

[6] 张祖忻. 教学系统设计要践行科学发展观[J]. 中国电化教育,2009(8):8-12.

[7] 张振文,周春恒,李俊华,等. 新工科背景下工科核心课中课程思政育人模式探索[J]. 中国现代教育装备,2023(13):111-113.

[8] 林明哲. "双一流"背景下创新人才培养工作的思考——以学院人才培养工作为例[J]. 教书育人(高教论坛),2019(15):24-25.

不同教学模式背景下机器视觉技术期末考试成绩的分析与思考

◎ 李煦　彭悦蓉　苏睿

（成都工业学院　智能制造学院，成都　611730）

【摘　要】线上+线下混合型教学模式将传统面授教学和线上远程教学充分融合，成为高校教学活动中的一种新型教学方式。本文以2020—2021学年、2021—2022学年、2022—2023学年智能制造工程专业的机器视觉技术期末考试成绩为依据，分析了线下教学模式、线上教学模式、线上+线下混合型教学模式与考试成绩之间的关系。结合机器视觉技术课程特点，本文总结了线上+线下混合型教学模式在机器视觉技术课程教学中的独特优势，为机器视觉技术课程的教学改革与发展提供参考。

【关键词】机器视觉技术；线上+线下混合型教学模式；考试成绩分析；智能制造工程

引言

新冠疫情暴发打破了高校传统的教育秩序和格局，高校的教学模式发生较大转变。[1]高校的教学模式开始转变为线上教学。线上教学模式打破了传统课堂教学模式，突破了时间和空间的限制，是一种开放式的教育。疫情结束后，线上+线下混合型教学成为高校主要教学模式，它是传统面授教学和线上远程教学的双线融合模式。关于疫情结束后教学模式的调查显示，线上+线下

基金项目：成都工业学院人才引进项目（2022RC005）；四川省新建院校改革与发展研究中心项目（XJYX2020B19）。

第一作者简介：李煦（1992—），女，讲师，博士；研究方向：机器视觉技术、损伤与断裂力学。

通讯作者简介：苏睿（1988—），男，副教授，博士；研究方向：机器视觉技术、智能制造装备与设计。

的混合型教学模式以其灵活、直观、便捷等优势，越来越影响到传统教学模式的发展。[2-5]

机器视觉技术是成都工业学院智能制造工程专业新开的一门必修专业课，2021年3月开课至今，分别实施了线下教学模式、线上教学模式、线上+线下混合型教学模式。教学模式的快速转换，为课程教学改革与发展打下了基础。[6-9]本文以智能制造工程专业机器视觉技术课程为例，以智能制造工程专业学生近三年期末考试成绩为依据，对不同时期、同一专业、不同班级的机器视觉技术期末考试成绩的分布特点进行比较分析和思考，讨论教学模式对教学质量的影响；针对机器视觉技术课程的特点，探讨线上+线下混合型教学模式在机器视觉技术教学中的独特优势。

1 研究对象与方法

1.1 研究对象

我们分别选取2020—2021学年、2021—2022学年、2022—2023学年智能制造工程专业一班学生作为研究对象，每班62人次，每学年第二学期参加机器视觉技术期末考试。针对以上三个班级的机器视觉课程教学大纲、课程内容、课时、考试试题题型和难易程度完全相同，教材为2019年出版的北京化工出版社《机器视觉与数字图像处理基础》第二版。2020—2021学年实行传统线下教学；2021—2022学年实行线上教学模式；2022—2023学年实行线上+线下混合型教学。

试卷共五种题型，分别为填空题（10分）、选择题（10分）、判断题（10分）、简答题（40分）、计算题（30分），卷面共计100分。其中，填空题、选择题、判断题、部分简答题、部分计算题为客观题，分值50分；简答题、计算题为主观题，分值50分。

1.2 研究方法

通过统计学方法和比较法对近三年的考试成绩进行处理和运算，利用t统计法对比数据的统计学差异，分析不同教学模式对教学质量的影响，探讨不同教学模式在机器视觉技术课程教学中的优势[10-12]。由于新冠疫情期间实验课程顺延至下一学期，实验成绩统计有一定难度，本文仅考虑理论考试成绩。

2　不同教学模式下期末考试卷面成绩分布分析

2.1　三种教学模式下期末考试卷面成绩分布分析

图1（a）—（c）展示了线下、线上、线上+线下教学模式下不同分数段所占人数百分比。图1（d）对比了三种教学模式下各个分数段所占人数百分比。从图中可以看出，在线下和线上+线下混合型教学模式下，成绩集中分布在"<70""<80""<90"分数段，而"<60""<100"分数段分布的人数较少，及格率分别是93.55%、92.33%，基本属于正态分布类型。在线上教学模式下，成绩集中分布在"<60""<70""<80"分数段，而"<90""<100"分数段分布的人数较少，及格率为71.82%，基本不属于正态分布类型。由此可见，线下教学模式、线上+线下混合型教学模式和线上教学模式的及格率之间有显著差异（$p<0.05$）。从图1（d）可以看出，线下教学模式和线上+线下混合型教学模式的考试成绩分布趋势大致相同，但在线上+线下混合型教学模式下，"<90""<100"分数段的人数比线下教学模式多3.44%，说明线上+线下混合型教学模式下学生更容易在期末考试中取得高分。

2.2　三种教学模式下期末考试卷面成绩的比较

图2（a）展示了教学模式与及格率的关系。从图中可以看出，及格率最高的是传统线下教学模式班级，其次是线上+线下混合型教学模式班级，最后是线上教学模式班级。并且，线下教学模式、线上+线下混合型教学模式下的及格率与线上教学模式下的及格率有显著差异（$p<0.05$）。图2（b）描述了三种教学模式下班级的最高分、平均分、最低分。卷面最高分和最高平均分均出现在线上+线下混合型教学模式班级中，卷面最低分出现在线上教学模式班级中。另外，通过对比线上+线下混合型教学模式和线上教学模式的考试成绩发现，线上教学模式下学生的考试成绩落后较明显，两个班最高分分距为4分，平均分分距为9.6分，最低分分距为15分。综上所述，在线下教学模式和线上+线下教学模式下，班级最高分、平均分、及格率等数据均表现优异，但在线上+线下混合型教学模式下，班级平均分最高，学生更容易取得高分。

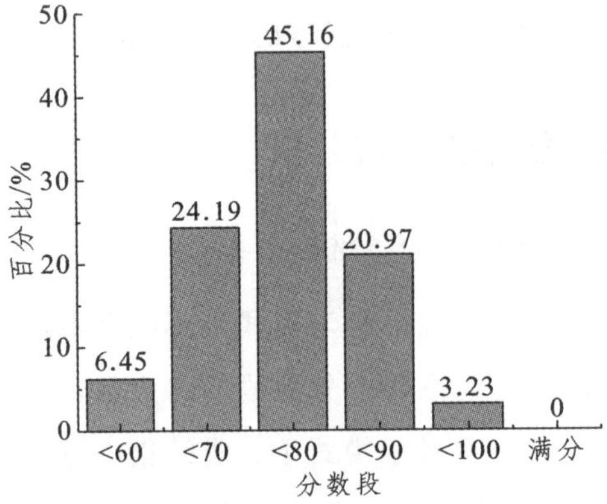

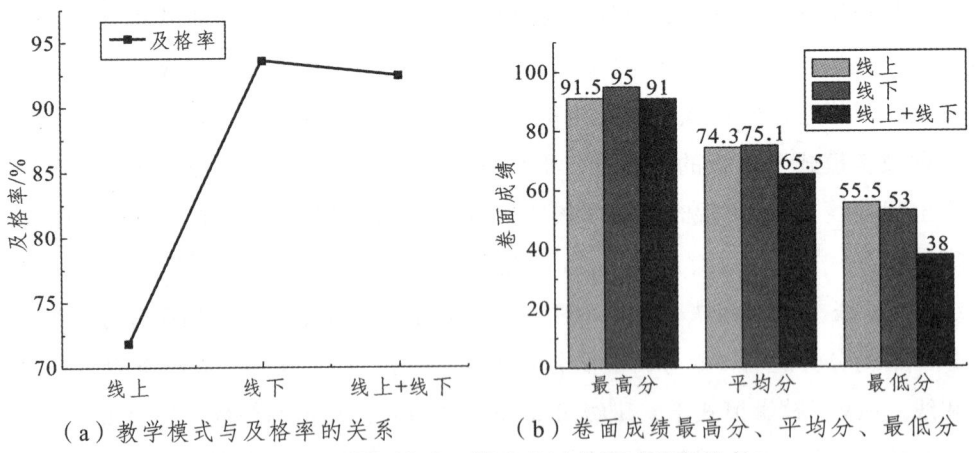

（a）线下混合型教学模式

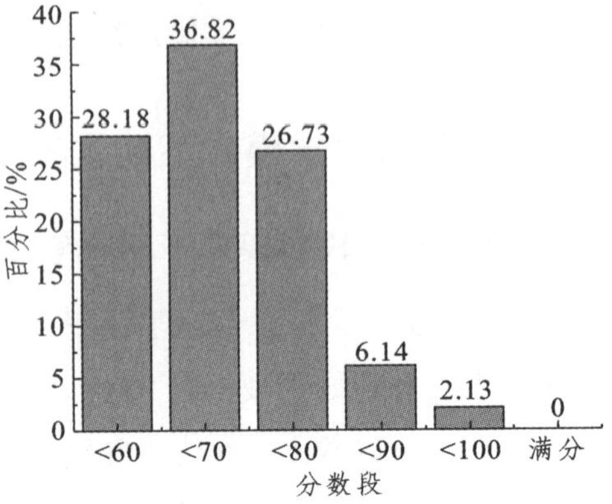

（b）线上教学模式

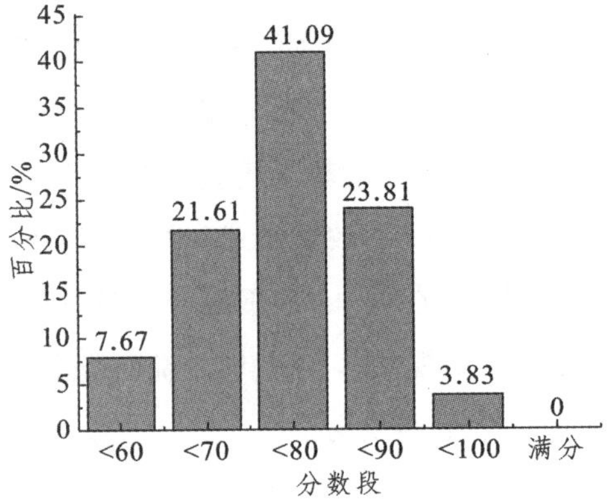

（c）线上+线下混合型教学模式

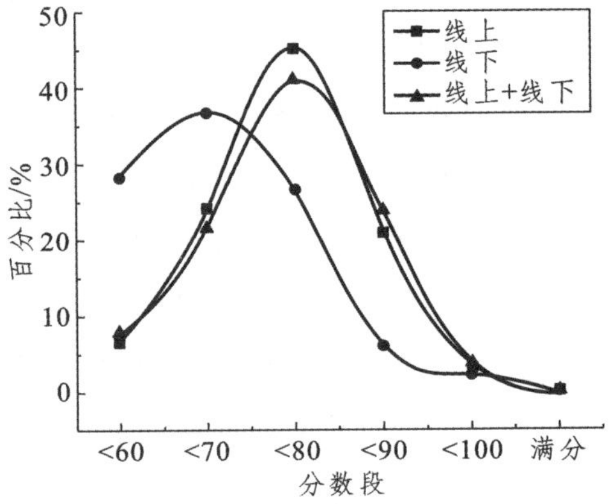

（d）各分数段学生人数分布

图1　不同教学模式下期末考试卷面成绩分布图

（a）教学模式与及格率的关系

（b）卷面成绩最高分、平均分、最低分

图2　不同教学模式下期末考试卷面成绩的比较

3 不同教学模式对考试成绩的影响

考试作为检验教学质量的主要手段，是教学过程中必不可少的环节，对考试成绩进行分析对比，是反映学生学习状态的最佳渠道，也是提高教师教学水平的有效途径，更是促进教学改革的重要方法。通过分析近三年机器视觉技术期末考试成绩的分布特点，我们发现，在线上教学模式下，学生考试成绩相对较差，及格率偏低，仅达 71.82%；在线下教学模式和线上+线下混合型教学模式下，学生的考试成绩更好，及格率在 92%以上。特别是在线上+线下混合型教学模式下，学生平均分最高，更容易获得高分。线上+线下混合型教学模式因其灵活、直观、便捷等优势，受到师生们的喜爱。最重要的是，线上+线下混合型教学模式在机器视觉技术课程教学过程中具有独特优势。

3.1 线上+线下混合型教学模式

3.1.1 线上预习模式提前扫除学习障碍

众所周知，机器视觉技术课程内容广泛，涉及光学、机械、计算机等学科，知识点多且杂，学习门槛较高。如何打好多学科知识基础，扫除学习障碍，增强学生学习兴趣，是教学面临的主要难点。为了解决这个实际问题，在线上+线下教学模式下，教师可以将"雨课堂""超新星""学习通"等线上教学平台与课堂教学紧密结合，以提高学生学习兴趣，提升学生学习效率。例如，在课前阶段，教师将线下课堂涉及的交叉学科知识点进行打包，预先发布到学习平台，作为学生的课前预习任务。此方法有以下优点：一是为学生提前扫除学习障碍，帮助提高学习效率。教师发布的预习任务中包含多个课程知识点，相比于学生自主预习更具目标性，除了可以提高学生预习的效率，还为线下课堂教学提供了保障。二是线上发布的预习任务属于电子文档，方便教师及时更新和调整，学生和教师可以重复使用，可以作为智能制造工程专业机器视觉技术课程的专属教学资源进行共享学习。

3.1.2 多种课程资源培养复合型高层次人才

课程内容广泛既是机器视觉技术课程的难点，又是优点。线上+线下混合型教学模式的出现为提高机器视觉技术课程教学质量和视觉专业人才培养提供了新的途径。繁杂的知识点既需要线下教师的精心讲授，又需要充足的线上课程资源支持，二者缺一不可。首先，学生可以充分利用线上教学资源，将专业知识融会贯通，建立更全面的知识体系。其次，因课程涉及光学、机械、计算机等学科知识，学生可以进一步明确自身的学习兴趣所在，为就业或学习深造打下基础，有益于学生的职业生涯规划。更重要的是，随着机器视觉技术的发展，越来越多的职业岗位提出复合型人才的要求，这预示着高校不能再按单一的、标准的岗位要求培养技术技能人才。只有将先进的教学资源与机器视觉技术课程体系、课程内容及考核方式等紧密结合，为学生提供多种多样的学习方法，增强学生自主学习能力，才能提升教育质量和学生就业能力。

3.2 线上教学模式

3.2.1 突发公共卫生事件对传统教学模式提出考验

新冠疫情期间，线上教学模式主要采用在线直播形式，而师生是参与教学活动的主要人员。因此，一旦师生发生病毒感染，如何正常开展线上教学活动，是当时面临的主要问题。对于学生而言，感染新冠病毒后，身体状态受影响，学习效率下降，难以完成线上学习任务，学习进度容易滞后。到课程教学后期，教学内容难度增加，学生难以跟上课程教学进度，导致其心理压力大。对于教师而言，全面的线上教学模式是一个不小的挑战，除了具备线上教学能力，还要有充沛的体力和精力，以保证最佳的教学效果。新冠疫情期间，师生的身体和心理状态都受到一定影响，是造成机器视觉课程在线上教学模式下学生考试成绩不佳的主要原因。

3.2.2 学生自主学习能力对考试成绩的影响

传统的线下教学模式能延续至今，首要原因是教师对学生起到了监督管理作用。线下教学模式有多种监督管理形式，是提高教学质量的有利因素。疫情期间，开展线上教学活动主要借助电脑等工具，教师在授课的同时难以兼顾监督管理工作，学生容易游离甚至出现"挂机"的现象。其次，部分学生惰性较强，消极学习行为较多，自我管理能力较弱。最后，机器视觉技术作为一门多学科交叉课程，对学习基础要求高，需要有光学、编程等基础知识，学生容易对课程产生畏难心理。这些也是造成机器视觉技术课程在线上教学模式下学生考试成绩不佳的重要因素。

4 结语

通过对机器视觉技术期末考试成绩的分析发现，在线下教学模式、线上+线下混合型教学模式与线上教学模式下，班级的及格率有显著差异（$p<0.05$），线上+线下混合型教学模式在机器视觉技术课程教学中具有独特优势。随着信息化教学的发展，线上+线下混合型教学模式将传统面授教学和线上远程教学充分融合，为学生提供了更加丰富的学习方式，为高校教学模式改革提供了参考。

参考文献

[1] 木本荣,杨艺,刘文雯,等. 后疫情时代高等教育教学模式思考[J]. 成都中医药大学学报（教育科学版）,2021,23（4）:26-29+72.

[2] 李丹,刘旭. 后疫情时代高校线上线下混合式教学实践研究[J]. 黑龙江教育：高教研究与评估,2023（6）:71-74.

[3] 王杜春. 线上线下混合教学将是后疫情时代的主要教学模式[J]. 中国农业教育,2020,21（2）:8.

[4] 孙雪源. 后疫情时代教学型高校在线教学的困境及对策[J]. 现代教育科学,2022（2）:100-104.

[5] 祝士明,郭琰. 深度融合智能技术的金课建设：框架与路径[J]. 现代教育技术,2020,30（8）:34-40.

[6] 王中任,刘海生,肖光润,等. 面向新工科的机器视觉技术课程建设研究[J]. 教育教学论坛,2018（50）:246-247.

[7] 吴建军,李智慧. 基于学习通混合教学模式探索[J]. 教育教学论坛,2020（49）:229-230.

[8] 马守明,严惠,李志远,等. 新工科背景下的双系统机器视觉综合教学平台研制[J]. 中国教育技术装备,2020（10）:25-27.

[9] 张涛，齐永奇，李恒灿. 新工科背景下机器视觉课程群教学模式研究——以华北水利水电大学为例[J]. 河南教育（高等教育），2021（4）：60-61.

[10] 胡南，李汶静. 高校课程考试成绩分析现状及改进策略研究[J]. 智库时代，2019（16）：99-100.

[11] 于艳君."互联网+"下在线教学模式探索与实践[J]. 黑龙江教育：高教研究与评估，2020（11）：2.

[12] 艾尼瓦尔·吐米尔，袁祯燕，李俊. 混合式教学模式背景下生态学期末考试成绩的分析与思考[J]. 吉林省教育学院学报，2021，37（2）：65-68.

应用型本科高校材料类课程教学模式探索与实践

◎ 邹建新[a] 李群[a] 崔旭梅[b] 帅波[a] 张凤春[a] 彭富昌[c] 陈湘[d] 梁新元[e]

（a.成都工业学院 材料与环境工程学院，成都 611730；b.成都信息工程大学 光电工程学院，成都 610225；c.攀枝花学院 钒钛学院，四川 攀枝花 617063；d.内江师范学院 物理与电子工程学院，四川 内江 641100；e.重庆工商大学 计算机科学与信息工程学院，重庆 400067）

【摘　要】鉴于材料类理工科课程的特点，本文提出了"四元三导一对分"教学模式。在教师讲授、学生独学、同伴讨论、教师答疑的流程上，辅以以讲导学、以案导学、以题导学的手段，采用将课堂时间一分为二的方式，结合网络云平台的高效利用，获得了事半功倍的教学效果。该模式在课堂内实现了课内时间的共享开放，在导学案、题库、作业批改与云平台答疑方面实现了学习空间的共享开放。学生成绩表明：该教学模式教学效果显著。

【关键词】四元三导一对分；教学模式；学生为中心；开放式教学；材料类课程

传统讲授法是目前多数高校教师课堂教学的主要方式，对年轻教师而言，能得心应手地完成"满堂灌"已是不易的事情。学生不愿听讲、想学而又学不好等现象比较普遍，教师使劲讲、教学效果很不满意等问题困扰着许多教师。[1]事实上，一个人如果固执地认为，教学就等于讲课，讲课就等于教学，他是不可能教得好的。教学不是讲课，基本上没有中小学老师会这么认为，但很多高校老师包括一些名校名师都是这么认为、这么做的：我讲得好了，课就教好了。事实上，对教学模式的研究，国内外学者从来就没有停止过。针

基金项目：2021—2023 年四川省高等教育人才培养质量和教学改革项目（JG2021-120）；成都工业学院 2021—2022 年人才培养质量和教育教学改革项目（20210403）；2021 年度四川省教育科研课题（SCJG21A118）。

第一作者简介：邹建新（1968—），男，教授，硕士；研究方向：人才培养模式、先进材料。

通信作者简介：李群（1990—），女，讲师，博士；研究方向：教学模式、纳米材料。

对传统教学的改革方向是采用讨论式教学。国外很多著名大学将这种方法视为仅次于课堂讲授的第二教学手段。讨论式教学以启发式教学思想为基础，通常包括教师讲授、学生讨论和教师总结三个环节。"翻转课堂"（MaureenLage）就是这种理念下的代表性教学模式。[2]该模式在课内实现了空间上的完全开放。随着网络时代的进步，"慕课"（DaveCormier）也逐渐兴起。[3]"慕课"实际上实现了学习时间和空间的完全开放。经过国内多年的实践，"翻转课堂"和"慕课"因其自身特性和对学生素质的较高要求，只在部分高校和为数不多的课堂上得到使用，普及性有限。[4]学生学习时间和空间维度的完全开放，是否会是"翻转课堂"和"慕课"的自身缺陷呢？[5]

如何改变当前教学现状，如何为广大普通教师（特别是年轻教师）做好引领示范，如何做好教学"新基建"工作，已成为教育教学工作者不可推卸的责任。打造"金课"已成为高等教育教学改革的重要抓手，"以学生为中心"取代"以教师为中心"是高校教学改革的指导思想，本质上是课堂权力的重新分割。[6]线上线下教学、手机（平板电脑）等移动终端的使用，已成为学习者获取知识的重要途径。从某种程度来讲，教学改革实质上就是对学生学习时间和学习空间维度的有限共享开放，将时间和空间在一定限度内归还于学生。教学改革不单是教师自身的方法更新，更是教师和学生共同利益体的使命，针对性地开展切实可行的课堂教学改革已十分必要。

1 "四元三导一对分"教学模式的提出

1.1 "四元三导一对分"教学模式的内涵及其开放性特征

笔者在多年的教学科研实践中，提出了一种"四元三导一对分"教学模式。该模式中的"四元"是指讲授、独学、讨论和答疑，"三导"是指精讲导学、以案导学和题库导学，"一对分"的思路在于将约一半的时间留给学生，只讲授约一半的时间，另一半的时间用于学生内化、讨论与答疑（如图1所示）。

在讲授时间上，传统教学模式往往是将整个课内时间（一般为90分钟）用于教师讲授，"翻转课堂"教学模式则是将整个课内时间用于学生讨论、答疑。而"四元三导一对分"教学模式则是将整个课内时间分成两部分，前45分钟安排学生针对上次课的内容继续进行深度内化、同伴讨论和教师答疑，实现课内时间的有限共享开放。

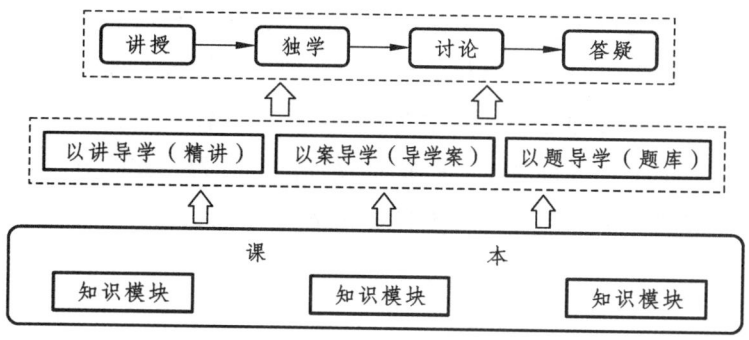

图 1 导学方法与过程示意图

在学习空间上，传统教学模式往往是以教室内学习为主，离开教室后，甚至连教师的 PPT 都看不到，只能看看课本。"慕课"学习方法是将几乎所有学习材料都提供给学生，没有了教室的概念，学习空间上完全开放。而"四元三导一对分"教学模式则是将教师的 PPT、导学案、题库、辅助资料全部存放于云平台，学生除了在教室内学习外，还可在其他地方继续学习，实现了学习空间的有限共享开放。

1.2 四元

四元教学包括教师讲授、学生独学（作业、反思）、同伴讨论、教师答疑四个部分。缺少"同伴讨论"环节的"传道受业解惑"就是三元教学，其缺陷是班级授课制本质上的共性教学难以满足个性化的因材施教，鉴于师资、时间、精力的局限性，哪怕是小班制也难以做好。缺少"同伴讨论"与"教师答疑"两个环节的教学即为二元教学，这是当下多数教师使用的方法，不是每次课后都布置作业的教师，实质上采用的是一元和二元教学模式。

1.3 三导

三导包括以讲导学（精讲）、以案导学（导学案）、以题导学（题库）三部分。精讲的本质是解决课堂学习的效率问题，引导学生的重点学习方向，将核心内容装入学生脑袋，作为学生自我学习的"路标"，留白精讲更为启迪学生创新探索预设了机会。精讲前，不鼓励学生预习，避免上课前学生的预习内容深度参差不齐。导学案的本质是解决素质教育的问题，培养学生学习能力，让学生在全面学习的同时能抓着重点，不至于陷入知识的汪洋大海而迷失方向。题库的本质是解决考试标准问题，让学生有信心考合格，同时解决学习成效问题，用于自我强化、检验内化效果。期末考核以题库为主，掌握了题库的主要内容即达到了大学课程学习的合格性要求。大学课程考试是合格性考试，不是选拔性考试，强化过程考核已成为一种趋势。导学案与题库从本质上实现了学生学习空间的有限开放。

1.4 一对分

对分法是将课堂时间一分为二，约一半的时间用于讲授，约一半的时间用于内化与讨论。讲授阶段和答疑阶段由教师掌控，独学和分组讨论阶段由学生掌控，本质上是教师与学生在课堂时间掌控上的权力分割。自18世纪班级授课制创立以来，教学模式已有几十上百种，但归根结底都可归纳为"讲授""讨论"两种教学范式。对分不是一个教学模式，简单地说，它是一个教学范式。对分课堂是第一次把这两个范式整合到一起形成的一种新范式。[7]

对分范式解决了时间问题，将时间更多地留给学生，也解决了课堂权力分割问题，本质上实现了课内时间的有限开放，课堂内化时间段还兼顾了部分偏爱预习的学生的诉求。课堂内化时间段内，学生内化旧课，也允许少部分学生学习新课，将"先学后教"与"先教后学"的主动权归还学生，吸纳了"翻转课堂"的优点。课后课内的内化阶段，学生随时随地通过手机（移动终端）翻阅云平台上的授课 PPT、视频、题库与导学案，吸纳了慕课的优点，如图 2 所示。

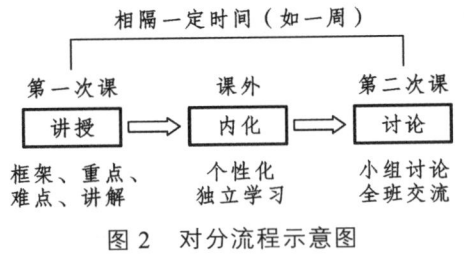

图 2 对分流程示意图

1.5 信息化手段

"四元三导一对分"教学模式还充分利用了现代信息化教学手段，最大限度地满足教学效果对培养目标的达成度。一是采用"雨课堂""对分易""智慧树""学堂在线"等云平台，实现线下授课、线上考勤、线上线下同步学习、布置（批阅）作业、7×24 小时共享 PPT（导学案、题库）等资源，解决学生交作业的便捷与教师批作业的精力问题，解决学习资源在线共享问题，解决授课 PPT 的讲解速度与学生理解速度不同步的问题[8]；二是采用手机（平板电脑）等移动终端，实现课堂屏读、师生同时分布式讲授、独学、内化、百度、课后 24 小时随时随地学习；三是采用智慧教室，利用活动桌椅开展分组讨论，利用智慧黑板，实现板书与 PPT 的融合，利用互联网功能，实现视频的即时播放。当然，在没有智慧教室时，讨论效果会受到一定影响。

2 教学实施过程

2.1 教学方法的设计与优化

深入贯彻 OBE 理念，以学生为中心，以教师为主导，落实审核式评估的"四个符合度"要求，采用"四元三导一对分"教学模式在材料类课程中进行创新性探索与实践。

2.2 云平台的选择与使用

先进的教学方法离不开现代信息化教学手段，教学云平台的使用几乎已成为教育界的标配。选择一款适合自身的网络平台，能够获得事半功倍的教学效果。[9]笔者初步选择"对分易"网络教学云平台（www.duifene.com），从试用来看，该平台简洁实用，承诺终身免费，能够满足"四元三导一对分"教学模式的基本要求。当然，实践中也可使用其他云平台。

2.3 课程资源建设

实践期间，承担的课程教学任务全部采用"四元三导一对分"教学模式。每门课程的课程资源建设内容包括但不限于以下几方面。

（1）精制授课 PPT。授课 PPT 的好坏会严重影响到课堂教学效果。思路清晰、内容简洁、重点突出，符合学生认知心理学规律，是好质量 PPT 的基本要求，对学生课中、课后内化十分重要，也支撑了教师精讲的达成度。一张 PPT 上内容繁杂、花样繁多只会扰乱学生的思维。笔者实践中没有照搬照用网上（他人）的现成 PPT，都由本人备课消化后，根据对教学大纲透彻理解后拟定精讲知识点，再依据精讲内容自制 PPT。该工作需要在学期备课中提前全部完成，上传到云平台，若是第二次讲授的课程，则应提前修改、补充、优化。为了便于学生自学、内化，每次课的 PPT 必须独立成一个文件，比如 40 学时共 20 次课，则需要制作 20 个独立的 PPT 文件。

（2）导学案编撰。优秀的中学教师一般都编制有课程导学案，但高校中的导学案反而十分少见。没有导学案，学生就不知道课本中（PPT 中、教师讲授中）的内容哪些是重点，哪些应该透彻理解，哪些应该死死记住，哪些只需简单了解，哪些公式需要会做计算题，哪些图表需要领会到何种深度，等等。针对学生自主学习但又摸不清某知识点掌握深浅的需求，可在导学案中每章每节写明某知识点应具体学会什么、记忆什么、计算什么、应用什么、不要求什么等，使学生一目了然。虽然有的教师有时会强调重点，有时会说明哪部分内容该掌握的程度，但毕竟还有许多内容没有涉及，也未固化成可以让学生反复研读的书面版，导致学生在课中课后的独学、内化时无法把握分寸，甚至南辕北辙。导学案示意如图 3 所示。

```
            学生学习要求
1.深刻理解拉乌尔定律，记住公式，并
深入灵魂；
2.深刻理解亨利定律，记住公式，并深
入灵魂；
3.记住拉乌尔定律与亨利定律的适用范
围；
4.会熟练地做类似于PPT上例2-3，例2-4
的计算题；
5.会做题库中对应章节的题
```

图 3　导学案示意图

根据教案中的知识模块，针对每堂课所讲的数个到数十个知识点，准确使用学生能够听得懂的白话文，对每一个知识点提出要求，如"凝固原理"课程中："深入领会自由焓（ΔH）的内涵，融入灵魂深处""能记住边界层溶质浓度 C_1 将按指数规律从 C_0/k 减小到 C_0，但不要求公式计算""能用图示法详细描述柱状枝晶与等轴枝晶的生长过程""记住 $\delta_c=2D/V$ 公式，并能应用边界层厚度计算公式 $\delta_c=2D/V$ 进行计算求解"等。这些导学要求，既是学生独学（内化）时的重要参考，也是期末考试的依据，更是教学大纲的要求。导学案的编制工作需要在学期备课中提前全部完成，上传到云平台。

（3）题库建设。纵观各类课程教学，只有教材没有题库（习题）的教学无法给予学生课后训练，无法检验学生独学（内化）效果，只有题库（习题）没有教材的教学是无源之水，不成知识体系。根据教学大纲、授课 PPT、教材进行题库建设，形成拥有数百道题的题库，题型包含填空、单选、多选、判断、计算、图表、分析等，根据课程属性确定题型，且提供分步骤详细参考答案。题库需按照教学大纲、授课 PPT 分章来编写，分题型来编写，便于学生针对性检验，也便于期末出卷时参考题库组题。

题库的作用，一是通过学生刷题来反复强化学生对教材（PPT）内容的独学（内化）深度，二是检验学生的学习效果，三是作为期末考试试卷组题的主要来源。学生如能将整个题库的内容掌握，即可认为他达到了课程合格标准。题库须附参考答案。教师在学期备课时，提前建设好题库，并上传到云平台，供开学后学生自由练习。

2.4 实施教学

"四元三导一对分"教学模式的教学设计思路如图 4 所示。

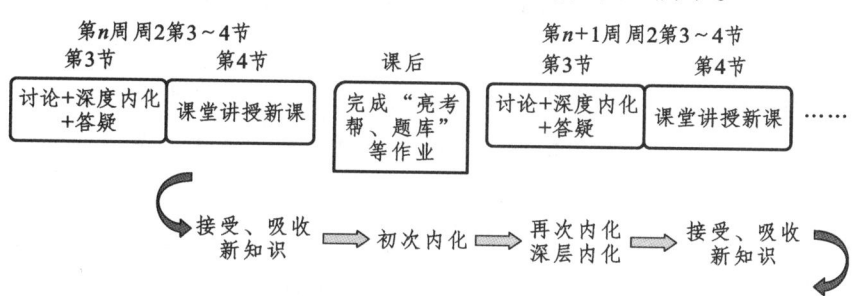

图 4 "四元三导一对分"教学模式的教学设计思路

（1）签到。4~6 人一组，于智慧教室中围桌而坐，学生通过手机（平板电脑）在"对分易"等云平台系统中签到，起到收心及记录出勤成绩两个作用。

（2）深层内化、讨论与答疑。该环节安排在第 1 节课（前 45 分钟）进行。摆放座位牌，简单回顾上堂课重点，然后同伴讨论、看书（PPT、题库）、手机屏读、教师巡视答疑、适时提问（督查），若作业存在共性问题，则统一解答。学生拿出作业本或手机屏读讨论，若讨论不活跃，则个别抽问。由于题库附有参考答案，大大方便了学生独学，也减轻了教师解惑的工作量。学生可能在上次课课后的作业（独学、内化）中因时间、自律性等因素尚不深入，或存在疑问，或印象不深，在课堂前45分钟内，通过同伴交流讨论、再次研读教材、研读PPT、研读题库、请教老师等方式，最终达到对上次课内容深层次内化、吸收的目的。对于课后内化、吸收较好的同学，允许其预习下次新课，满足不同学生个性化需求。

（3）讲授新课。该环节安排在第2节课（后45分钟）进行。PPT讲授，板书辅助，精讲，学时压缩一半，但对知识点的掌握分寸要说清，不鼓励预习，避免学生水平的不一致而影响吸收，允许学生边听边翻看手机PPT进行屏读，只讲不互动，单向输送知识。精讲的核心，一是讲重点、难点，二是留白精讲。

（4）课后独学（内化）。课后，学生按要求完成"亮考帮"、题库等作业。"亮考帮"本质上是通过看书、看PPT进行归纳、整理，计算题、应用题是理工科不可缺少的内化训练，题库对学生是一种定心丸。"亮考帮"可图片化、表格化、文字化，不限字数，但计算题要求正规格式，作业用手机拍照上传"对分易"系统，不交纸质版，教师网络批改，采用五分制，可打5分、4分、3分。课后内化鉴于学生的时间、精力、自律性、疑惑等因素，多数属于初步内化，难以达到深度内化。

（5）批改作业。教师在电脑、手机上批改，随时随地批改，看一眼即给分，可下评语，也可一键批量批改。教师批阅后须于下次上课前一键微信通知学生，期末系统自动统计作业成绩。

（6）下次课签到。4~6人一组，围桌而坐。通过手机在"对分易"系统等云平台中签到。两个作用：收心与出勤成绩统计。

如此循环下去。通过上述步骤和方法，学生能较好地消化吸收导学案所要求的教学内容。

3 教学效果评价

与其他教学模式一样，教学效果的检验一直没有公认的标准，但可通过定性与定量的方法来开展，可进行横向与纵向比较。[10]定量方面，可通过期末考试卷面成绩评判，通过具体分数的高低了解学生掌握知识点的程度。当然，试卷主要以题库为依据，原则上闭卷笔试。定性方面，可通过平时学生的作业、讨论、疑惑、抽问等方式了解学生对知识点的掌握程度。横向比较方面，可通过无记名投票方式统计学生对传统教学模式和"四元三导一对分"教学模式的认可程度。纵向比较方面，针对同一门课程，在综合了期末考试试卷难度系数后，可通过比较往年其他老师讲授该课程时的卷面分数高低，对本教学模式的效果进行评价。事实上，同学们的切身感受就是最简单、较粗略、最有效的教学效果检验方式。材料类课程的实践与成效如下。

3.1 "模具制造技术"课程教学效果

我校 2016 级材料成型及控制工程专业共有学生 135 人，其中，一班 65 人，二班 38 人，三班 32 人。三个班采用"模具制造技术"课程同一教学大纲（48 学时）、同一套试卷闭卷考试。一班和二班分别由某副教授及某高级工程师授课，均采用传统讲授法，三班由某高级工程师授课，采用"四元三导一对分"教学模式。期末卷面考试成绩表明，一班不及格人数为 6 人，不及格率 9.38%，优秀比例 10.49%，平均分 76.36；二班不及格人数为 4 人，不及格率 10.53%，优秀比例 18.42%，平均分 78.88；三班不及格人数为 1 人，不及格率 3.13%，优秀比例 40.63%，平均分 84.78（如表 1 所示）。这说明"四元三导一对分"教学模式的教学效果明显优于传统讲授法。

表 1 "模具制造技术"课程三个平行教学班期末卷面成绩对比

班级	卷面不及格率/%	优秀比例/%	平均分	教学方法
一班	9.38	10.49	76.36	传统讲授法
二班	10.53	18.42	78.88	传统讲授法
三班	3.13	40.63	84.78	"四元三导一对分"教学模式

3.2 "电炭"课程教学效果

我校 2017 级材料科学与工程专业"电炭"课程教学班共有学生 82 人，2018 级材料科学与工程专业"电炭"课程教学班共有学生 38 人，均由同一个老师授课，共 40 学时，均采用"四元三导一对分"教学模式。采用闭卷考试，试卷严格按照教学大纲要求出题。期末卷面考试成绩表明，2017 级教学班不及格人数为 1 人，不及格率 1.22%，优秀比例 17.07%，平均分 81.84；2018

级教学班不及格人数为 0 人，不及格率 0%，优秀比例 26.32%，平均分 82.45（如表 2 所示）。这说明"四元三导一对分"教学模式的教学效果很好。

表 2 "电炭"课程两个年级教学班期末卷面成绩对比

班级	卷面不及格率/%	优秀比例/%	平均分	教学方法
2017 级教学班	1.22	17.07	81.84	"四元三导一对分"教学模式
2018 级教学班	0	26.32	82.45	"四元三导一对分"教学模式

3.3 "炭素机械设备"课程教学效果

2017 级材料科学与工程专业"炭素机械设备"课程教学班共有学生 27 人，2018 级材料科学与工程专业"炭素机械设备"课程教学班共有学生 35 人，均由一个老师授课，共 40 学时，均采用"四元三导一对分"教学模式。采用闭卷考试，试卷严格按照教学大纲要求出题。期末卷面考试成绩表明，2017 级教学班不及格人数为 0 人，不及格率 0%，优秀比例 50.00%，平均分 91.15；2018 级教学班不及格人数为 0 人，不及格率 0%，优秀比例 42.86%，平均分 86.51（如表 3 所示）。这说明"四元三导一对分"教学模式的教学效果很好。

表 3 "炭素机械设备"课程两个年级教学班期末卷面成绩对比

班级	卷面不及格率/%	优秀比例/%	平均分	教学方法
2017 级教学班	0	50.00	91.15	"四元三导一对分"教学模式
2018 级教学班	0	42.86	86.51	"四元三导一对分"教学模式

3.4 "材料物理化学"课程教学效果

（1）传统讲授法的期末卷面成绩分析。改革前，成都工业学院 2016 级材料科学与工程专业某博士老师采用传统讲授法讲授"材料物理化学"课程。一班学生共 26 人，15 人不及格，占比 57.69%，良好 3 人，占比 11.54%，优秀 1 人，占比 3.85%；二班学生共 29 人，21 人不及格，占比 72.41%，良好 2 人，占比 6.90%，优秀 1 人，占比 3.45%。

针对 2017 级材科专业"材料物理化学"课程，该博士老师仍采用传统讲授法。一班学生共 28 人，10 人不及格，占比 35.71%，良好 4 人，占比 14.29%，优秀 0 人；二班学生共 26 人，13 人不及格，占比 50.00%，良好 2 人，占比 7.69%，优秀 0 人；三班学生 29 人，20 人不及格，占比 68.97%，良好 0 人，优秀 0 人。

针对 2018 级材科专业"材料物理化学"课程，该博士老师仍采用传统讲授法。一班学生共 56 人，44 人不及格，占比 78.57%，良好 1 人，占比 1.79%，优秀 0 人；二班学生共 55 人，32 人不及格，占比 58.18%，良好 1 人，占比 1.82%，优秀 0 人。

（2）"四元二导一对分"与"四元三导一对分"教学模式下的期末卷面成绩分析。改革后，针对 2019 级材科专业，另一位老教师采用"四元二导一对分"教学模式讲授的"材料物理化学"课程，一班学生共 34 人，13 人不及格，占比 38.24%，良好 2 人，占比 5.88%，优秀 0 人；二班学生共 32 人，12 人不及格，占比 37.50%，良好 3 人，占比 9.38%，优秀 0 人。某年轻老师采用"四元二导一对分"教学模式讲授的"材料物理化学"课程，三班学生共 36 人，7 人不及格，占比 19.44%，良好 12 人，占比 33.33%，优秀 2 人，占比 5.56%。这里的"四元二导一对分"教学模式与"四元三导一对分"教学模式相比，少了一个"以题导学"的题库。

进一步改革后，针对 2020 级材科专业，老教师采用"四元三导一对分"教学模式讲授的"材料物理化学"课程。全班学生共 73 人，16 人不及格，占比 21.62%，良好 19 人，占比 25.68%，优秀 11 人，占比 14.86%，全班平均分 69.69。

针对 2021 级材科专业，年轻老师采用"四元三导一对分"教学模式讲授"材料物理化学"课程。三班学生共 40 人，6 人不及格，占比 15.00%，良好 9 人，占比 22.50%，优秀 2 人，占比 5.00%，全班平均分 71.90。老教师仍采用"四元三导一对分"教学模式讲授"材料物理化学"课程。一、二合班，学生共 73 人，15 人不及格，占比 20.55%，良好 15 人，占比 20.55%，优秀 7 人，占比 9.59%，全班平均分 70.05。

（3）改革前后成绩分析比较。"材料物理化学"课程不同教学模式下的期末卷面成绩如表 4 所示。可以发现，2016 级、2017 级、2018 级的传统讲授法的成绩不及格率在 50%～70%，2019 级的"四元二导一对分"教学模式的成绩不及格率在 20%～38%，2020 级、2021 级的"四元三导一对分"教学模式的成绩不及格率在 15%～21%。平均分也大致由 55 分提升到 60 分，再到 70 分。以上成绩表明，"四元三导一对分"教学模式在"材料物理化学"课程中取得了相当明显的教学效果。

表4 不同教学模式的"材料物理化学"课程期末卷面成绩对比

序号	教学方法	年级	班级	不及格率（<60分）/%	平均分	优秀比例（≥90分）/%
1	传统讲授法	2016级	一班	57.69	49.12	3.85
			二班	72.41	54.75	3.45
		2017级	一班	35.71	60.41	0
			二班	50.00	58.52	0
			三班	68.97	50.64	0
		2018级	一班	78.57	53.65	0
			二班	58.18	56.31	0
2	"四元二导一对分"教学模式	2019级	一班	38.24	56.54	0
			二班	37.50	58.05	0
			三班	19.44	69.14	5.56
3	"四元三导一对分"教学模式	2020级	一、二合班	21.62	69.69	14.86
		2021级	一、二合班	20.55	70.05	9.59
			三班	15.00	71.90	5.00

3.5 "凝固原理"课程教学效果

2017级材料科学与工程专业教学一班和二班分别有学生51人、29人，某教授均采用"四元三导一对分"教学模式教学，期末考试闭卷笔试。一班不及格0人，占比0%，优秀占比72.55%，平均分91.75；二班不及格0人，占比0%，优秀占比72.41%，平均分92.14。由此可以发现，两班总体分数均偏高，原因可能是试题难度偏低。但该成绩仍然可以说明，"四元三导一对分"教学模式在"凝固原理"课程中效果很好。

2018级材科专业教学一班有学生26人，二班有学生27人，某教授都采用"四元三导一对分"教学模式教学，期末考试采取闭卷笔试形式。一班不及格0人，占比0%，优秀占比61.54%，平均分90.10；二班不及格2人，占比7.41%，优秀占比37.04%，平均分85.20。该成绩仍可说明，"四元三导一对分"教学模式在"凝固原理"课程中效果很好。

2019级材科专业教学班共有学生106人，该教授仍采用"四元三导一对分"教学模式教学，期末考试为闭卷笔试。不及格9人，占比8.49%，优秀占比43.40%，平均分82.75（如表5所示）。以上成绩表明，"四元三导一对分"教学模式在"凝固原理"课程中取得了显著教学效果。

表5 "四元三导一对分"教学模式在"凝固原理"课程中的教学效果

班级	卷面不及格率/%	优秀比例/%	平均分	教学方法
2017级教学一班	0	72.55	91.75	"四元三导一对分"教学模式
2017级教学二班	0	72.41	92.14	"四元三导一对分"教学模式
2018级教学一班	0	61.54	90.10	"四元三导一对分"教学模式
2018级教学二班	7.41	37.04	85.20	"四元三导一对分"教学模式
2019级教学班	8.49	43.40	82.75	"四元三导一对分"教学模式

3.6 学生满意度评价

学生的满意度无记名投票表明，某年轻博士讲授的2019级"材料分析测试技术"课程中，更喜欢"四元三导一对分"教学模式的学生占比为30/48，喜欢传统讲授法的占比为14/48，喜欢其他教学模式的占比为4/48。某年轻讲师讲授的2019级"铸造工艺学"课程中，更喜欢"四元三导一对分"教学模式的学生占比为26/31，喜欢传统讲授法的占比为4/31，喜欢其他教学模式的占比为1/31（如图5所示）。

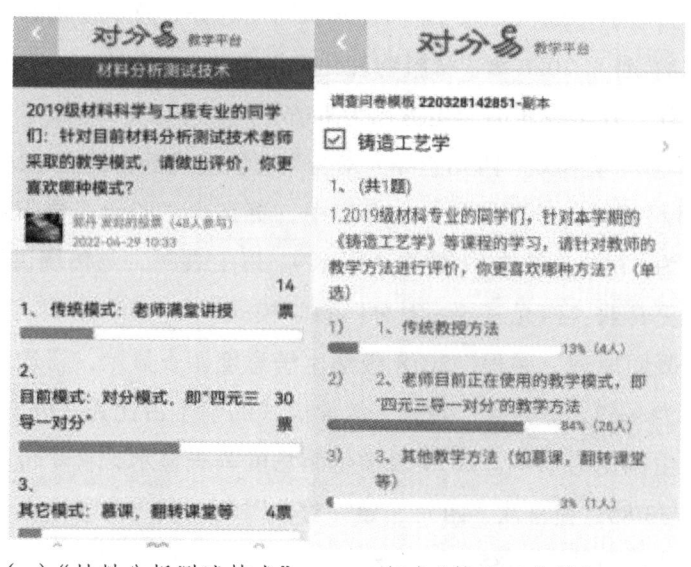

（a）"材料分析测试技术"　　（b）"铸造工艺学"

图5 课程满意度无记名投票

通过对攀枝花学院冶金工程专业开设的"钒钛材料工艺学"课程的无记名投票调查发现,认为"对分"教学模式优于(稍好于)传统讲授法的学生占比为23/36,认为两者差别不大的占比为7/36(如图6所示)。

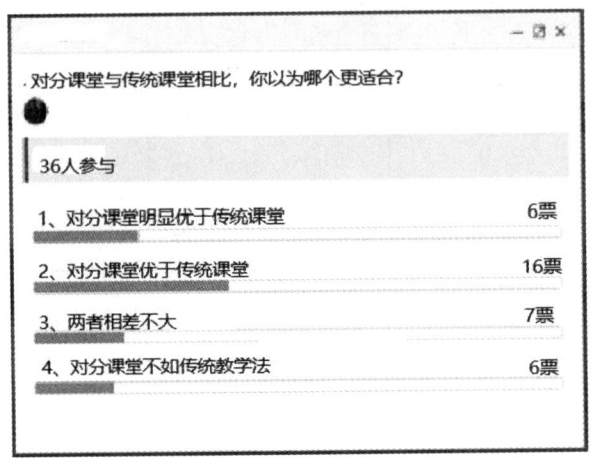

图6 "钒钛材料工艺学"课程学生满意度无记名投票

"材料物理化学"课程的学生满意度无记名投票表明,2019级"材料物理化学"课程一、二合班中更喜欢"对分"教学模式的学生占比为17/64,认为跟传统讲授法差不多的占比为24/64,即认同"对分"教学模式的学生合计占比为41/64(单选)。2020级"材料物理化学"课程一、二合班中,更喜欢"四元三导—对分"教学模式的学生占比为65/67(多选)。2021级"材料物理化学"课程三班中,更喜欢"四元三导—对分"教学模式的占比为22/41(单选)。2021级"材料物理化学"课程一二合班中,更喜欢"四元三导—对分"教学模式的占比为67/72(单选)(如图7所示)。以上表明,与传统讲授法相比,大多数学生更喜欢"四元三导—对分"教学模式。

针对"凝固原理"课程,2018级学生满意度调查显示,喜欢传统讲授法的学生占比为9/67,更喜欢"对分"教学模式的学生占比为39/67,认为两者差不多的学生占比为9/67。2019级学生满意度调查显示,喜欢传统讲授法的学生占比为33/85,更喜欢"四元三导—对分"教学模式的学生占比为64/85,喜欢其他方法的占比为3/85(如图8所示)。

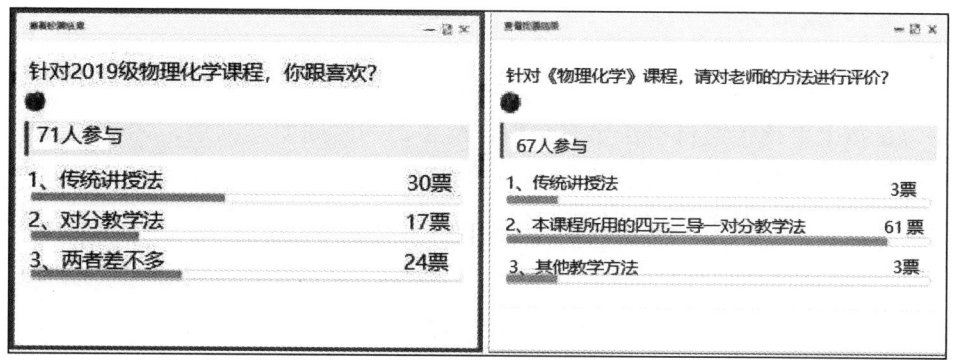

（a）2019级"材料物理化学"课程一、二合班　　（b）2020级"材料物理化学"课程一、二合班

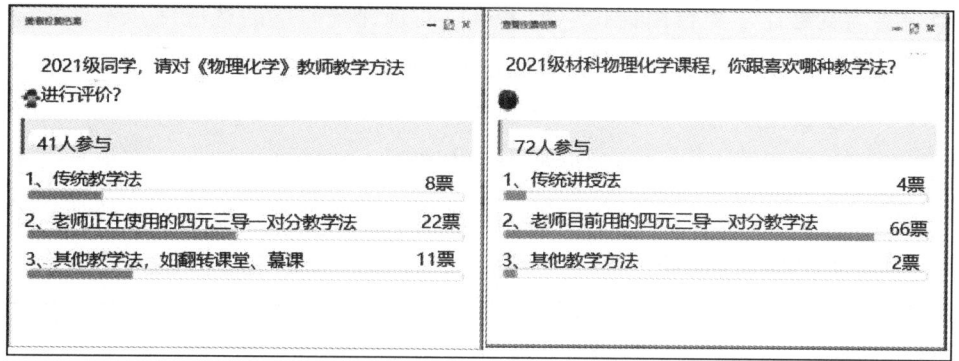

（c）2021级"材料物理化学"课程三班　　（d）2021级"材料物理化学"课程一、二合班

图7　"材料物理化学"课程教学方法学生满意度投票

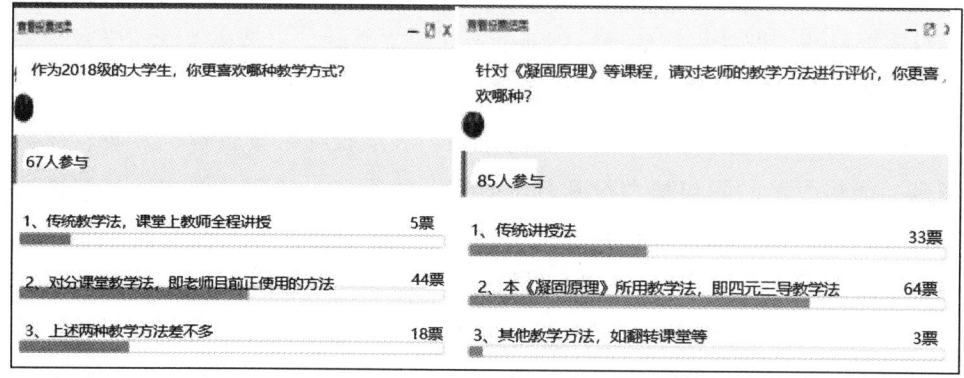

图8　"凝固原理"课程教学方法学生满意度投票

3.7 教师评价

采用"四元三导一对分"教学模式的教师均认为,首次学期备课的时间、精力花费上要比传统讲授法更多,但课前备课的时间明显缩短,90分钟的课堂时间段较轻松,但对教师的知识掌握要求更高,作业批改不受时间、地点限制,虽然作业量大,但批改快。

针对当前教师"教"与学生"学"的困境,多数实践该教学模式的教师认为,"四元三导一对分"教学模式基本解决了以下四方面的问题:

(1)解决"教师为中心"向"学生为中心"难转化的问题。多数教师已开始接受"学生为中心"的教学理念,但大多不知道如何以学生为中心,典型的案例就是让学生自由讨论,结果难以实现课堂教学的达成度。本教学模式通过将"课堂时间""课程资源"让权于学生,教师退居于"引导"位置,实现了学生自主学习的目标。

(2)解决学生学习成效问题。学生在课堂中听讲效果不佳,课后学习迷茫,考试合格率不高,整体学习效果不理想。不理想的根源在于,教师按照教学大纲在课堂上向学生传递了95%以上的信息(知识),而学生真正有效获取并内化吸收的信息(知识)可能只有60%。信息(知识)的失真既有传递过程中的损耗问题,也有教学方法的科学合理问题。

(3)解决学生自主学习能力和创新能力不足的问题。普通高校学生被动学习居多,能主动学习的优秀学生始终是少数。如何引导学生形成自主学习的习惯,提升自主学习力,是高等教育的另一重要任务。学生创新能力的提升,不仅需要科研、课外科技活动、创新创业课程来推动,更需要大学课堂教学来实现。学生通过课内课后的深度内化,可以极大地培养自身的创新原动力。

(4)解决教师时间与精力不足的问题。大学教师忙于教学、科研、社会服务,能将大量时间与精力投到教学研究上的不多。该教学模式通过精讲减少讲授时间,通过课堂答疑减少课后答疑时间,通过在线模糊评阅作业减少精确批改作业的精力,通过云平台与学生 7×24 小时互动减少集中辅导的时间。

其他听课、巡课教师普遍认为,"四元三导一对分"教学模式是一种真正从学生角度出发的优秀方法,有益于学生,也相对降低了教师的劳动强度,是一种值得大力推广的教学模式。

4　结语

"四元三导一对分"教学模式自提出以来,通过在"模具制造技术""材料物理化学""凝固原理"等十余门材料类课程3~5年的实践,取得了显著的教学成效。及格率、平均分、优秀比例等均大幅提升,以代表性课程"材料物理化学"为例,在同等试题难度和题量下,期末卷面成绩不及格率由传统讲授法的50%~70%区间下降到"四元三导一对分"教学模式的15%~21%区间,平均分也相应由55分提升到70分。对学生的无记名投票满意度调查表明,喜欢(认可)"四元三导一对分"教学模式的学生比例超过2/3。上课、听课、巡课教师也普遍认为,"四元三导一对分"教学模式有益于新时代人才培养,有利于教师对时间、精力的管控和教学热情的释放。

打造"金课"不仅需要好的师资,更需要好的教学方法。"四元三导一对分"教学模式提出的教学方法和手段适用于多数教师,适用于多类课程,符合学生的学习心理规律,符合教师在时间、精力管理上的诉求,是课程教学过程中时间与空间维度有限开放的良好效果体现。对于"对分易""雨课堂""智慧树"等众多云平台的使用,充分利用了现代信息化教学手段,符合互联网时代知识获取途径与能力培养方法的发展趋势。今后宜进一步优化该教学模式,并加强校内外的推广。

参考文献

[1] 马知恩,张健,赵欣.青年教师教学水平的基本要求和进阶条件[J].中国大学教学,2021(9):87-90.

[2] 董江丽,周群,何志巍.运用"翻转课堂"教学模式推动教与学系统性改革[J].中国高等教育,2022(9):56-58.

[3] 孔祥宇,许可.目前两种流行教学模式的对比分析——基于SPOC式翻转课堂和对分课堂[J].教学与管理,2018(27):99-102.

[4] 郭建鹏.翻转课堂教学模式:变式—统——再变式[J].中国大学教学,2021(6):77-86.

[5] 张静韩,映雄.中国大学MOOC课程学习交互状况调查[J].开放教育研究,2021,27(5):73-80.

[6] 黄永辉,张俊超,王君. 基于OBE的教学目标编写的现实问题与科学改进[J]. 黑龙江高教研究, 2022, 40(5): 27-31.

[7] 陈其晖,陆维康,杨劲松. 对分课堂教学模式的认知资源管理探析[J]. 当代教育科学, 2021(3): 65-72.

[8] 王帅国. 雨课堂: 移动互联网与大数据背景下的智慧教学工具[J]. 现代教育技术, 2017(5): 26-32.

[9] 董桂伟,赵国群,管延锦,等. 基于雨课堂和BOPPPS模型的有效教学模式探索——以"材料物理化学"课程为例[J]. 高等工程教育研究, 2020(5): 176-182.

[10] 陆一,林珊,陈嘉. 从评价到赋能:大学课程教学质量提升新方法[J]. 中国大学教学, 2020(8): 71-77.

新时代大学生亲密关系教育的实践探索

◎ 陈敏燕

（成都工业学院　人文与设计学院，成都　611730）

【摘　要】本文以调查的方式了解大学生婚恋现状，并针对性开展通识课程教育实践探索，构建亲密关系教育的体系和内容，试点参与体验互动的教育方式，尝试多种操作性考核方式，并通过问卷前后测的方式考查教学内容的适用性和教学效果，摸索出了一定的经验。与此同时，课程也存在内容不够生动、本土化程度有待提高等问题。

【关键词】亲密关系教育；大学生；通识课程

1　亲密关系教育的重要性和必要性

建立和发展亲密关系，是青年学生重要的人生课题。火爆全网的武汉大学爱情课程，让我们看到学生对于爱的能力的渴求。如果爱的能力缺乏，会导致大学生"脱单"困难、爱与沟通困境、意外怀孕与流产、性病与艾滋病等一系列问题应运而生。

共青团中央、民政部和国家卫生计生委三部委于2017年9月出台了《关于进一步做好青年婚恋工作的指导意见》，创新性地提出"弘扬文明婚恋风尚""加强婚恋咨询与指导""普及性健康和优生优育知识""培育公益性婚恋服务项目"等七大内容。许多专家学者也呼吁，由政府出台相应的指导性规定，将大学生婚恋发展作为考核评估高校教育的重要指标。大学应将高校婚恋情感教育纳入高校课程体系，拟定大学生婚恋管理的相应细则，加强正确的婚

基金项目：四川高等教育教学改革研究项目（JG2021-1408）；四川性社会学与性教育研究中心课题（SXJYA2201）。

作者简介：陈敏燕（1986—），女，副教授，硕士；研究方向：亲密关系与性教育。

恋观教育。要探索亲密关系教育如何开展，应该首先了解目前大学生亲密关系的现状。

2 青年学生亲密关系的现状

岑宁（2019）曾通过问卷调查、个案访谈等研究方式，发现当前高校大学生在性爱观、择偶观、婚恋观、情感困惑处理等方面存在一定的问题。参考以上调查方法及其调查结构，课程组采用问卷调查和访谈法两种方式对青年大学生目前的亲密关系现状进行了调查。调查在问卷星平台上进行，实际获得问卷6063份。

个体访谈主要采用街头采访的形式，主要访谈内容包括：是否恋爱、恋爱如何开始、爱的表达、恋爱的过程及维持、恋爱过程中的权力分配、对于未来的规划、分手及其应对等。共采访288人。部分被访者回答较为简单，课程组整理后，结合问卷调查结果一并报告。

2.1 恋爱动机多元化

在针对全国6063名青年大学生的调查中，74.1%的大学生恋爱动机是"为了爱情"，32.4%的人是"为了婚姻家庭做准备"，满足性欲、填补空虚、随大流的比例都在10%左右。大学生的恋爱动机呈现出多元化倾向。

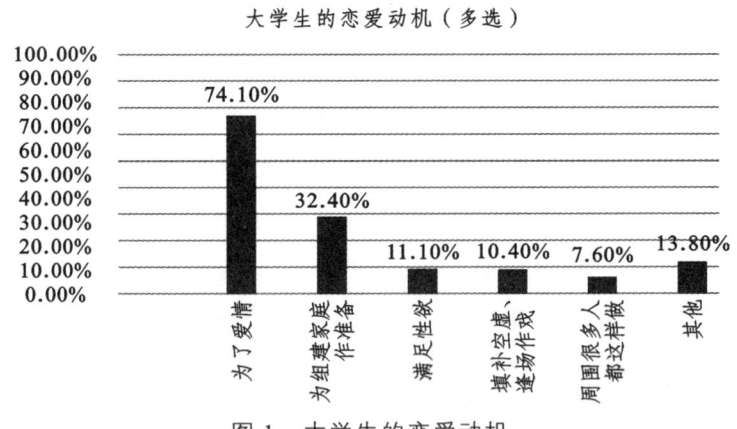

图1 大学生的恋爱动机

2.2 择偶观注重三观契合

大学生是以什么标准来选择恋爱对象呢？项目组考察了大学生的择偶

观,排名前三的是三观、性格脾气、感情。三观契合、脾气相投是现代社会比较主流的择偶观,大学生的选择中这两项高居榜首。"才""貌"两因素在大学生择偶观中排名第四、五位,其选择比例在 40%左右,与排名第三的感情因素接近。经济实力、家庭背景、职业、学历等代表伴侣现在及将来可能拥有资源的因素的选择比例均低于 1/3。

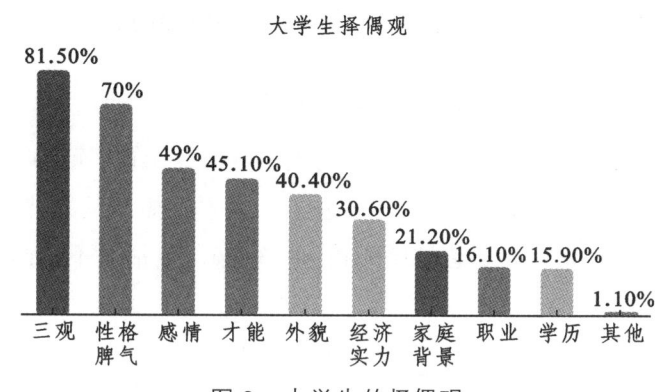

图 2 大学生的择偶观

在访谈中发现,大学生选择恋人的标准其实非常多样化,开始一段感情也有很多随机因素,因为聊天聊得来而开始,因为玩密室逃脱而相互吸引,还有因为对方"长得帅""很漂亮"而开始一段感情,等等。感情始于吸引,但仅仅只有吸引并不能长久地维持一段感情。因此,需要引导大学生们在心动之前理智地思考,注重对于内在人品、性格、责任心等各方面的了解,为关系的持久发展奠定良好的基础。

2.3 关系中矛盾的处理

本部分结果主要是通过访谈获得。可以得知,"吵架"在亲密关系中普遍存在,吵架理由各不相同,比如因为男女界限问题引起女友"吃醋",因为打游戏不陪伴女友。大学生的处理喜忧参半。有的会选择直面问题,有效沟通,如"当天的问题当天解决,不会留下隔夜仇""有矛盾要说出来相互沟通,不要胡思乱想来精神内耗",这属于比较积极的沟通处理方式;有的是直接认错道歉,"会主动道歉""体谅对方";有的情商较高,注重情绪价值,"首先提供情绪价值淡化矛盾,其次付出实际行动解决矛盾""情侣之间也没必要每件事情都分个对错";有的选择比较取巧的方式,"想尽各种办法来逗我开心""会主动哄女生，给她买好吃的""带她出去散心，吃东西"；有的理性，"等到大家都冷静再谈"。许多大学生表示反对"冷暴力"，处理不当的比如"双方没有愿意低头的，后面也就不欢而散"，还有不少男生被女友称为"比较直男""喜欢讲道理"。可以看到，一部分青年大学生能够较好地应对矛盾和争吵，但也有不少人选择回避问题，直接道歉，避免矛盾激化，或者不了解男女两性的差异，选择讲道理等方式处理。对这些都有引导的必要。

2.4 超过10%的青年学生不想结婚

从表1可以看到，把结婚作为重要的人生目的、无它不可的大学生仅有一成左右；有前提条件才能结婚的占3/4左右，其对于婚姻的期待是顺其自然，直到遇到合适的对象；而不想结婚的占到13.7%，包括了不结婚同居和一个人单身过两种情况。

表1 大学生结婚意愿统计

	频率	百分比（%）	有效百分比（%）	累积百分比（%）
想结婚无论如何一定要结婚	626	103	103	103
顺其自然，有合适的对象才结婚，否则不结婚	4603	75.9	75.9	86.2
不想结婚，可以长期与人同居	310	5.1	5.1	91.4
不想结婚，想要单身过	524	8.6	8.6	100.0
总计	6063	100.0	100.0	

2.5 近1/3不想生育

可以看到，选择"不生育""生1个""生2个"的大学生比例相当；愿意生3个孩子的寥寥无几，有效百分比仅为1.5%。非常引人注目的是不愿意生育的这部分比例，也占到三成，与目前低生育人口形势的现状是契合的，值得重点关注。

表2 大学生生育孩子数量的意愿（N=5573）

生育意愿	频率	百分比（%）	有效百分比（%）	累积百分比（%）
不生育	1840	30.3	33.0	33.0
1个	1656	27.3	29.7	62.7
2个	1910	31.5	34.3	97.0
3个	85	1.4	1.5	98.5

3 教学目标的改革

教学目标是课程建设的总体指导思想，是一切教学行动的指挥棒。课题组充分借鉴其他学者进行的情感教育、恋爱教育、性教育相关课程建设经验，同时针对授课对象进行需求调查，二者结合，尊重教学规律的同时尊重学生发展需要，制定合理的教学目标，并将此作为教学大纲设计的基础。

1981年美国教育家斯贝迪（Spady）提出成果导向（Outcome-based Education，简称OBE理念）的人才培养理念，又称能力导向教育、目标导向教育或需求导向教育。美国教育学家布鲁姆（B.SBloom）于1956年提出教学目标分类法，包含认知、情感、技能三个目标领域。

"亲密关系指导"作为一门恋爱与性教育的通识课程，其目的不在于传授过多知识，更多在于知识传输后帮助学生具体运用相关知识来进行亲密关系中相关价值观念的更新，加强对相关场景的处理和应对，更注重能力的训练、技能的掌握和应用。对应OBE教学理念的模式，二者契合度很高，因此本课程的教学目标改革基本方向确定为OBE教学理念在亲密关系中的应用。

"亲密关系指导"课程的教学目标总体上以立德树人为基本目标导向，以OBE理念为基本教学模型，以学生需求为中心，采用参与互动式教学方式，围绕布鲁姆教学目标三分法，在认知上讲授亲密关系相关理论知识、前沿学术研究结果，破除大学生对于亲密关系相关的认知误区；以认知改变为基础，在情感价值判断上认可亲密关系的重要性，摒弃"游戏人生"等婚恋观念，树立积极正向的婚恋观，促进形成健全的人格；技能上，能够学会情感识别、情感表达、情感应答、亲密关系维护、矛盾冲突的沟通及处理、分手应对、性行为抉择及安全性行为、婚育相关技能等。

4 亲密关系教育的内容和方法

应该教什么，怎么教，才能回应青年高校学生的需求、社会现实的呼唤、部委文件的指导呢？亲密关系教育课程在不同高校有不同的教学形式，但究竟教什么内容却没有达成共识。刘艳军（2021）总结了大学亲密关系教育遇到的系列困境：大学教育教学指导思想对于爱情教育学科的忽视，造成其未形成独立学科，而通常以通识选修课的形式出现；教育目标过于抽象、主观、笼统，难以关照大学生实际需求；爱情教育承担主体散乱，师资专业性欠缺；教育内容的逻辑构架和基本观点基本来自西方，缺乏传统文化要素和中国特色，抽象说理较多，可执行内容较少，教育内容欠鲜活，本土性较差。

4.1 亲密关系课程教育的内容

放眼国内外，英国 2000 年颁布了"性与恋爱"教育国家标准，详细规定了性与恋爱教育的政策、教学、协作与补救，降低少女怀孕率，并改善部分弱势群体地位，有助于终身学习和全纳社会的构建（薛二勇，盛群力，2007）。我国"恋爱与性"教育课程建设研究较少，可以见到文学作品中的爱情教育等渗透式课程教育。江正贵（2005）认为，爱情教育必须遵循两个原则，即正面引导和持之以恒。陆小云（2001）认为，爱情教育首先要教给学生恋爱、爱情的基本知识。在彭秀珍（1999）看来，爱情教育的内容应该涉及四个方面，爱情的本质、爱情与事业、爱情与博爱以及爱情与失恋。

雷湘竹（2006）认为，爱情教育主要包括恋爱观教育、婚姻家庭观教育以及现代性别观教育。王国银、熊晓红（2000）认为爱情教育的主要内容包括爱的生理教育、爱的心理教育、爱的道德教育、爱的法纪教育以及爱的艺术教育等几方面。王克臣（2001）认为爱情教育的核心是爱情道德教育。林燕青（2006）认为爱情教育的基本内容包括了解自我，看清楚爱情；相信爱情，但不爱情至上；真挚、含蓄、文明恋爱。仲稳山（2006）认为爱情心理教育是爱情教育的重要内容，从性心理发展的历程来确定爱情产生和发展的阶段，是爱情心理教育的基本内容。

更为新近一些的研究则尝试把爱情理论视角引入婚恋课程中来，教育者在尊重大学生婚恋需求基础上，在爱情心理理论视域下对大学生开展高校婚恋教育，从性教育、爱情类型教育、家庭关系教育、婚恋性别教育、提高亲密关系能力教育、婚恋责任教育、婚恋人格教育等方面丰富教育内容，体现了共性教育与个性教育相结合、生理心理层面教育和社会层面教育相结合、个体化教育与社会化教育相结合的特征（孔德生，臧凯，2021）。

综合国内的研究成果，爱情教育的具体内容主要包括以下方面：爱的道德教育、爱的情感教育、爱的艺术教育、爱情与事业的关系教育、失恋教育、爱情与性的教育、恋爱的原则教育、性别观教育、生理教育、法纪教育等（刘涛，赵惠，2007）。

为了让课程内容符合大学生的实际需要，笔者也用开放式提问的方式收集了目前青年大学生在情感方面的困惑，包括：何为爱情，如何开始一段爱？爱情与友情的区分？还有爱情价值观、亲密关系中的相处、异地恋、矛盾的处理、爱情的维持保鲜、爱情与性的关系及相关价值观念、分手的应对，等等。

武汉大学的爱情心理学课程大纲也是我们重要的参考体系，包括：吸引法则、亲密关系、爱的表达、独处与孤独、择偶秘籍、爱的 B 面（嫉妒等）、婚姻的秘密、性。

综合参考以上资料，我们的课程体系设计如下：

第一课　初识亲密

① 开场游戏及分享：寻找亲密搭档。

② 亲密的意义。

③ 真实的亲密。

④ 亲密的识别：爱情脚本、爱情三角理论、爱的生物基础。

⑤ 澄清自己的爱情逻辑：爱的价值观判断。

⑥ 亲密关系的开始——吸引力。

⑦ 亲密的确认。

第二课　爱要好好谈——亲密关系中的沟通

① 沟通及其基本技巧。

② 爱的五种语言。

③ 爱的地图。

④ 两性差异。

⑤ 非暴力沟通。

第三课　性不性，有关系——亲密关系中的性

① 脱敏游戏。

② 性价值观的澄清。

③ 性行为的决定。

④ 性决定的沟通。

⑤ 安全性行为。

⑥ 性暴力及其应对。

⑦ 亲密关系与性沟通。

第四课　亲密何以维系——亲密关系的维持

① 社会交换理论。

② 亲密关系的维持。

③ 亲密关系中的常见问题。

第五课　婚姻与家庭

① 婚姻与家庭。

② 亲密关系的解体。

4.2　亲密关系教育的手段和方法

林燕青认为课堂理论教育、专题讲座和个别咨询是大学生爱情教育的三种基本方式，其中课堂上系统的理论学习是培养大学生正确爱情观的有效途径。爱情教育的目标、学科属性、教材建设、理论探索、实施途径等都还需要进一步探索（薛二勇，盛群力，2007）。张健（2015）认为，在恋爱教育体系中，一定要扭转"师本位"的传统教学模式，充分尊重学生本体的诉求。

因此，我们在亲密关系通识课程的实际授课中，注重以学生的需求为出发点，在理论讲授的基础上，强调互动的体验和分享，加入游戏体验、小组讨论、角色扮演、案例分析、小视频、技能操作等，在课程一开始即以游戏的方式寻找课程的小组搭档。全班形成两两一组的学习主体单元，在某种形式上也是一种亲密关系的形成。同时课程内容以亲密关系的发展为内涵逻辑线，两两一组的学习主体在某种形式上也是亲密关系的建立、发展、维持的模拟和体验。

5　亲密关系教育的评价方式

结合课程设置的目标和内容，改变传统较为单一的课程评价方式，课程不适宜用卷面考试的方式进行，而是增加过程性评价，设计了与课程内容相匹配的5种情境，将对其的处理与应对作为亲密技能的操作性考查进行评价。过程性作业是请学生记录一段情侣日常冲突的视频，根据课堂所学进行矛盾处理的指导，全过程用视频或图文方式记录。

期末考核包括：自主调查并提交调查报告、演讲并提交演讲稿，撰写故事脚本并表演，问题解决并视频汇报，收集资料并做汇报 PPT。学生依然以二人小组为单位，根据小组兴趣选择主题，并选取不同方式进行展示汇报。涉及的主题包括：如何正确表白的脚本设计及表演；如何处理亲密关系中的吵架；性行为决定的场景模拟；目前大学生的婚姻观调研；大学生的生育观调研及演讲汇报。几种方式具体如下：

（1）采访调查并汇报，大学生是如何确定一段关系是否是爱情的？提交调查报告。

（2）设计一对情侣表白的场景，提交故事脚本，并进行角色扮演和展示。

（3）选择一个亲密关系中常见的冲突及沟通解决的场景，提交故事脚本，进行角色扮演和展示。

（4）设计一段情侣讨论各自对于性行为态度的场景，将性行为态度和性安全保护的相关知识点融入，提交故事脚本，进行角色扮演和展示。

（5）调查当下大学生对于结婚的看法，进行演讲或制作 PPT 汇报。提交演讲稿或 PPT。

（6）调查当下大学生对于生育的看法，进行演讲或制作 PPT 汇报。提交演讲稿或 PPT。

考核的方式以操作性技能考核为主，包括表达类、矛盾处理类、决定的判断及沟通、主题调研。主题涉及本学期教学的主要环节，同时也是亲密关系发展的自然环节：表白—沟通—性行为决定—婚育。展示方式也打破了传统只以纸本提交的限制，包括文字、PPT、演讲稿、表演视频等多种方式，让学生有多种选择，可以结合自己所长来进行考核提交。这对传统教学来说是一个较大的改革。

6 教学反思

总体而言，课程对于学生是比较有吸引力的，原本计划 40 人的小班，最终有 92 人参加学习。为保证教学效果，课题组不断改进课程内容体系架构，使其更加符合 OBE 理念，设置了课前、课后调查。调查包括：个人基本信息（包括性别、年龄、专业）、个人背景信息（父母和个人自身情感状况）、课程内容基线前测、课程目的和学习需求调查。课后调查在课前调查的基础上，将课程模块和二级标题列出，请学生对每个内容进行必要性评分，同时增加课程效果和改进建议的调查。

调查结果表明，学生对于本课程的满意程度平均分为8.28（满分10分），对教师的满意度为9.04（满分10分）。80%的学生认为课程帮助自己学习了亲密关系的相关知识，72%认为课程帮助自己掌握了亲密关系中的相关技能，88%认为课程帮助自己改变了对亲密关系的态度。

表3 课程内容前后测对比

问卷条目	课程前测	课程后测	课程效果
我害怕/担忧进入一段关系	21.96%	40.00%	18.04%
我觉得亲密关系十分重要	64.63%	84.00%	19.37%
我无法区分一个人是否真的爱我	42.68%	44.00%	1.32%
我明确知道自己选择伴侣的标准	53.66%	60.00%	6.34%
我知道如何让自己更有吸引力	35.37%	44.00%	8.63%
在亲密关系中，我能清晰准确地表达我的看法	35.36%	56.00%	20.64%
对方跟我说话时，我会专注倾听	78.04%	92.00%	13.96%
我能听懂对方的言外之意	46.34%	52.00%	5.66%
沟通时我能比较恰当地给予反馈	58.53%	92.00%	33.47%
我明白不同的人表达和感受爱的方式不同	60.97%	72.00%	11.03%
我能够恰当地表白	34.14%	32.00%	-2.14%
我能识别对方的情绪	50.00%	72.00%	22.00%
我了解自己和对方在亲密关系中的需要	43.90%	52.00%	8.10%
我明白个体之间的差异	69.51%	72.00%	2.49%
我能够在亲密关系中求同存异	56.09%	68.00%	11.91%
我能够使用非暴力行为进行沟通	74.39%	72.00%	-2.39%
我了解性行为可能带来的结果	71.95%	92.00%	20.05%
我能够根据自身情况做出合适的性行为决定	70.73%	92.00%	21.27%
我能够运用沟通技巧妥善与对方商量我对性行为的决定	65.85%	84.00%	18.15%
我会正确使用安全套	52.44%	80.00%	27.56%
我能够应对亲密关系中的危机	39.02%	64.00%	24.98%
我对进入婚姻充满期待	42.68%	40.00%	-2.68%
在合适的情况下，我会考虑生育	41.46%	32.00%	-9.46%

注：课程前后测均指对前面条目的认同度。问卷按正反两种计分方式交替进行。

从课程前后测对比数据来看，亲密关系的重要性认可、亲密关系中的表达、专注倾听、沟通反馈、情绪识别能力、性行为后果判断、性行为抉择、性行为决定的沟通、安全套使用、亲密关系危机等模块的内容提升比例较大，效果良好；表白、非暴力沟通、婚育期待等方面的效果还有待加强。这也是课程下一步要改进的方向。

对于课程每部分存在的必要性，学生认可的比例如表4所示。可以看到，绝大部分内容获得了学生的积极认可，平均认可度达到83%。同时，该份反馈表也给课程下一步的体系构建提供了直接的导向支撑。

表4 课程内容必要性反馈

题目/选项	认可度加总
1.1 开场游戏及分享：寻找亲密搭档	68%
1.2 亲密的意义（自我的确定、价值感和拓展；归属感；性欲的升华）	88%
1.3 真实的亲密（区分假性亲密）	84%
1.4 亲密的识别：爱情脚本、爱情三角理论、爱的生物基础	84%
1.5 澄清自己的爱情逻辑：爱的价值观判断（课堂活动：书写自我的选择）	88%
1.6 亲密关系的开始——吸引力：长相、礼尚往来、相似性、障碍、吊桥效应、恋父恋母情结	88%
1.7 亲密的确认：亲密关系的特点（课堂活动：了解你的搭档）	76%
2.1 沟通及其基本技巧（课堂活动：场景设计及展示"表白"）	80%
2.2 爱的五种语言（课堂活动1：回忆自己表达爱和感受爱的方式；课堂活动2：为爱存款）	84%
2.3 爱的地图（亲密关系中的情绪及其应对；亲密关系中的行为与互动；恋爱里的核心需求及探索）	80%
2.4 两性差异（课堂活动：小组讨论与分享两性在生活、职业、婚恋各个方面的差异）	80%
2.5 非暴力沟通（如何表达愤怒，同理心倾听，明确自己的需求，课堂活动：情侣争吵升级视频及其后续演绎）	84%
3.1 脱敏游戏	68%
3.2 性价值观的澄清（如何看待性、性的动机、性后的影响）	80%
3.3 性行为的决定（课堂辩论：大学生是否可以发生性行为、理由）	80%

续表

题目/选项	认可度加总
3.4 性决定的沟通（角色扮演：性行为的同意和反对；拒绝的技巧和要点；赞同后的准备）	76%
3.5 安全性行为（怀孕及避孕的原理；安全套的正确使用；避孕药的注意事项；人工流产及其危害：小视频、西瓜取籽游戏；性病及其预防）	88%
3.6 性暴力及其应对（性骚扰、性猥亵、性侵害；确定自我亲密界限；知情同意的原则）	92%
3.7 亲密关系与性沟通（长期关系中的性沟通、性沟通与关系满意度）	88%
4.1 社会交换理论（结果、关系满意度、依赖度三个公式）	92%
4.2 亲密关系的维持（不断增加爱意的8个理论；忠诚及其影响；课堂分享：维持亲密关系的方法）	80%
4.3 亲密关系中的常见问题（权力，案例：PUA；爱情的物化）	88%
4.4 婚姻与家庭（数据调查结果；什么时候可以结婚；家庭的相关概念及其运用；生育及相关讨论）	88%
4.5 亲密关系的解体（什么时候该分手；关系的末日"四骑士"：批评、鄙视、辩护、冷战；情感修复；婚姻丧钟及其警报；关系结束的处理）	88%

注：认可度加总=每项条目中4分（比较认可）比例+5分（非常认可）比例。

课程需要反思和改进的地方还在于，随着选课人数的增加，课程互动时间延长，部分内容无法深入展开，教学效果受到一定影响。同时，在课程内容和体系建构上，较多内容来自国外的教材和研究，缺乏本土的材料，还需要更长时间的积累和打磨。考核评价上，由于只是一门通识选修课，学生所提交的资料深度尚不够。亲密关系教育的改革和实践还有很长的路要走。

参考文献

[1] 薛二勇，盛群力. 英国"性与恋爱"教育国家标准述评[J]. 比较教育研究，2007（10）：75-79.

[2] 刘涛，赵惠. 近十年我国大学生爱情教育研究综述[J]. 江西教育科研，2007（11）：9-11.

[3] 江正贵. 爱情教育不能回避[J]. 湖南教育，2005（11）：9-10.

[4] 陆小云. 爱情观教育：高校思想政治教育的必要内容[J]. 山东省青年管理干部学院学报，2001（6）：63-64.

[5] 彭秀珍. 大学生爱情心理及教育对策分析[J]. 玉林师专学报，1999（1）：75-78.

[6] 陈寒，陈小异. 对大学生爱情教育的理性思索[J]. 绵阳师范学院学报，2003（4）：26-29.

[7] 雷湘竹. 对大学生进行爱情婚姻教育的理性思考[J]. 广西师范学院学报，2006（2）：27-30.

[8] 王克臣. 加强高校爱情道德教育[J]. 廊坊师范学院学报，2001（3）：54-56.

[9] 仲稳山. 论当代大学生的爱情心理教育[J]. 高教论坛，2006（3）：175-177.

[10] 孔德生，臧凯. 爱情心理理论视域下高校婚恋教育探析[J]. 东北师大学报（哲学社会科学版），2021（2）：135-142.

[11] 白鹤峰. 对大学生进行情感教育的意义及目标实现策略[J]. 林业科技情报，2009，41（4）：120-121.

[12] 臧凯,杨威. 新时代大学生婚恋教育的基本架构与路径选择——基于思想政治教育与心理健康教育相结合的视角[J]. 学校党建与思想教育，2021（13）：63-66.

[13] 孔德生，臧凯. 论网络时代大学生婚恋教育的困境与出路[J]. 思想政治教育研究，2021，37（2）：145-149.

[14] 岑宁. 新媒体时代的大学生婚恋教育新路径探究——以宁波市高校为例[J]. 宁波教育学院学报，2019，21（4）：53-56+66.

基于"图片-叙事"投射方法的新生团体心理辅导课程研究

◎ 张驰

[成都工业学院 学生工作部（处）心理健康教育中心，成都 611730]

【摘 要】"图片-叙事"投射是一种具有意义建构性和科学实证性的心理测验方法，可以应用于团体辅导中。"图片-叙事"新生团体心理辅导的课程目标为实现新生适应、筛查和组织三大目标，推动新生"关系"适应，辅助新生心理筛查以及实现团体融合。课程评价指标包括语言表达、行为反应和主题内容三个层面。课程整体逻辑框架包括认识、联结、凝聚、期望、结束五个阶段。本研究呈现了一个"图片-叙事"新生团体心理辅导具体案例，并结合理论对其进行个案分析。

【关键词】图片-叙事；新生；团体心理辅导；课程

1 "图片-叙事"投射方法应用于新生团体辅导

"图片-叙事"投射是一种心理测验方法，源于心理学精神分析投射理论。[1]测验时，被试会根据提供的抽象图片内容按要求讲故事。这基于以下方法论假设：第一，当个体解释图片时，他会将自身的经历投射到图片故事中；第二，因为有图片作为介质，个体不会觉得是在讲述自己，而是在解释图片，因而这种方法会极大降低当事人的心理防御和阻抗，并在叙事表达的过程中获得身心愉悦感。

随着"图片-叙事"投射方法的不断发展，它也突破了原来仅用于个体测

基金项目：成都工业学院2021—2022年人才培养质量和教学改革项目（20210806）。

作者简介：张驰（1990—），男，助理研究员，硕士；研究方向：大学生心理健康教育。

验的局限，在心理团体中有所拓展和应用，并且具有独特的优势和特点：一方面，"图片-叙事"投射方法具有心理意义建构性。个体或团体的每一个故事都具有独特性，往往投射了自身或团体重要的生活主题和期待。被试所表达的图片故事中人物的担忧和冲突、人际关系的表现方式、情节编排、故事的背景和结果等方面都在一定程度上反映了其心理话语的意义建构。这些话语模式组织了人们对世界的认知体验，折射了个体赋予外界意义的过程，反过来也影响着人们的心理。另一方面，"图片-叙事"投射方法具有科学实证性。最值得一提的是麦克莱兰（McClelland）和阿特金森（Atkinson）运用"图片-叙事"工具之一的主题统觉测验（Thematic Appperception Test，TAT）对成就动机的测量。研究假设在自我被卷入的实验条件下，个体的成就动机会增强。研究者开发了一套主题统觉测验标准化评分系统，采用"图片-叙事"的方法，要求被试编一个故事或描述一幅图，研究者通过分析被试说出的主题故事来测量他们的成就动机水平，此可以被视为量化的内容分析。[2]正是这种开发"图片-叙事"量化评分系统的方法催生了后续大量具有信效度的"图片-叙事"科学方法。

因兼具叙事意义性和科学实证性的特点，"图片-叙事"投射方法拥有以下优势：第一，多样的形式和丰富的叙事意义满足心理健康教育团体活动课程的内容趣味性、教育性和意义性的需求；第二，运用科学实证的方法进行量化测量，推动了课程评价的科学性和课程研究的实证性。

具体到"图片-叙事"投射方法的工具选用上，主题统觉测验是"图片-叙事"投射测验应用于实践中最常用的工具，它由美国心理学家亨利穆雷（Henry A. Murray）团队于1935年发明。[3]研究团队挑选了几百张抽象图片呈现给被试，请他们讲故事和分享感受，并在此基础上沉淀了31张最能引发好故事的图片。在测试过程中，个体被要求想象并描述抽象图片的具体场景、故事的情节发展以及体会自身认知和感受等。继主题统觉测验之后，大量"图片-叙事"投射工具出现，如欧卡牌等图片工具。它们的理论原理都是相通的，并在教育实践和临床心理咨询上得到了广泛的应用。

本研究所选择的"图片-叙事"投射工具为主题统觉测验和欧卡牌相结合。

2 "图片-叙事"新生团体心理辅导课程逻辑

2.1 课程目标

2.1.1 适应目标：推动新生"关系性"构建

新生适应主要表现在人际关系、学习适应、校园生活适应、情绪适应与自我适应和满意度等方面。[4]将"图片-叙事"投射方法应用于新生团体心理辅导，其核心指向是以"图片-叙事"工具为媒介，以更低的个体防御性和更具趣味性、意义性的方式帮助大学新生建立和谐的大学新关系，引导其收获生活意义和自我成长。[5]

2.1.2 筛查目标：辅助新生心理筛查

一般来说，院校在新生入学时都会进行全覆盖的新生测评，并在此基础上进行新生心理建档和重点学生心理追踪。新生筛查在量表测验的基础上会加入辅导员和心理老师的约谈，其目的是通过语言交流和非言语观察，进一步掌握新生心理健康状况，防止假阳性和漏筛的情况。但在实际工作中，这两种方法不能直接观察到学生在现实环境中的人际反应，较为缺乏团体生态效度，加上单独约谈学生在操作上还比较耗时费力，因而新生团体心理辅导的形式可以作为测评和个体谈话的补充手段，增加新生筛查的生态效度。

2.1.3 组织目标：促进师生互动，实现团体融合

团体心理辅导创设了一个真实的人际交往场景，通过真实的人际互动，团体内的所有成员增进了解，并在团队过程中达成组织默契。教师可从团队表现中了解学生的个性特质，并在此基础上促成班级或团体组织结构的建立。

2.2 课程思路

一般的团体心理辅导分为准备、过渡、工作和结束四个阶段，每个阶段都有不同的目标和议题。[6]根据"图片-叙事"新生团体心理辅导的课程目标及其特点，笔者在此将其分为认识、联结、凝聚、期望、结束五个阶段。第一，认识阶段是团体的定向和探索的时期，通过热身活动和互相介绍，推动团体形成初步的安全和信任感；第二，联结阶段需要更多的人际互动，推动

团体成员深入了解，克服团体中的人际焦虑，建立初步的关系；第三，凝聚阶段，团体中有更多的交互工作和共建行为，营造团体凝聚氛围；第四，期望和结束阶段，建立团体与现实和未来的连接，整理情绪并结束团体。

2.3 课程评价

2.3.1 对团体心理辅导本身的质量评价

新生团体心理辅导的核心目标定位在关系的建立和团体凝聚力的发展。基于这样的课程目标，可以在团体心理辅导结束后，采用团体氛围量表、团体态度量表或者团体凝聚力量表来对课程目标的实现程度进行测量。[7]

2.3.2 对新生心理健康筛查和建档的效度评价

第一，观测指标。"图片-叙事"投射测验可以从以下几个指标对学生的心理行为反应进行观测：语言表达层面指标。从参与者的词汇使用丰富程度、语句和逻辑表达的流畅性以及对图片的认知和感受的清晰度来进行观察。行为反应层面指标。从参与者活动的投入度、防御和阻抗以及主动性等方面进行观察。主题内容层面指标。从参与者对图片描述的情绪基调、客体关系（人际）以及自我认知等内容进行观察。

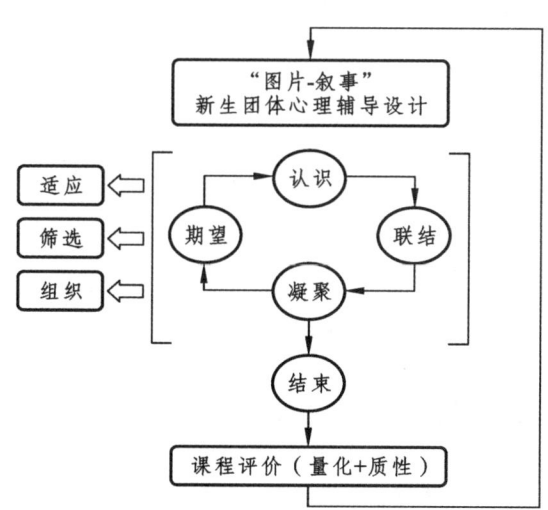

图 1 "图片-叙事"新生团体心理辅导课程设计逻辑

第二，预测效标。一般来说，在新生测评中会采用 SCL-90 或者大学生心理健康量表问卷等测量工具进行自陈式测评,从而获得学生的量化测评数据。团体带领者(教师)在团体心理辅导活动结束后,可以通过观测指标筛选出学生名单,并与自陈式测量数据和个体约谈筛选出的重点关注学生名单进行比对,以确认预测效标,提升心理重点学生筛查和追踪的可靠性。

基于以上叙述,"图片-叙事"新生团体心理辅导的课程思路和逻辑可以总结为三个要点:第一,以建立新生关系性适应为核心;第二,从认识、联结、凝聚、期望、结束五个阶段展开团体;第三,实现新生适应、筛查和组织三大功能,并对其进行课程评价,以促进课程质量提升。

3 案例设计

3.1 案例基本情况

新生团体心理辅导的对象可以是以班级、专业、社团、班委或自发形成的招募小组等为单位组成的新生成员。依据过往实践经验,"图片-叙事"团体心理辅导的人数以 8~30 人为宜,一般来说,随着人数增多,需要在团体中再划分小组。新生团体心理辅导开展 1~6 次都是可以的。

本案例考虑到成都工业学院新生入校的实际情况,以班级为单位组成团体,每个团体约 30 人,间隔一星期开展一次,共 2 次,每次约 2 小时。

3.2 案例过程与安排

表1 "图片-叙事"新生团体心理辅导案例设计

阶段	过程	具体安排	目的
第一次团体心理辅导			
认识	团体带领者(老师)介绍	1.团体带领者介绍 带领者向学生介绍"图片-叙事"投射工具的种类、原理,与学生进行互动,激发学生对团体的兴趣	介绍团体心理辅导和课程工具
		2. 团体契约 (1)保密:带领者以"请大家把今天所有分享的故事都留在这间教室里,希望大家能打开自我,分享体验,抒发情绪,并收获人际联结"这样温暖且容易接受的话语传递团体的保密原则,并共同签订团体保密契约书。	

续表

阶段	过程	具体安排	目的
		第一次团体心理辅导	
认识	（老师）介绍	（2）规则：为团体树立规则，遵守课程安排，不私自行动，不随意请假、离开教室等。 （3）不评价原则：卡牌在谁的手上，谁说出来的理解就是正确的，可以被接受的，其他的伙伴不要纠正或者评价对方对卡牌的理解	
	热身	热身活动	营造团体氛围
	分组	采用抽签的方式，将成员分为4个小组（每组7~8人）	
	小组内自我介绍	1.带领者示范（教师做自我介绍）。 2.每人选择最能代表自己的卡牌3张，进行自我介绍。 3.自我介绍的结构：姓名+家乡+表达自己看到这张图卡的感受+这张牌跟自己的关联是什么+联想自己一个优秀特质。 4.在介绍的过程中需要图卡展示给小组成员，并描述特质	彼此相识，建立互动关系
联结	小组团建	1.命题 面对大学新生活，我们有很多新的议题需要去探索：学业、人际、社团、恋爱、职业等方面。选择一个主题，在未来两年的时间内，你们对其如何进行规划和探索。 2.借助图片卡牌，以"小明"为主人公，将探索的路径编写成一段故事，并在A1纸上画出故事图。 3.故事要详尽描述开头、具体的细节和中间遇到的困难以及解决克服的办法等元素。 4.小组共同商议，为小明的故事取一个名字（主题）。 5.分小组进行展示。 6.其他小组表达对展示小组的感受	1.扩大交往圈子，拓展相识面； 2.建立初步的团体协作关系； 3.推动学生思考大学生活

续表

阶段	过程	具体安排	目的
第二次团体心理辅导			
联结	热身	热身活动	营造团体氛围
凝聚	大学新生活	1.所有成员围坐在一起。 2.确定故事的主题或者背景是"小明的大学新生活"。 3.学生依次翻开图卡,首先用一句话描述图卡,然后讲述故事(讲故事的原则是故事内容+主人公的感受)。 4.学生依次进行讲述,进行三轮。 5.学生分享和讨论:在这个环节中,最令你印象深刻的故事节点在哪里?如果你想要改变一个故事节点,这个地方是哪里?为什么?	发挥团体功能,产生凝聚效果,看到自己的思考与他人不一样的部分
期望	向未来	1.每人抽取一张卡牌。 2.将卡牌放到更大的一张白纸上,你希望在白纸上添加一些什么,以此来描绘你即将开始的大学新旅程? 3.创作这个画作,并写下300~500字的语句,同你旁边的同学进行分享。 4.邀请3~5名同学来进行当众分享	1.总结活动和整理情绪。 2.建立期望与对未来大学生活的现实连接
结束		1.学生提交画作和语言。 2.拍照留念(仪式)	

3.3 案例分析

结合三个观测指标(语言表达层面指标、行为反应层面指标和主题内容层面指标),在课程实践的过程中,带领者(老师)可以在本案例中做如下(包含但不局限于)观察与追踪。

第一,语言表达层面。带领者可在课程进行过程中,观察学生的词汇使用丰富程度,语句和逻辑表达的流畅性以及对图片的认知和感受的清晰度等。如在"小明的大学新生活"这一主题故事的接龙过程中,部分个体会呈现出表达流畅性较弱,或者与团体整体故事前后情节逻辑关联性不强,抑或明显无法识别图片内容和表达自身感受以及缺乏想象力等。这类学生在未来人际交往和学习能力上可能会有困难。

第二，行为反应层面。在课程进行的过程中，可明显观察到学生投入度之间的差异，部分学生难以或者不愿意融入集体故事的创作之中，或者产生明显的阻抗和兴趣缺失的情况，这一类学生需要事后列入重点关注对象。

第三，主题内容层面。不管是个体介绍中的故事、小组内的故事还是整体故事环节，带领者都需要时刻关注"图片-叙事"中的消极走向和建构。当故事情绪出现明显下滑的时候，带领者需要引导学生去思考为什么要这样建构，以及共同探索背后的心理表征。另外，学生在进行叙事的过程中，带领者需要留意团队成员在故事描述过程中的人际关系、家庭结构以及自我认知等内容，这往往能在不经意间显露学生背后的社会支持情况。

4 反思与展望

首先，从教育评价的科学实证性角度来看，本研究尝试运用"图片-叙事"新生团体心理辅导去补充新生筛查中量表和约谈的局限，确立了从语言表达、行为反应和主题内容三个层面的观测指标。但目前来看仅是一个宏观的观测框架，在后期的课程实践与研究的过程中需要进一步完善评价条目和体系，并进行实证研究，以推动"图片-叙事"团体心理辅导在新生心理筛查中的科学性。

其次，从教育活动的叙事意义性角度来看，本研究还需要进一步在课程开设和实践的过程中不断完善内容、形式，开发更多的"图片-叙事"课程内容，进一步探索图片刺激与学生反应，团体中的联结感、凝聚力和意义感的生成机制以及团体联盟和师生关系的建立路径等方面，精细化归纳总结不同主题的"图片-叙事"课程案例，在实践中循环上升。

最后，带领者（教师）务必清醒地认识到基于"图片-叙事"投射方法的新生团体心理辅导课程首先必须是一个教育实践问题，遵循归纳逻辑，需要在行动中去提炼总结，并在新的个案中创新提高、螺旋上升，并使人在教育活动中得到发展才是其最终目的。在此基础上，它才有可能是一个教育科学问题，在每一次课程开始前，都需要考虑所验证的条目和体系的适用性问题。

参考文献

[1] 吉沅洪. 图片物语[M]. 上海：华东师范大学出版社，2020.

[2] Cramer P. Storytelling, Narrative, and the Thematic Apperception Test[M]. New York：THE GUILFORD PRESS, 2011.

[3] Aronow E.A Practical Guide to the Thematic Apperception Test：The TAT in Clinical Practice[M]. Routledge, 2001.

[4] 方晓义，袁晓娇，胡伟，等. 中国大学生心理健康筛查量表的编制[J]. 心理与行为研究，2018，16（1）：111-118.

[5] 丛晓波，张宵. 大学新生自我适应问题及社会工作介入研究[J]. 延边大学学报（社会科学版），2018，51（3）：133-138+145.

[6] 樊富珉，何瑾. 团体心理辅导[M]. 上海：华东师范大学出版社，2010.

[7] 贾烜，樊富珉，何瑾. 团体辅导凝聚力问卷的编制[J]. 中国临床心理学杂志，2022，30（1）：236-240.

基于胜任力模型的应用型高校教学能力指标体系的研究

◎ 王思宇

（成都工业学院　土木工程系，四川　宜宾　644001）

【摘　要】 随着社会的快速发展，社会对应用型高等教育的需求越来越迫切。教师队伍作为高等教育教学中的核心，也是高等教育发展的关键因素。本研究旨在探讨应用型高校教师教学胜任力模型的构建，是教学能力指标体系的重要组成部分，也是提高教育质量的有效手段。本研究期望通过学科知识的提升、教学设计能力的加强，以及教师自身实践应用能力的提高，提高应用型高校教师教学质量水平，为未来学校实施教师绩效考核和确定教师职业发展及培养目标提供一定借鉴。

【关键词】 胜任力模型；应用型高校；教学能力；指标体系

引言

近年来，随着社会的快速发展，社会对应用型高等教育的需求越来越迫切。应用型高校教学担负着人才培养、知识创新以及社会服务的主要责任。[1] 应用型高校主要定位于培养实践能力强和创造力突出的高素质、高水平、高层次应用型人才。培养与社会需求相匹配的服务地方经济发展的应用型人才，对应用型高校教师的教学能力提出了新的要求。教师不仅要具有扎实的理论知识，还应具有理论转化实践的应用能力[2]，才能更好地进行教学。

应用型高校在教师培养过程中尤其重视对青年教师学术成果的考量，忽略了对其实践能力的要求，从而使得教师教学能力不能及时匹配学生对于实践能力的需求。为让学生毕业后能适应社会的需求，需要建立一种将教师的

作者简介：王思宇（1995—），女，硕士，讲师；研究方向：高等教育教学能力评价。

实际教学能力与学科专业知识、教学理论同社会需求相结合的应用型高校教学能力指标体系。本研究基于胜任力模型理念，通过对高校教师的合理评价和胜任力模型的构建，尤其是从高校青年教师胜任力和工作绩效之间的关联研究出发，从教学基本技能培养转向岗位胜任力提升，进一步明确高校教师胜任力对工作绩效的预测作用。[3]通过胜任力模型的指标体系，可以客观、全面地评估教师的能力，并对教师的专业知识和教学能力进行科学的培养和提升，从而更好地促进应用型高校教学的发展，培养出更多具有实际能力和创新能力的应用型人才，为高校实施教师绩效考核和确定教师发展及培养目标提供科学、有效的参考。

1 胜任力与胜任力模型

1.1 胜任力与胜任力模型概述

胜任力的概念起源于1973年戴维·麦克利兰提出的"胜任力是指与工作绩效直接相关，并具有预测实际工作绩效的特征与动机、知识与技能或者能力等因素"。1994年，他进一步研究得出，"胜任力可以分为两个维度，能够有效区分一般与卓越绩效者，其内容包含自我动机、知识或能力、态度或价值观、自我认知与特质等特征"[4]。胜任力指标一般用于评价或判断个体在特定岗位上是否能够胜任，是否具备相应业务能力。

高校教师具备全面的胜任力可以促进自身教学能力的提升，提高高校教育的质量，为社会培养更多优秀应用型人才做出贡献。同时，教师本身也需要不断学习和研究，提升自身的胜任力，从而更好地适应应用型高等教育的发展需求。

胜任力模型是对个体能够胜任某项工作的关键能力进行系统定义和分析的一种方法。研究表明，胜任力模型在教育科学领域具有重要意义和应用价值，通常使用的胜任力模型是"冰山模型"和"洋葱模型"[5]，如图1所示。两个模型都反映了胜任力各要素之间的层次关系。本研究使用了阮立新教授在中国高职教育课程胜任力模型中的概念，界定为胜任力模型就是对完成某一特殊工作时所应该具有的胜任能力特征要求的总和。[6]结合本研究特色，胜任力模型具体包括知识、技能、个人特质与职业品格四个维度的胜任力。

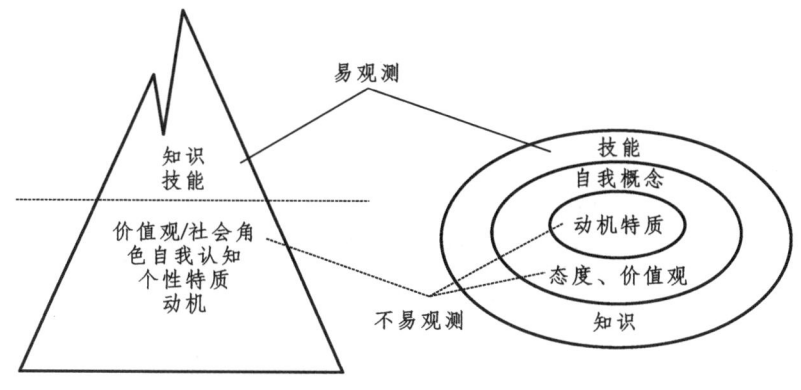

图 1 冰山模型（左）、洋葱模型（右）

1.2 胜任力模型的意义

在教育领域中，胜任力模型的意义和应用价值体现在以下几个方面：第一，胜任力模型可以帮助教育工作者对不同岗位的胜任要求进行准确定义和分析，从而为岗位招聘和岗位培训提供科学依据。第二，胜任力模型可以帮助教育工作者评估和提升自身的胜任能力，促进个人的职业发展。第三，胜任力模型可以帮助教育工作者对学生的能力进行评估和辅导，从而提高教育教学质量。因此，通过对胜任力模型的应用可以促进教育工作者的专业发展和学生的综合素质培养。同时，胜任力模型也能够为教育工作者的招聘、培训和评估等方面提供科学依据，提高教育工作的效率。

2 应用型高校教学能力指标体系设计

2.1 专家访谈法取指标体系的胜任力要素

本研究通过对应用型高校教师教学能力的文献进行梳理，将某学院某系的专业教师作为访谈对象，主要包括了 2 位教授、5 位副教授以及 3 位中高层管理者，开展问题为"您认为一名优秀的应用型高校教师应该具备哪些素质？"的在线问卷访谈。本文从实践应用能力、教学内容创新与方法、职业发展能力、理论知识水平四个方面对应用型高校教师教学能力进行评析，初步确立了应用型高校教师教学能力的调查问卷的内容（如表 1 所示）。

表 1 调查问卷项目表

项目代号	项目名称
1	是否有企业任职或参加工程实践经历
2	是否能通过实践指导解决学生问题
3	能否为学生提供进入企业学习实践或认识实习的环境
4	在课堂教学中注重融入实际项目案例
5	教学内容是否符合行业需求
6	校企合作是否开展横向科研项目
7	教学是否符合地方特色经济发展
8	是否经常参加继续教育培训
9	是否与时俱进，实时创新教育教学方法，因材施教
10	是否能将工程实践与课堂教学有机结合

通过阅读、整理并分析相关文献，将胜任力要素进行合并，按其出现频率降序排列，如表 2 所示。

表 2 胜任力要素构成

序号	胜任力要素	序号	胜任力要素	序号	胜任力要素
1	专业知识	9	自我学习能力	17	进取心
2	企业实践经验	10	信息技术应用能力	18	团队精神
3	课堂教学	11	语言表达能力	19	沟通技能
4	关爱学生	12	责任感	20	社会服务能力
5	教学能力	13	学术交流能力	21	指导学科竞赛
6	实践教学能力	14	教学反思	22	思想道德修养
7	科研能力	15	教学设计	23	职业忠诚度
8	创新能力	16	教学评价	24	掌握行业状态
25	课程开发能力	31	数据分析能力	37	创业意识
26	科研转化能力	32	编制人才培养方案	38	团队项目合作
27	教学方法	33	产品研发	39	奉献精神
28	与学生互动	34	开发教学资源的能力	40	宽容心
29	理论联系实际	35	亲和力	41	自信心
30	校企合作	36	组织管理能力	42	逻辑思维

2.2 应用型高校教师胜任力模型构建

国内学者对于各科目教师教学胜任能力问题研究较少，政策建议研究较多，并且建立了各个层级教师教学胜任能力模式，尤其对高等教育教师胜任能力的研究最多。[7]教师胜任力由若干胜任力领域构成，胜任力领域又由不同胜任力要素组成，其中胜任力要素就体现在工作业绩中。以上提取的胜任力要素是构建胜任力模型的重要依据。

本研究依据在线问卷访谈的信度与计算胜任力指标各自权重挑选胜任力要素，最终构建了应用型高校教师胜任力模型，其主要表现在知识能力、教学技能、职业素养、实践教学4个维度、16个胜任力指标（如图2所示）。

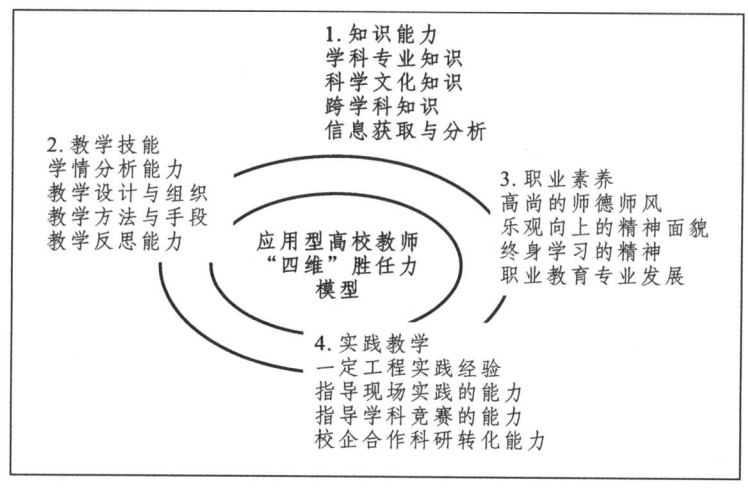

图2 应用型高校教师胜任力素质模型

图2是应用型高校教师教学胜任力模型的胜任力指标要点。应用型高校通过不断提高教师的教学胜任力，进一步明确高校教师胜任力对工作绩效的预测作用，为高校教学能力评价提供科学、客观和有效的参考。

3 影响应用型高校教师胜任力的因素分析

影响应用型高校教师胜任力的因素众多而复杂，以下主要从两方面进行分析。

3.1 绩效考核制度与奖励机制

3.1.1 绩效考核制度

目前高校教师教学能力的评价主要有三类：专家或同行教学质量评价、年终考核和职称评审。[6]高校青年教师职称低、薪资待遇不高、各高校职称晋升难度要求不等、与老教师教学水平差距较大等导致高校青年教师责任担当意识不足，对个人职业规划、职称晋升认知模糊，从而导致胜任力不足。随着高等教育的普及和发展，公办应用型高校绩效考核制度和奖励机制的设计变得尤为重要。这不仅有助于激发教师的工作积极性，还能提高高校的整体教学质量和学科竞争力。

3.1.2 奖励机制

应用型高校绩效考核制度应当与奖励机制相结合。优秀的教师应该得到应有的奖励与荣誉。奖励可以有荣誉称号、新闻稿的推广和奖励金等，以个人或团队的形式给予。同时，需要保持公平和透明，避免人为干预和腐败行为。目前大多数高校存在对专任教师的激励不充分，很容易导致教师消极情绪。这种消极情绪又很容易造成其工作懈怠等。只有制度公正客观，考核指标合理，奖励公平透明，管理与评价科学有效，才能激发教师的工作热情和积极性，才能促进高等教育事业的蓬勃发展。

3.2 岗位与个人情感

3.2.1 人岗匹配

许多高校由于专任教师职业发展等多因素影响，专业教研室、专任教师职称比例不平衡，有时还会出现管理岗位设置不合理、"双肩挑"等人岗不均衡的现实情况。

3.2.2 职业认同感

由于上述制度与机制因素影响，一些高校教师职业认同感缺失，进一步降低了教师的工作胜任力。

4 应用型高校教师胜任力提升策略

经过进一步研究影响应用型高校教师岗位胜任力的因素，本文提出了相应的胜任力提升策略。将提升教师的胜任力贯穿于教学培训、工程实践、教育教学改革等过程，能够多角度提升高校教师的教育教学水平，从而促进教师更好立足于学校战略发展目标，服务于地方经济的发展。

4.1 提高教师教学素养

教师应具备扎实的学科知识和专业技能，注重教学设计和组织能力，加强教学沟通和引导能力，培养协作和团队合作意识，更好地适应应用型高校的教学需求，促进学生的全面发展和创新能力的提升。应用型高校教师除了应深入了解自己所教授的学科内容，还要注重对前沿科技的跟进和学习，与时俱进，以提高自身的专业素养和学术水平。同时，学校方面应为教师提供学习进修的机会，举办高质量教师职业培训。

4.2 提高教师教学改革和创新意识

高校教师的教学创新意识对于提高教学质量、培养创新型人才至关重要。然而，当前高校教师教学创新意识存在一些不足，因此需要采取一系列措施来提升其教学创新意识。

首先，高校应该加强对教师教学创新的培训，还可以邀请有教学创新经验的教师进行分享和交流，激发教师的教学创新热情。其次，高校应该提供、创新教学资源支持。建设数字化教学平台，为教师提供在线教学资源和教学案例库，方便教师查阅和借鉴他人的教学创新经验。同时，高校还应鼓励教师开展多种形式的创新教学实践，如教育教学改革研究项目、教学示范课等，为教师提供展示和交流创新成果的机会。最后，高校可以建立起教学创新的激励机制。评选出优秀的教学创新案例和优秀的教师，给予其一定的奖励和荣誉，并将其成果纳入年度考核和晋升评审体系。这样的激励机制可以激发教师的主动性和积极性，推动其更加积极地投身到教学创新中。

4.3 推动教师培训层次化

针对部分青年教师教学能力不足的问题，可以侧重于推动高校教师培训的层次化、差异化，使得培训更具有针对性及实用性。尤其是青年教师刚进高校时，可以通过集中培训、听课、老教师传帮带等方式，对其教学工作进行指导，形成教师之间共享与竞争的良好氛围，促进新教师提高教学能力，过好教学关。由于高校教师教学水平在年龄、教龄、职称、学历等方面存在差异。一般来说，职称越高的教师教学胜任力水平越高。所以，在组织教师教学培训时应根据高校教师的不同需求，对培训内容、培训形式和培训时间等进行差异化管理，从而有效地对不同教龄或者职称的教师进行高质量培训管理，并使高校教师培训常态化，不断提升教师在教学过程中的工作胜任力。

4.4 提高实践应用能力

应用型高校教师的实践应用能力提升至关重要。

第一，高校可以积极组织教师参与实践项目，并鼓励他们在实践中探索和创新。第二，高校还应该与企业、社会组织等紧密合作，为教师提供更多的实践机会和平台，让他们与实际工作紧密联系起来。第三，应用型高校需要建立科研和实践平台，支持教师开展实践研究，并鼓励教师发表实践成果。在产教融合背景下，高校教师需要重视应用型人才的培养，充分发挥好在培养应用型人才过程中的引导作用，从而不断提高自身的实践创新能力，转化的科研成果也能够更好地服务地方经济发展。

5 总结

本研究通过建立基于胜任力模型的高校教学能力指标体系，实施教学胜任力提升策略，以期为高校建立定量的、科学的人才评价体系提供参考，促进高校教师的教学能力多角度提升，提高高校教育的质量，为社会培养更多的优秀应用型人才。

参考文献

[1] 陈植乔，杨慧，何美贤. 新时代高校教师胜任力模型的构建[J]. 韶关学院学报，2022，43（2）：49-52.

[2] 赵巍，徐筱雯. 产教融合背景下应用型本科高校教师教学能力评价[J]. 江苏海洋大学学报（人文社会科学版），2023，21（3）：132-140.

［3］梁爽.管理工程视域下的科研人员胜任力模型建构研究[J].企业改革与管理，2023（9）：90-92.

［4］刘春燕，范琦.高校行政管理人员胜任力模型构建及提升策略[J].经济师，2022（10）：195-197.

［5］张宝霞，杜越群，陈龙."双师型"教师胜任力模型构建与应用——以扬州中瑞酒店职业学院为例[J].科技视界，2022（21）：162-164.

［6］张琪.高职教师在线教学胜任力模型建构与应用研究[D].广州：广东技术师范大学，2022.

［7］张大良，纪志成，周萍.高校青年教师教学能力的评价体系与影响因素研究[J].贵州社会科学，2009（9）：91-96.

"工程计算方法"课程的教学改革探析
——基于"新工科+工程教育专业认证"的思想及要求

◎ 王丽君　苏睿　连帅梅　王雅

（成都工业学院　智能制造学院，成都　611730）

【摘　要】本文针对"工程计算方法"课程目前存在的主要问题，探讨了机械类专业应作出的教学改革，结合新工科和工程教育专业认证的思想及要求，提出了将课程既有的教学模式转变为结合机械领域工程案例的"启发式"和"案例式"的教学方法。在教学过程中，应注重学生运用数值计算方法的实践能力；在教学模式上，应以启发式的自主学习为导向加以组织和管理；以多样化的过程考核为依据进行细化与完善，建立应用型人才培养机制，以期培养出社会认可的高质量毕业生。

【关键词】工程计算方法；机械专业；新工科；工程教育专业认证；案例式教学

引言

持续工程教育改革，加强工程人才的创新能力培养，是新工科建设的主要目标。[1]新时代高等教育更加注重高质量内涵式发展。尤其是自我国加入"华盛顿协议"，高校工程教育改革有了更加明确的方向。[2-3]工程教育专业认证的宗旨是通过专业认证实现标准化的人才培养。[4-5]因此，践行工程教育专业认证有助于我国高等教育的快速发展，有效提高教育质量。在一定程度上，工程专业认证实质上是服务于"新工科"建设的，二者相辅相成。[6]

在"新工科"建设和工程教育专业认证的双重驱动下，"工程计算方法"

第一作者简介：王丽君（1980—），女，副教授，博士；研究方向：材料科学与工程、智能制造等相关领域。

课程成为我校机械类专业的一门必修课。课程目标在于培养学生的基本工程计算能力，使学生能够借助常用工具分析和解决工程中常见的数值计算及目标优化等问题，为学生进一步的专业课学习以及今后的工程实践、科学研究奠定良好的数学基础。

然而，工程计算毕竟是一种工程领域中通用的计算方法，如何将其与机械类专业的应用背景结合起来而形成更具针对性的教学内容是提高教学质量的关键。[7]此外，由于本课程的理论性较强，如何处理好"教"与"学"之间的关系，提升教学效果，也需要教师在教学过程中不断地探索和实践。为了解决上述问题，笔者根据多年积累的专业课教学经验，从本课程的教学目标、方法和内容方面进行了深入分析，总结了目前存在的不足，并针对机械类专业进行了教学目标优化和教学方法改进，以期能取得更好的教学效果。

1 目前存在的主要问题

首先，课程目标的专业性不强。教学目标通常设定在使学生掌握工程计算的基本理论和分析方法，而并未针对机械专业特点来制定详细的教学目标，导致现有的工程计算教学仅针对某一特定的理论知识或计算方法做简单的应用及单纯的软件学习[8]，而脱离了机械的专业背景。基于这种教学思路和目标来开展教学实际上与"成果导向"的教育理念背道而驰[9]，难以达到工程教育专业认证的标准，也无法满足"新工科"建设的需求。

其次，教学方式单一，教学模式缺乏吸引力。在现有的"工程计算方法"教学过程中，通常教师先讲授理论知识，然后让学生进入实验室进行上机模拟操作。这种先理论、后实践的模式下，学生往往是被动接收理论知识，然后再到实验室编写程序，验证课堂所学知识。这在很大程度上削弱了学生的积极性和创造性，使其无法成为利用工程知识解决复杂问题的合格毕业生。

最后，教学内容缺乏专业特色和应用背景。通常，课堂教学以数学理论和计算方法讲授为主，忽视了与机械领域相关工程问题的衔接，学生会感觉所学内容与自己的专业关系不大，积极性不高。此外，在实验教学环节中，教师通常针对教材上的主要知识点给出一些仿真题，脱离了专业背景，导致学生不能将所学内容与其他专业课程融会贯通。因此，学生在学的时候觉得这门课简单易学，但在分析和解决实际问题的时候却无从下手，这不利于学生工程实践与科技创新能力的培养。

2 教学目标优化与教学方法改革

工程计算方法在解决科学问题中具有举足轻重的作用，是工程应用的基础。[10]将数值计算方法与机械工程应用有机结合，激发学生的学习兴趣，培养学生的工科思维能力，提升教学质量，具有深远的意义。所以，必须针对"工程计算方法"课程存在的上述问题，结合当前机械领域发展与应用的实际需求，从本课程的教学目标、教学内容和教学方法等方面探讨符合机械专业特色的教学改革措施，以期有效提升教学质量。

2.1 教学目标的优化

"工程计算方法"课程的核心在于利用计算工具求解工程中的数值问题，其中分析和解决复杂工程问题是课程的根本。因此，需要结合机械专业特点和应用背景，突出数值计算在该领域的应用特点，让学生在掌握基本计算方法的基础上，具备工程问题的运算能力。与此同时，本课程作为我校机械类专业学生的必修课，对建立完善的机械专业课程体系具有重要的作用。因此，在课程中应针对机械领域的应用做出探讨，加深学生对主干课程知识点的理解，培养学生工科思维与分析能力，最终达到具有解决实际复杂工程问题能力的合格毕业生的要求。

2.2 教学内容的拓展

本课程的教学内容主要涵盖矩阵的基本运算、函数插值、函数拟合、数值微分、数值积分、方程（组）数值解法以及优化算法等。教师在课堂教学环节中应结合专业背景将教学内容进行拓展[11]，引入学生比较感兴趣的工程案例（比如机械臂、机器人等），调动学生的学习热情，使其在学习本课程理论知识的同时能与其他专业课融会贯通。比如，在设计机器人控制系统时，可利用方程组数值解法进行串联机器人逆运动学的解算。在机械设计和制造领域，常常需要借助圆的渐开线方程来设计和制造渐开线齿形的齿轮。渐开线曲线具有复杂的函数形式，因此可以利用函数的插值法对其进行处理，从而获得点焊机械臂的轨迹规划。在激光弯曲成形加工过程中，可以利用直线拟合的最小二乘法获得主要参数（即激光功率、扫描速度及光斑直径等）与板料弯曲角度之间的函数关系。总的来说，以专业背景的案例开展教学，可以加强计算方法与专业课的关联性，以此提升学生运用计算方法来解决实际机械工程问题的能力。表 1 为笔者规划的针对机械类专业的课程教学内容。

表 1 "工程计算方法"课程理论内容规划

数值计算方法	主要教学内容	工程应用案例
方程组数值解法	非线性方程的数值解法	在设计机器人控制系统时，可以运用牛顿迭代法进行串联机器人逆运动学的解算
函数基本逼近	函数插值	在点焊机械臂对渐开线齿轮型面进行补焊时，可以利用函数的插值法对渐开线曲线进行处理，从而获得点焊机械臂的轨迹规划
	函数拟合（最小二乘法）	在激光弯曲成形加工过程中，可以利用直线拟合的最小二乘法获得主要参数与板料弯曲角度之间的函数关系
数值积分与微分算法	数值积分与数值微分	对于空间多自由度的运动机构（如工业机器人），可利用数值积分与微分求解运动方程，获得机器人关节的运动轨迹
优化算法	线性规划问题	在企业实际生产中，可利用线性规划思想有效解决企业的生产计划问题

2.3 教学方法的改进

"工程计算方法"是以数学理论及应用为基础，紧密联系实践的一门新工科必修课。开设该课程的初衷是培养学生利用工程计算的思想和理论解决复杂工程问题的能力。首先，在教学过程中应注重学生思维方式的培养。教师可以通过一些具体的工程案例，启发学生的工程思维[12]，引导学生积极思考，调动学生的课堂参与性与学习主动性，去发现这些经典的数值计算方法，加深对常见数值方法的理解。其次，多媒体教学内容要不断更新。在课堂教学环节中，教师可通过图像和视频等形式引入相关的科研和工程背景介绍，尤其是教师可以结合自身的科研经验和工程实践，引导学生以工程师或科研人员的角色融入课堂深入学习；通过一些图形将复杂抽象的拉格朗日插值、多项式插值等理论直观地演示在屏幕上，使学生更加清楚地认识和理解各种算法的逻辑和计算流程，以达到熟练掌握算法核心理论的教学目标，解决学生因算法抽象导致的学习兴趣不高、理解不深的难题。再次，注重培养学生运用数值计算工具的能力。在实践环节中，教师应当使用更先进的数值计算及有限元分析软件进行教学，便于学生快速上手。比如 Matlab 软件[13]已将大部分数值计算方法以固定的函数形式呈现，学生经简单调用格式即可实现复杂算法的运算，这可提升编程效率，将学生的角色从原来的"程序员"转变成"工程师"。[14]另外，ANSYS 软件作为一种通用的有限元分析软件，可以用来求解机械工程领域中的结构、流体、力学及碰撞等问题[15]，使教学内容和课程体系进一步体现科学性和前瞻性，为学生今后的工程实践、科学研究夯实基础。表 2 为机械专业的"工程计算方法"实践内容规划。

表 2 "工程计算方法"课程实践内容规划

计算工具	实践内容
MATLAB 软件	矩阵运算，拉格朗日多项式插值法，最小二乘法拟合 线性规划问题（包括生产计划、成本计算、利润分析等）
ANSYS 软件	基于数值积分与数值微分理论，对杆件结构（如桁架结构、梁结构）进行力学分析（包括反作用力、扰度等） 利用数值积分与数值微分理论知识及弹性力学的平面问题理论，针对平面结构（薄板、液压油缸的缸筒等）进行力学分析（包括应力、应变、反作用力等）

3 考评机制的创新

工程教育专业认证推动了专业教育质量的提升，高校对机械工程计算方法课程更加重视。为了优化我国高等教育人才培养方案，培养出符合国际认可的合格人才，需要转变传统的考核方式（即仅以期末考试成绩判定合格与否的考核方式），应以课程目标的达成度为主要考核指标，采用过程评价与结果评价相结合的评价模式。表 3 列出了机械类专业"工程计算方法"课程的考核方式及目标。在日常教学过程中，教师应增加并细化过程性考核环节，适当提高实践环节的分值比例。例如，平时成绩应打破仅以学生的出勤率来评判的一贯做法，而应通过课堂问答、课堂练习、课后习题和实验报告等多种手段进行综合评判。平时成绩和期末测试同等重要。平时成绩主要反映学生的学习状况、理解程度和掌握情况。实验报告体现了学生对理论知识的理解及计算工具在机械工程领域中的实际应用，锻炼了学生工科思维能力，培养了学生团队协调能力、沟通交流能力以及创新意识。期末测试是对学生整个课程学习的全面检验和考核。应通过多样化的考评机制，达到"新工科"建设的需求，同时也符合"学生中心"的核心理念。

表3 "工程计算方法"课程考核方式及目标

考核方式	分值比例（%）	考核目标
课堂提问、课内讨论与随堂练习	10	考核学生的出勤率、课内讨论的积极性、回答问题情况、随堂练习情况以及对课程内容的理解程度
课后作业	15	考查学生解决作业问题的正确率和完整性
实验报告	25	考查学生的分析问题、解决问题、对计算软件的应用以及沟通和团队协作能力
期末测试	50	综合考查学生对理论知识的理解程度和掌握情况，以及学生运用常用计算方法分析和解决实际工程问题的能力

4 持续改进措施

"持续改进"是整个教学过程中必不可少的环节之一，也是新工科建设和专业认证的核心理念。在今后的教学中，教师应因材施教，教学内容根据学生的不同层次作相应调整；充分利用课程网络平台、慕课等现代化网络信息技术，基于在线开放课程的翻转课堂学习模式，加强师生沟通，形成课外互动，提升教学效果。并且，教师可通过抽查、问卷调查等多种方式，定期了解学生对教学方法及教学进度的意见，根据学生的反馈信息及时做出合理的调整。同时，应在期末测试中合理设置试题的难易程度，适当增加题目的灵活性；在期末测试后，对学生的总成绩进行统计与分析，用量化指标来评估学生是否达到预期的培养目标，并以此为依据找出低分数段学生的学习困难原因，以便在今后的教学中持续改进。

5 结语

在"新工科"建设和工程教育专业认证的双重驱动下,"工程计算方法"作为一门兼具抽象性和实践性的专业必修课,其教学目标是培养学生利用常用数值算法解决机械领域工程问题的能力。面对机械领域的发展和需求,高校应持续进行教学改革,加强理论知识与专业特色的融合,重视专业案例的启发性,以期培养出兼具实践性与创新性的新一代机械专业人才。

参考文献

[1] 吴爱华,侯永峰,杨秋波,等. 加快发展和建设新工科主动适应和引领新经济[J]. 高等工程教育研究,2017(1):1-9.

[2] 我国工程教育正式加入《华盛顿协议》[J]. 河南教育:高教版,2016(7):8.

[3] 中国工程教育专业认证协会. 工程教育认证工作指南(2016版)[M]. 北京:中国标准出版社,2016.

[4] 李兴东,李三平,王扬威,等. 工程教育专业认证背景下计算方法课程专业化教学研究——以机械电子工程专业为例[J]. 中国现代教育装备,2022(13):73-75.

[5] 张雅晶,董文彬,鲍官培,等. 工程教育专业认证背景下《数值计算方法》课程的教学改革[J]. 黑河学院学报,2022,13(6):91-93.

[6] 王飞,刘胜辉,崔玉祥. 工程教育专业认证背景下的地方工科院校新工科建设的思考[J]. 高教学刊,2021(3):63-66.

[7] 孙国芹,刘小冬,许东来. 机械工程专业计算方法课程教学改革与实践[J]. 教育教学论坛,2020(9):121-122.

[8] 刘言松,夏田.《工程计算》课程教学改革探析[J]. 新西部:中旬·理论,2015(12):152-153.

[9] 李志义. 解析工程教育专业认证的成果导向理念[J]. 中国高等教育,2014(17):7-10.

[10] 刘江岩，张青，刘彬，等. 面向智慧能源工程的动力工程计算方法教学改革探讨[J]. 科技视界，2022（16）：70-72.

[11] 方明，江本赤，梁利东，等. 以"回归工程"为导向的机械类专业计算方法课程教学实践[J]. 电脑知识与技术，2021（7）：97-98.

[12] 唐玲艳，谢正，宋松和. 启发式教学在《计算方法》教学中的应用[J]. 湘南学院学报，2014（35）：68-71.

[13] 李旭. 基于 Matlab 软件的《计算方法》课程教学改革探索[J]. 进展：教学与科研，2022（8）：103-105.

[14] 聂德明，李文军. 关于计算方法课程教学改革的思考[J]. 黑龙江教育：高教研究与评估，2013（10）：59-60.

[15] 陈孝喆，王成军，胡海霞，等. ANSYS workbench 在机械工程设计领域的应用研究[J]. 农业机械，2015（8）：115-118.

以生为本，三级融合教学模式助力"机械原理"教学创新

◎ 李一岚[a]　范哲[a]　康泽毓[a]　谢志萍[b]

（a.成都工业学院　智能制造学院，成都　611730；
b.成都工业学院　师生事务服务中心，成都　611730）

【摘　要】针对"机械原理"教学过程中出现的"课程基础属性与学生对技术和能力的双重需求不匹配""课程内容抽象与学生具象思维习惯不匹配""课程多学科综合属性与学生缺乏系统思维能力不匹配"三大问题，课程团队形成了"与学生共建，与时代同频，与发展共振"的核心教学创新思想，随行业变化、社会需求、相关学科发展重构教学内容，随学生能力变化、信息化教学手段调整教学方法，随课程目标、学生能力需求改革评价方式的系列教学创新，并进行了配套教学资源库的建设。最终，学生专业素养和成绩的提升、综合能力的培养以及教师教育教学水平的提升等方面都取得了一定成效。

【关键词】机械原理；教学创新；学生中心

教育部在《高等学校机械原理课程教学基本要求（机械类专业适用）》中明确指出："机械原理"是机械类专业学生的一门主干技术基础课程，属于学科基础课。[1]在学生的知识、能力和素质培养体系中，在培养高级工程技术人才的全局中，本课程为学生从事机械方面的设计、制造、研究及开发等相关工作都奠定了重要基础。[2]

"机械原理"课程立足于"以学生发展为中心"的核心教育理念，以"理论与实际并重"的课程特征为基础，结合"培养基层应用型技术人才"的人

基金项目：成都工业学院2021—2022年人才培养质量和教学改革项目（20210418）。
第一作者简介：李一岚（1988—），女，讲师，博士；研究方向：流体机械、数值模拟技术。

才培养目标，对标"两性一度"的金课要求和"工程教育专业认证"标准，最终形成了"与学生共建，与时代同频，与发展共振"的核心教学创新思想，并针对机械原理课程特征以及学生特点进行了包含教学内容、教学模式、教学方法的一系列改革。

1 问题分析

对于机械类工程问题，其解决思路是将工程问题抽象为数学、物理模型，并利用相关学科知识进行求解，再将答案具象为实际结构或方法从而解决问题，整个解决思路经历了"具体—抽象—具体"的过程。而"机械原理"课程作为学科基础课，具有很强的基础理论属性和应用特性，主要研究各种机械中普遍存在的共性问题，是后续专业课程的基础。其内容和课程目标则对应了将具体问题抽象化，并利用数学、力学、运动学、动力学等多学科理论知识求解抽象问题的过程。根据机械原理课程基础性、应用性的特征，同时结合学生生源特点，课程组发现机械原理教学过程中存在三个问题（如图 1 所示）。

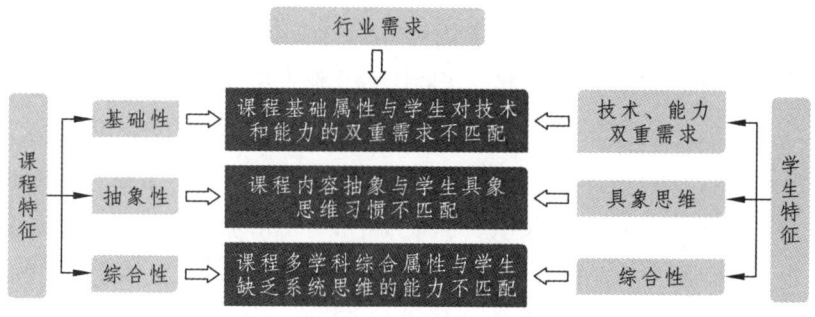

图 1　机械原理课程问题分析图

1）课程基础属性与学生对技术和能力的双重需求不匹配

从教学内容来看，"机械原理"课程一方面与物理、理论力学等理论课程相比具有更强的应用性；但它又与讲授专门机械的专业课程有所不同，它不具体研究某种机械，只是对各种机械中的一些共性问题和常用的机构进行较为深入的探讨。因此长期以来，其基本理论和设计方法方面的发展非常缓慢，但是相关学科的发展如计算机技术等让机构的分析和综合手段更加多样化，用人单位要求学生在了解基本分析、设计原理的基础上掌握现代分析和设计的方法。因此，课程基础属性与行业岗位对人才能力实际需求之间的矛盾要求老师讲授的内容也跟随相关技术的发展而逐渐拓展，让学生通过课程学习不仅能掌握机械的基本理论，而且能够实现对机械分析、综合相关的技术和能力的拓展。

2）课程内容抽象与学生具象思维习惯不匹配

"机械原理"课程的研究可以分为两个步骤：第一，实际问题抽象化；第二，抽象问题的分析和综合。两个部分的内容都比较抽象、晦涩，但又与一般的基础理论课程不同，其更强调实际与抽象之间的联系。课程在大二下学期开设，这一阶段的学生尚习惯于用具象思维进行思考，并且还没有接触到专业性比较强的课程，因此学生对工程实际问题认知有限，从而导致学生学习过程中对实际问题的抽象化以及抽象问题分析和综合过程理解困难。抽象内容与具象思维之间的矛盾促使课程团队致力通过对学习内容和教学方法的改变，使抽象问题以更具象的方式呈现，帮助学生建立工程实际与抽象模型之间的联系。

3）课程多学科综合属性与学生缺乏系统思维能力不匹配

根据"机械原理"课程的教学内容和目标，我们可以发现在机械类专业学科建设体系中，"机械原理"起到了将工程实际与基础理论知识连接，为后续机械设计服务的"关节"作用。其内容庞杂，涉及数学、力学、运动学、动力学等多学科综合性问题。而本校学生的生源特点，决定了学生在自行形成知识体系以及系统思维方面有所欠缺，因此综合性问题对多学科知识的需求与学生学习能力之间的矛盾促使教学团队必须进行"机械基础生态圈建设"的思考。

2 教学创新方法及途径

针对以上问题，团队制定了"与学生共建，与时代同频，与发展共振"的核心教学创新思想，随行业需求、人才培养目标调整课程目标，随行业变化、社会需求、相关学科发展重构教学内容，随学生能力变化、信息化教学手段丰富教学方法，随课程目标、学生能力需求改革评价方式的系列教学创新，并进行了配套教学资源库的建设（如图2所示）。

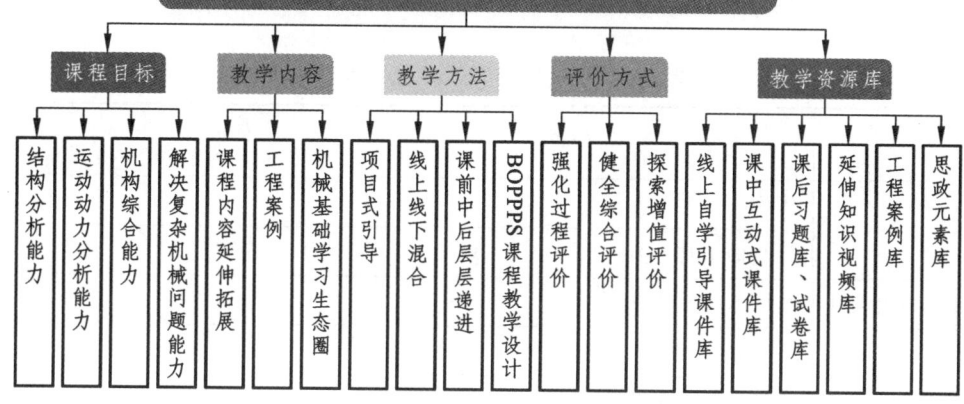

图 2 "机械原理"课程教学创新逻辑图

2.1 教学目标

本课程围绕"与学生共建,与时代同频,与发展共振"的核心教学创新思想,以培养能够满足行业、岗位对知识和能力的需求的人才为目标,对标"两性一度"的金课要求和"工程教育专业认证"标准,制定了面向机械类专业的课程目标。

课程目标1:掌握机构组成原理、结构分析的基本理论知识和基本计算方案,能够运用所学理论知识,基本具备设计机构结构方案的能力。

课程目标2:掌握机构运动分析和力分析、机械效率计算的基本知识,能够运用所学理论知识基于工程实际条件设计满足要求的平面机构。

课程目标3:掌握连杆机构、凸轮机构、齿轮机构、齿轮系设计的基本原理和设计方案,具备按照设计要求对几种主要的平面机构进行分析和设计的能力。

课程目标4:能够根据机械设计指标、机械平衡、机械运转及速度波动情况进行相关计算,识别和判断复杂机械装备运转状态;了解机器人基本知识,初步掌握分析和解决复杂机械装备问题的相关知识。

2.2 课程内容的重构

针对"机械原理"课程教学中存在的三个问题,结合"机械原理"课程基础性和应用性的特点，课程分别从深度、应用性和广度三个维度进行了内容上的重构，依据"机械原理"课程知识体系，划分为六个知识模块（如表1所示）。

表1 "机械原理"课程教学内容表

模块	知识点	课内（学时）	实验（学时）	课外（学时）
一	绪论	1		
	机构的结构分析	6		
模块课题1	东汉水排机构分析			（4）
二	平面机构的运动分析	7		
模块课题2	指南车运动学分析			（4）
三	平面机构的静力分析	2		
	机械动力分析	2		
	机械的平衡、运转及速度波动			（4）
模块课题3	挖掘机工作装置动力学分析			（2）
四	连杆机构及其设计	8		
模块课题4	多功能机械抓手设计			（4）
五	凸轮机构及其设计	6		
模块课题5	无碳小车转向机构设计			（4）
六	齿轮机构及其设计	10		
	齿轮系及其设计	4		
	其他常用机构	2		
模块课题6	双面打印齿轮传动系统的设计			
七	机械系统的方案设计	2		
综合案例	扑翼飞行器方案设计/基于凸轮机构的自动写字机设计/注射器针头分离装置设计			（16）
课内实验	机构运动简图绘制		2	
	齿轮范成原理		2	
	机构创意搭建		2	
课外竞赛	机械创新设计大赛、工训大赛			
合计		50	6	（38）

1）结合现代设计方法的课程内容延伸

将课程从仅负责机械基本原理的传授，拓展到与现代设计方法相结合。以机构运动学为例，传统授课采用图解法完成对机构的运动学分析，但随着数值模拟技术的发展，越来越多的企业希望学生能掌握相关技术并完成结果分析。因此，机械原理课程在现有教学的基础上增加了机构运动学仿真的教学，同时为保证课程进度，延伸部分知识的教授均在课后进行，教师通过录制教学视频，以及推荐慕课平台优秀教学资源的形式开展，并通过模块课题实现对学生数值模拟技术和分析能力的培养。

2）工程问题与实际问题的桥梁——工程案例

针对"机械原理"内容抽象这一特点，教师在教学过程中采用学生设计、制作教具、动画等形式，引入实际工程案例等形式，将古代机械装置、学科竞赛课题、教师科研项目、国家重大工程机械相关内容整理为工程案例，在教学过程中引导学生完成具体问题抽象化的过程，帮助学生建立实际问题和抽象问题之间的联系，培养学生分析问题、解决问题的能力（如表1所示）。

3）打造机械基础学习生态圈

"机械原理"作为一门综合性课程，涉及高数、几何、物理、力学等多门学科的知识。为帮助学生形成专业知识体系，提高学生学习效率。课程组联合数学、物理和机械基础三个教研室，采用"问题导向，引发思考；共用案例，建立连接"的方式，打造"机械基础学习生态圈"（如图3所示）。其他学科教师能通过"问题"和"案例"的形式让机械专业学生接触到更有针对性的教学，同时也让学生能够在前期基础课程学习过程中提前接触到专业问题，为机械原理及后续课程的学习埋下伏笔。

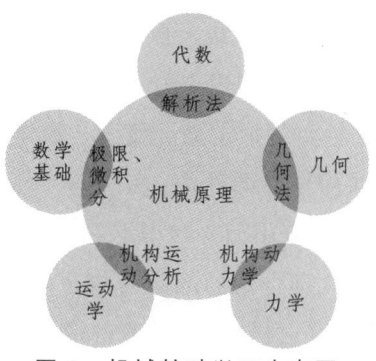

图 3　机械基础学习生态圈

2.3 创新教学方法

根据"机械原理"课程教学中的三大问题，结合教学内容的重构和拓展，课程组采用了"项目式引导"贯穿始终、"线上—线下"相结合、"课前—课中—课后"层层递进式的"三级融合教学模式"（如图4所示）。

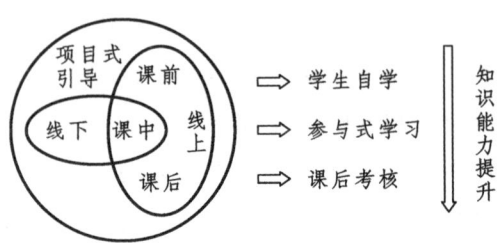

图 4　三级融合教学模式

1）"项目式引导"教学法

建立工程问题和抽象模型之间的联系，体现了"OBE 教育理念"。将学科竞赛、工程实际案例引入教学过程中（如图9所示），在每学期课程开始的时候发布本学期"项目式"的任务书，在每个模块教学内容的第一次课发布"模块课题"，以小组作业的形式布置给学生，让学生明确并理解本课程各部分的学习目标、知识点需要掌握的深度，以及可能的应用方向。通过提交项目报告、课堂分享和现场答辩等环节进行考核，可以很好地激发学生学习热情，锻炼学生分析问题、解决问题的能力，同时培养学生团队写作、沟通交流的能力。部分学生作品和现场答辩照片如图5、6所示。

2）"线上—线下"混合教学法

为了充分利用网络学习资源，最大限度发挥课堂教学的作用，同时避免对知识点的重复学习，本研究将知识点分为"记忆型"和"应用型"（如图7所示）。"记忆型"知识点主要包括定义、概念、规定等，主要是概念性内容，没有理解难度，故放在课前预习课件中，引导学生通过教学视频自学，并完成小测试，这是线上环节。"应用型"知识点一般为理解起来有难度、需要与工程实际相结合的内容，此部分内容的学习放在线下，方便与学生互动，实时掌握学生学习动态的特点，引导学生思考，帮助学生理解重、难点。

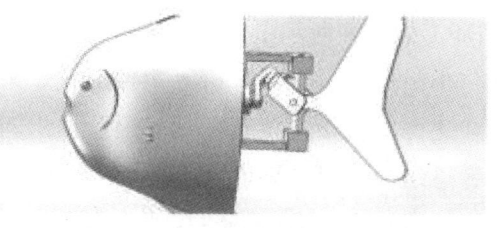
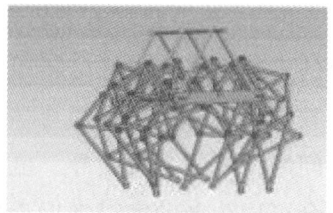

图 5　部分学生作品

图 6　答辩现场照片

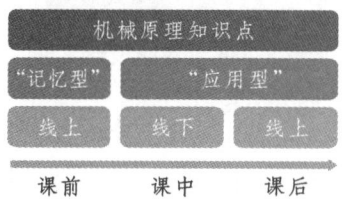

图 7　知识点与教学方法对应关系图

3）"课前—课中—课后"层层递进式教学法

如图 7 所示，线上与线下相结合的学习过程与"课前—课中—课后"层层递进式教学方法的三个步骤——对应。其中，课中部分主要针对"应用型"知识点的线下课堂教学。课堂教学设计环节是教学方法的主要应用环节。将部分内容放到线上进行之后，课堂时间变得很充足，能够进行更多的案例分析和课堂练习，将知识内化这一最重要的学习步骤提前到课堂进行，可充分提高课堂利用率。

4）基于"BOPPPS 教学理论"的课堂教学设计方法

基于"BOPPPS 教学理论"进行课堂教学设计，以每个知识点为单位，设置知识点教学模块，包括前测—参与式学习—后测的小循环；以一次课为单位，设置包含引入—前测—目标—若干知识点模块—总结的中循环；整门课程是由 50 个中循环组成的大循环（如图 8 所示）。"参与式学习"根据所授内容的不同，灵活选择翻转课堂、小组讨论、个人分析等多种形式。采用这样的教学方法实现了教师与学生共建课堂，学生负责发现问题、提出问题和思考问题，老师负责引导、梳理和总结。通过"雨课堂"等信息化教学手段的融合可以让老师实时掌握学生的学习动态，及时调整授课节奏和内容，教学效果良好。

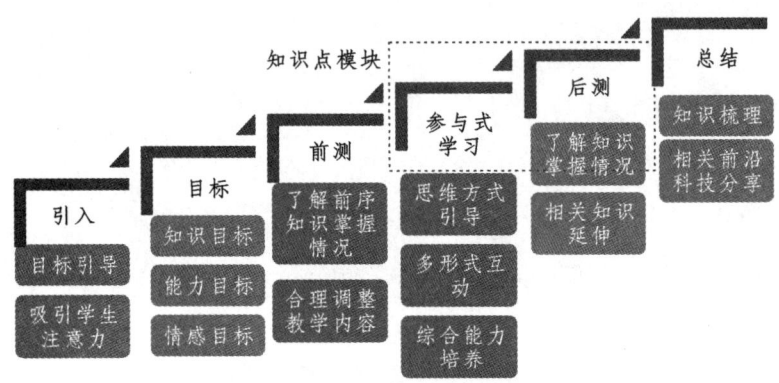

图 8　课堂教学设计方法

2.4　组织实施方式

"机械原理"课程针对每个知识模块，以机械原理配套资源库为基础，确立知识目标、能力目标和德育目标，以"三级融合教学模式"为手段，引入企业导师实现"双教师课堂"。课程组对机械原理 56 学时的教学内容和方法进行了模块化设计，各模块之间的逻辑关系以及具体教学方法如图 9 所示。

2.5　教学评价方法

"机械原理"课程的考核方式秉承着"强化过程评价，探索增值评价，健全综合评价"的目标[3]，课程的评价方式如表 2 所示。

2.6　教学资源库建设

为满足教学创新的需要，使教学内容与行业、企业需求紧密结合，团队建设了丰富的课程资源库，包括线上自学引导课件库、课中互动式课件库、课后习题库、试卷库、延伸知识视频库、工程案例库和思政元素库等（如图 2 所示）。

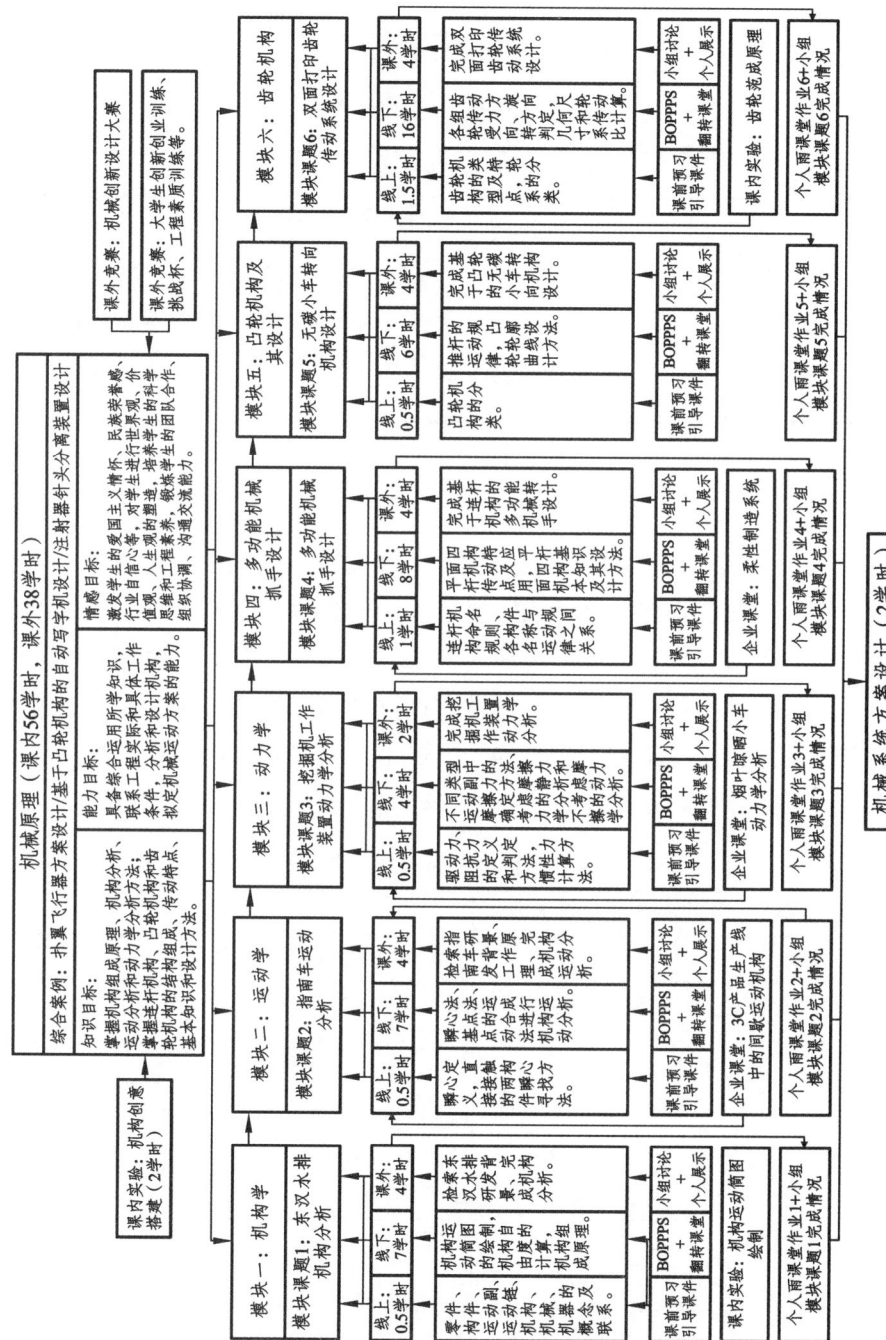

图9 "机械原理"课程总体教学设计逻辑图

表 2 课程成绩评定细则

	评价方式	分值占比（%）	考核方式
过程评价	期末考试评价	50	期末卷面成绩
	课堂表现	5	含随堂测试，翻转课堂参与情况等主动性学习行为
	线上作业	10	"雨课堂"线上作业
	项目式教学	25	考核项目完成情况，具体包含方案、结构、建模及运动仿真
	学科竞赛	加分	参与课程关联紧密的机械创新设计大赛、工训大赛等比赛获奖，或参与教师科研课题形成相关与课程有关成果加分
	实验评价	10	实验参与情况，以及实验报告

3 思政特色

"机械原理"课程将德育目标融入每个模块的教学过程中，并进行了配套思政元素库的建设；采用"沉浸式"学习法，根据课堂设计不同环节的特点引入合适的思政内容，将思政元素融入教学的点滴；激发学生的爱国主义情怀、民族荣誉感、行业自信心等，对学生进行世界观、价值观、人生观的塑造；培养学生的科学思维和工程素养，锻炼学生的团队合作、组织协调、沟通交流能力。部分思政元素设计如表 3 所示。

表 3 思政元素融入点简表

序号	模块	思政映射与融入点	案例
1	绪论	专业自信心	中国制造 2026、制造强国战略
2	机构分析	爱国情怀、专业认同感	深海勇士号
3	运动分析	社会主义核心价值观	南仁东带领团队克服一切困难研发"中国天眼"——500 米口径球面射电望远镜 FAST，仅反射面控制就需要 2200 多台促动器协同动作
4	力分析	民族自豪感	徐工集团起重机领跑全球
5	连杆机构	责任感、使命感	中国机械发展史
6	凸轮机构	严谨、认真的职业素养	凸轮发展历史
7	齿轮机构	集体主义精神和合作意识	高铁列车跑出"世界速度"的关键——国产齿轮传动系统及相关制造技术研发

4 信息技术手段

为实现以上教学内容的重构和拓展，为了"三级融合教学模式"能够在课内外顺利运行，为了充分利用网络学习资源，为了保障课内外师生之间及时沟通交流，课程团队主要采用了"雨课堂""腾讯会议"、QQ 等信息化教学手段对学生学习过程进行全方位监测，保障学习效果。

5 教学效果与成果

本课程以"工程教育专业认证"要求为标准，以"两性一度"的金课要求为引导，以提高人才培养质量为目标，近年来围绕课程内容、教学模式和教学方法进行了一系列改革，最终在学生综合能力的提升和教师教育教学水平的提高方面取得了一定成效。

1）学生综合能力提升

具体体现在课程成绩稳步提高，考研录取率稳步提升；学科竞赛创佳绩；学生主动参与教师科研项目，近 3 年学生发表论文 7 篇，授权专利 4 篇，学科竞赛获奖若干。

2）教师教育教学水平提高

为保证教学模式的顺利应用，"机械原理"课程团队进行了一系列的教学资源库的建设；开发了省级虚拟仿真实验教学项目；建设了"四川省机械基础实验教学示范中心"和"四川省机械基础虚拟仿真试验教学中心"，开放了一系列实验项目。课程团队教师近年来参与众多基础课程教学研究项目，获批省级教改项目 1 项和省级教学示范团队等荣誉。课程团队教师连续 3 次获得校级教学比赛一等奖。

6 结语

本文总结了应用型本科高校机械原理课程教学过程中出现的三大问题，提出了"与学生共建，与时代同频，与发展共振"的核心教学思想，之后从教学内容、教学方法、评价方法三个方面进行了一系列改革，并建立了与之配套的教学资源库，最终实现教学质量的提升。

参考文献

[1] 乔小溪,毕佳,李艳琳,等."新工科"背景下机械原理"金课"建设[J].中国冶金教育,2023(217):32-34.

[2] 刘世豪,罗洪峰,马庆芬.工程教育专业认证背景下机械原理课程建设分析[J].中国现代教育装备,2023(413):77-79,92.

[3] 解芳,朱磊,林红旗,等.专业认证驱动下机械原理课程目标达成度评价策略及应用[J].价值工程,2018,37(18):293-295.

数字化转型背景下地方应用型高校协同融合教学模式路向探析

◎ 李曦[a,b]　甘淑娉[a]

（a.成都工业学院　人文与设计学院，成都　610073；b.西南大学　教育学部，重庆　400715）

【摘　要】在全球数字化技术高速发展等因素推动下，高等教育数字化转型面临机遇和挑战，作为以培养应用型人才为目标的地方高校亟待实现数字赋能下的高质量发展。本文以地方应用型高校的研究视角，分析数字化转型背景下地方应用型高校教学现状及困境，探索建立适合应用型高校定位及人才培养目标，构建以学习者为中心，"知识习得—技能习得—实践实习—成果产出"过程性协同融合的教学模式，以此推进数字赋能协同融合的教学体系的改革。

【关键词】数字化转型；地方应用型高校；协同融合教学模式

随着世界各国高等教育的快速发展，全球"数字化"教育持续深入推进，数字技术越来越成为教育变革的重要驱动力量。党的十八大以来，党中央高度重视发展数字经济，将其上升为国家战略，从国家层面部署推动数字经济发展。"十四五"规划提出了要加快数字化发展、建设数字中国的任务。高校数字化转型、教师数字素养提升、学生数字能力培养、数字及评价教学改革也成为教育热点问题。新一代智能技术的高速发展和新冠疫情等外部因素，使得高等教育数字化转型迎来前所未有的机遇和挑战。目前国内一流本科高校已经在数字化转型的变革中走在了前列。但对于处在变革发展弯道超车的地方工科专业为主的应用型高校来说，要在高等教育变革中走出自己的特色

基金项目：四川省新建院校改革与发展研究中心课题（XJYX2022B12）；四川省教师教育研究中心课题（项TER2022-003）。
第一作者简介：李曦（1976—），女，副教授，在读博士；研究方向：高等教育管理。
通讯作者简介：甘淑娉（1996—），女，助教，硕士；研究方向：教学法。

化发展路径，在培养具有理论知识和技术能力的应用型人才为目标的办学过程中，构建数字化协同教学体系、实现数字驱动下的高质量发展是应用型高校亟待变革的问题。本文着重研究在数字科技引领下，借鉴"目标分类理论"设计数字化教学过程，构建"以学习者为中心"，以"知识习得—技能习得—实践实习—成果产出"的过程性动态教学模型探索建立适合应用型高校定位及应用型人才培养目标，教学对象、教学场地、教学实施等协同融合的智能学习新生态模式，从而推进应用型高校数字化转型过程中教学体系的创新与发展。

1 地方应用型高校教学数字化转型外在动因

进入 21 世纪以后，中国出现了一批从专科层次升格而成的本科院校，被称为"新建本科院校"，即后来应用型本科高校的前身。别敦荣认为，应用本科是现代高等教育人才培养的基本模式之一，是以培养应用型人才为主要目标的本科教育类别。应用本科是人、科技和社会行业产业之间的纽带，是使人掌握科技知识、服务社会生产与生活、促进行业产业发展进步的力量之源。[1] 应用型本科作为高等教育重要的一个办学层次，在兼具知识与运用能力的应用型人才培养中发挥了很大的作用，但由于其层次还较低，因此还处于办学能力亟待提升、内涵建设有待加强的转型期，尤其在全球数字化变革的今天，中国高等教育积极实现数字赋能，应用型本科高校更需跟上时代需求，实现数字化转型。

1.1 教育高质量发展要求高等教育数字化转型

2021 年，教育部决定全面实施教育数字化战略行动。高等教育数字化是影响甚至决定高等教育高质量发展的重大战略问题，是实现学习革命、质量革命和高质量发展的突破性切口和创新性路径，也是实现高等教育普及化阶段质量多样化、学习终身化、培养个性化、治理现代化的重要途径。教育部高教司吴岩司长在第三届中国计算机教育大会上的主旨发言中提及：高等教育数字化已经开始深刻改变教师的教、改变学生的学、改变学校的管、改变教育的形态，已经成为支撑高等教育教学质量整体提升的重要手段，已经成为迅速、从容、高效应对疫情影响的重要底气,已经成为中国在线教育部分领域领跑全球的重要标志。[2]

"十四五"期间如何继续推动信息技术与教学深度融合,促进高校学科专业与人才培养结构优化,实现立德树人,建设高质量本科教育,是我国高校信息化建设的重心所在。[3]面对国际教育数字化转型趋势,我国高等教育需要探索并加快实施数字化技术与教学的深度融合,以教师教学模式改革和学生学习实践方式变革为重点,探索人工智能、混合现实、大数据等新技术与教学的深度融合,创新课程形态、教学模式、学习方式,探索新型师生关系,提高师生信息素养,提升高校在线育人能力,建设未来高校,打造中国高等教育新生态。

1.2 地方应用型高校改革及发展亟待数字化转型

目前高等教育进入入学普及化、需求多元化、成长多样化的发展大趋势。如何积极应对国际高等数字化转型发展,拓展优质教育资源,实现以优化结构为核心的内涵式高质量发展,是我国高校尤其是应用型高校面临的问题。在数字化转型背景下,国内高等教育正在经历知识获取渠道和方式以及知识传递方式、教师角色和职能、教学模式等方面的变革,要实现地方性和应用型的办学定位和培养符合行业和社会需要的应用型人才,地方应用型高校必须加快实现数字化转型,并从学校建设和发展的各个方面实现数字化赋能的改革,从内部治理能力提升、师资队伍建设、学科专业建设、人才培养路径、科技服务地方能力、评价体系建设等方面探索适合数字化转型背景下的发展道路。

1.3 加速地方高校数字化转型

2020年开始,国内各高校纷纷将课堂教学转为线上教学,利用中国大学MOOC、腾讯会议、ZOOM、钉钉等第三方平台,实现教学资源共建共享,采用多种教学模式基本保障了教学的进行,并在使用过程中不断改进和发展,使得数字化混合教学模式更加成熟,并得到了极大的推广。

据相关数据统计,高校教师使用混合式教学的比例已经从疫情前的34.8%提升至84.2%,基本形成了一整套包括理念、技术、标准、方法、评价等在内的中国特色高等教育数字化发展方案。在此形势和背景下,地方应用型高校也必须正视数字化建设的短板,需要从夯实数字基建、加强数字治理能力建设、提升师生数字素养、构建线上线下结合的教学模式、数字赋能地方高校职能发挥等方面积极推进数字化转型。

2 数字化转型背景下地方应用型高校教学现状及困境

在国内各层面高校积极推动数字化转型的过程中,普通本科类地方应用型高校暴露出了教学化转型的诸多问题和短板,如数字化基建落后,"全面在线教学"的平台与资源匮乏;在线课程平台智能化不足;精准化教学实施不够,难以满足不同类型学科教学的特殊需求;工科专业实验实践课程数字化教学缺乏,难以满足学生应用能力培养;教师数字素养和信息技术能力不足、学生数字化学习能力亟待提升;等等。

2.1 数字化教学认知及设计不够

地方应用型高校部分是新建本科,部分是由专科学院升格而成,普遍办学水平比较低,办学基本投入不足。尤其在建设数字化基础设施,构建数字化校院等方面的数字化基本建设投入不足。学校设置的专业也较为传统,人才培养方案、教学设计、教材教具、教学模式和方法都远远不能满足数字化高等教育大背景下对高等院校的要求。教师及学生在传统的教学环境中对数字化教学的认知和接受度也非常低,缺少数字素养和数字化教学及学习能力。

2.2 教师与学生的角色定位不当

本科层次的地方应用型高校在教学过程中仍基本沿用传统的模式,教学方式单一、知识源单一。教师仍然处在教学过程的中心,以简单传授知识为主,教师启发、引导和监控教学过程的主导作用没有得到发挥。在这样的课堂教学环境中,学生仅作为被动接受的学习角色,积极性、主动性和创造性难以体现。

2.3 数字化教学效果及监管不强

受到传统教学模式的沿袭影响,尽管很多高校进行了数字化教学模式的探索和实践，但很多混合式教学仅浮于表面，教师一如既往地在课堂上进行讲授及灌输，在线学习方式只作为课堂教学的资料收集辅助或者仅仅作为课后作业的交流平台，并没有真正发挥混合式教学的积极作用。尽管关于混合式教学的理论研究不断推陈出新，但在实际运用中受到各种因素的制约，影响了实际教学效果。

在教学及实践过程中，学校设计的教学评价体系尚未跟上数字化教学及管理的节奏，难以实现对教学及管理的效果的监督和评价。

3 构建地方应用型高校数字化教学体系路径

3.1 培养全业务的数字化教学认知

作为高校教与学活动的主要构成要素，教师、管理人员及学生的数字化认知水平和数字素养是推动高校数字化转型的核心及前提条件。要实现教学的数字化转型，首先要培养教师与学生基本的数字化感知力、教研习得能力以及数字创新能力。

高校教职工是学校教学活动的主要执行者，要应对大数据和数字化技术转型带来的挑战，必须具备数字素养与技术能力。数字时代教师要有意识地将数字技术融入教学，从而提高教学质量。[4]相对综合性大学，应用型高校教师具有较强的实践教学能力，但在最新教学信息和数字技能的获得方面处于劣势。加快培养应用型高校教师熟练应用信息技术的能力，帮助他们适应信息化、人工智能等新技术变革，实施人工智能助推教师队伍建设行动，提升教师数字胜任力非常重要。这就需要应用型高校制定切实可行的培养计划并创新教师教育课程与培养机制，完善教师专业标准，推动教师培训与新技术有机结合，大力提升教师新技术应用能力与专业素质，实现新技术与教育教学的深度融合。

3.2 推进全过程全要素的数字化基建

作为推进数字转型的基本要素，建设适合高校数字化教学的基本设施是首要前提。对于数字化建设相对薄弱的地方应用型高校，需要加快实施校园数字基建建设战略规划，增加数字基建投入，升级完善校园数字化物理和虚拟学习环境，加强数字化基础设施建设，推动高速数字资源建设，分阶段建立智慧校园，为学校数字化转型提供基本保障。

其次应着力打破数字鸿沟，搭建线上线下协同融合数字化资源平台。从数字技术的角度可充分利用数字教学资源库，依托人工智能、区块链、云计算、混合现实等数字技术的智能链接，借助公共数字教学平台，建设智慧课堂，实施数字化精准教学，为教师及学生提供创新的课程教学途径、灵活的数字学习方式、完整的数字教育内容、个性化的课程和反馈，以及可重新构建的教与学流程。同时根据工科专业特点，积极探索混合现实技术在工科实验、实践教学环境中的应用，提升高校在线实践教学能力。

3.3 构建人机共融的多元化数字化教学模式

与研究型大学及职业技术院校不同，地方应用型高校的教育目标为培养应用型人才，尤其是以工科专业为主的地方高校的人才培养亟待通过系统完善的实践教学体系，将教学与实际紧密结合，知识理论以"适用"为度，让学生在获得本科层面知识积累的基础上兼顾技能培养，具备解决企业和行业生产及管理中的实际问题的能力。在数字化转型过程中，需积极探索在加强应用型课程、网络课程和资源共享平台建设的基础上，构建"知识习得—技能习得—实践实习—成果产出"的过程性协同融合数字化混合式教学模式，以期实现数字赋能的应用型人才培养。

美国教育学家布卢姆的认知目标分类理论构建了从具体到抽象 4 种知识（事实性的、概念性的、程序性的、元认知的知识）和从低级到高级的 6 个认知过程（记忆、理解、应用、分析、评价、创造）。[5]这样的二维框架建构模式正契合了应用型高校以应用能力为出发点设计的模块化教学体系。如图 1 所示，竖坐标知识维度上事实性知识、概念性知识为基础型知识。横坐标认知维度中的记忆、理解相当于对知识的学习和保持。学生可利用线上丰富的教学资源，如电子课本、微课等，采取翻转课堂等，教师以问题为导向，让学生进行课前预习、课后复习。这一阶段线上资源具备可重复观看和使用的优势，更容易达到记忆和理解基础知识的目的。

应用维度和分析维度为图表即基础知识习得后进行练习巩固，并解决学习中所提的问题，学生需学会对书本知识进行迁移及运用。在实际教学过程中，这两个维度的教学设计也更为复杂，特别是对于应用型高校教学来说，学生需具备知识储备，能习得技能并实际运用，涉及实验设计、器械操作、模型制造、产品产出等，教学地点也包括了教室、实验室、实训基地以及校外工厂等，需要更多的师生互动和实践操作环节，不适宜完全采用线上教学模式，而应该根据实际情况采用线上线下联动的混合式模式来进行教学，包括多种数字化平台的使用和多种教学模式的结合，如虚拟课堂、慕课、微课、翻转课堂、"多课堂"联合教学、网班模式等。

评价维度是基于教学及实践准则和标准进行评判，包括教师对学生前四个认知维度的检查和评论，并形成综合评价性成绩（包括教学环节考核、实验实践环节等综合成绩）；创造维度即学生在完成前五个认知维度任务后，按照课程要求形成可行性计划，并成功执行计划，产出实际学习成果（如成果设计、成果孵化等）。评价维度和创造维度的最大特点是将教学融入真实场景，是针对复杂知识及技能的训练、应用、评价和创造，在组织教学活动时，教学地点更加多样化，教师构成更多元化，学生的主体性、实践性、操作性更强，因此适合开展线上线下混合式教学，侧重线下评价及成果产出。

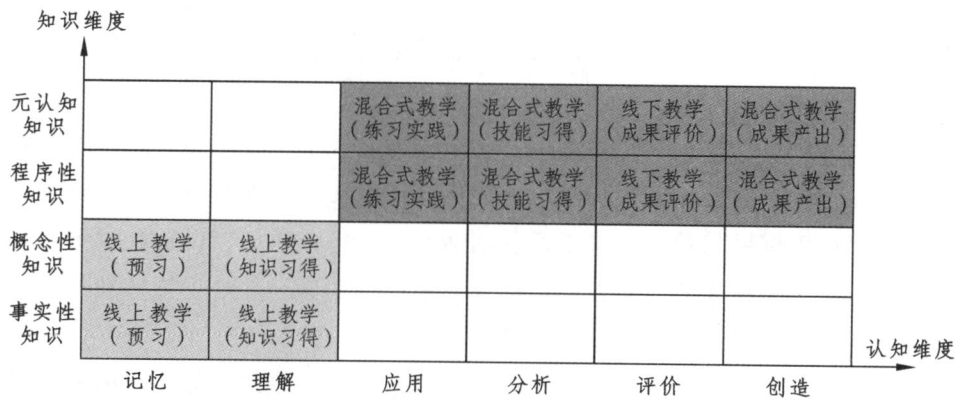

图 1　基于布鲁姆认知目标分类二维框架的混合式教学模式建构图
（应用型人才培养过程）

3.4　重塑协同共进的数字化教与学角色

作为教学过程的重要因素，教师数字化能力的提升是整个高校数字化转型的核心内容和前提条件。教师的角色需由传授者向引导者、探讨者、启发者、黏合者转换。数字时代高等教育对教师教学能力的扩展体现在四个方面：数字技术融入教学的意识、素养、能力和研究。教师在数字素养提升的过程中要不断掌握数字化设计及教学、数字化组织及协作、数字化安全与分析、数字化评估与反馈等方面的能力。

在新的数字化教学课堂中，教师应注重课堂教学方式方法改革，改革传统的教与学形态，变沉默单向的课堂为教学互动的场所，由传统课堂转向多维度课堂，改变主要通过课堂教学向学生灌输理论知识的状况，教师角色由教学主导者转向学生学习伙伴，教学主体由教师向学生转变。课堂教学由传授知识为主向传授知识与培养能力并举转变，进行探究式、个性化、参与式教学，推广翻转课堂、混合式、对分课堂等新型教学模式在教学过程中的广泛使用，既注重理论知识传授，又注重加强学生个性化学习能力和实践能力培养，构建以学生为中心的师生协作教学关系，共同完成课程的教学设计、教学组织、信息资源制作等。

3.5 建强全程有效的数字教学效果评价与监督体系

地方应用型高校的学生部分存在学习基础较弱、自觉性较低、主动性不够、依赖性强、方法欠科学等特点，给数字化教学的开展带来诸多教学监控和评价的难题。

在数字化教学模式构建过程中，必须加强对教学过程末端即教学效果监督及多元化教学评价体系的构建，才能从真正意义上实现数字化教学模式的改革。要运用有效的数字技术手段，加强数字化平台建设，设置针对不同教学环节的动态考核环节，对教学过程及结果进行测量，并给予价值判断的实施，推动数字化评估体系及标准建设。

另外在数字化转型过程中，也需要关注数字科技伦理、数字化体系规范及监管制度建设。在教学管理过程中，学校管理部门需要合法合规使用数字资源，并加强教学过程中对隐私数据的保护。

参考文献

[1] 别敦荣. 学术本科、应用本科和职业本科概念释义、办学特点与教育要求[J]. 中国高教研究，2022（8）：61-68.

[2] 吴岩. 数字赋能、示范引领、打造高质量教育体系"先行区".第三届中国计算机教育大会讲话[EB/OL].(2022-04-02)[2024-03-18]. https://gjzx.nwu.edu.cn/__local/1/A9/8D/E3FA64F3D0A9864C8B1FF3075D2_A5AC0221_4842A.pdf.

[3] 张昊，刘永贵. "十四五"高校信息化应聚焦人才培养[J]. 中国教育网络，2021（12）：25-28.

[4] 韩锡斌，陈香妤，刁均峰，等. 高等教育教学数字化转型核心要素分析——基于学生和教师的视角[J]. 中国电化教育，2022（7）：37-42.

[5] 王瑞霞. 布鲁姆教育目标分类理论新发展及其教育意义[D]. 上海：华东师范大学，2007.

[6] 林蔚，李晓生，李淑华，等. 基于布卢姆教育目标分类理论的课程目标应用研究[J]. 高师理科学刊，2021（6）：98-101.

[7] 齐灿，刘晓华，梁皓. 布鲁姆教育目标分类理论视阈下的混合式大学英语课程思政[J]. 海外英语，2022（2）：1-3.

新工科背景下高校公共体育"教学创产赛"一体化教学模式的构建与应用

◎ 炉小峰[a] 车莉[b] 邹明松[c] 秦泽浩[d]

（a.成都工业学院 体育系，成都 611730；b.四川工商职业技术学院 基础教学部，成都 611830；c.阿坝师范学院 外国语学院，四川 阿坝 623002；d.成都医学院 体育教学部，成都 610500）

【摘　要】本文是在新工科背景下，采用文献资料、访谈、问卷调查、数理统计和教学实验等研究方法，构建高校公共体育"教学创产赛"一体化教学模式并开展应用研究。研究表明：高校公共体育"教学创产赛"一体化教学模式充分保障了学生的运动时间，强化了身体素质，营造了良好的运动氛围，孕育了浓厚的校园体育文化，给予了每名学生实践锻炼与成功体验。在教学过程中紧贴学生的专业背景，进行跨专业模块化知识整合，通过"期末成果性展示"和"体育+互联网大赛"，赋予每名学生考评的权利，促使学生更主动地参与到羽毛球教学活动中，达到良好的教学效果。

【关键词】新工科；公共体育；教学模式；教学实验；教学创产赛

党的二十大报告明确了到2035年建成教育强国、体育强国、健康中国，强调要以中国式现代化全面推进中华民族伟大复兴。习近平总书记强调："要树立健康第一的教育理念，开齐开足体育课，帮助学生在体育锻炼中享受乐趣、增强体质、健全人格、锤炼意志。"[1]这一重要论述，深刻阐明了新时代

基金项目：成都工业学院宜宾校区校级教育研究和教学改革项目（20230206）；成都工业学院校级科研项目（2023YB041）。

第一作者简介：炉小峰（1994—），男，助教，硕士；研究方向：学校体育学、红色体育、体育外交。

通信作者简介：车莉（1995—），女，助教，硕士；研究方向：红色体育文化、汉语言文字学。

高校体育教学工作的重要意义，同时也为高校公共体育教学改革指明了方向，提供了遵循。

在充分借鉴已有文献的基础上，本文将"教学创产赛"教学模式定义为：基于健康第一的教学理念，在公共体育教学过程中，贯彻教会、勤学、常赛的教改精神，培养学生学科交叉的创新思维和"体育+专业"的创造能力，实现"以学促创""以学促产""创产结合""产教融合"的一体化教学模式，并通过教学实验验证"教学创产赛"一体化教学模式对学生身体素质的影响，为今后成都工业学院（宜宾校区）开展公共体育课程教学提供参考。

1 研究对象与方法

1.1 研究对象

选取成都工业学院（宜宾校区）2022 级未接受过高校公共体育课程教学的羽毛球 1 班和 2 班（男女生均衡）各 60 人、共 120 名学生为实验对象，随机确定 1 班为实验班、2 班为对照班。

1.2 研究方法

1.2.1 文献资料法

根据研究需要，在中国知网以"教学创产赛"为检索词获得 2002—2023 年的研究文献 8 篇，以"教学模式"为检索词获得 1996—2023 年的研究文献 566 篇，以"公共体育"为检索词获得 1990—2023 年的研究文献 879 篇。笔者对收集的大量文献资料进行对比分析，梳理国内公共体育教学模式的相关研究，构建高校公共体育"教学创产赛"一体化教学模式与实践应用。

1.2.2 访谈法

为更好构建高校公共体育"教学创产赛"一体化教学模式并展开应用研究，笔者对相关领域专家、一线体育教师和学生代表展开一对一访谈。访谈内容涉及"教学创产赛"一体化教学模式构建的内容设置、教学安排、目标设置等相关信息，以了解专家、一线体育教师和学生对问卷设计、"教学创产赛"一体化教学模式的想法和建议。

表1 访谈人员名单及职称结构

单位	姓名	职称
成都体育学院	张××	教授
成都体育学院	王××	教授
四川师范大学	张××	教授
成都工业学院	罗××	副教授
成都工业学院	谢×	副教授

1.2.3 问卷调查法

1.2.3.1 问卷设计

为充分了解成都工业学院（宜宾校区）的办学特点、专业群建设、人才培养模式、公共体育教学现状、学生对公共体育教学内容和体育比赛的需求等，本研究设计了3种调查问卷，分别是《高校公共体育"教学创产赛"一体化教学模式构建专家问卷》《高校公共体育"教学创产赛"一体化教学模式构建体育教师问卷》与《高校公共体育"教学创产赛"一体化教学模式构建学生问卷》。

根据研究需要，笔者听取专家和一线体育教师的意见，对问卷的内容进行修改和完善，并向30名同学和10位体育教师发放问卷进行预测试，根据测试结果，进一步完善问卷内容和结构。

1.2.3.2 问卷效度检验

为保证调查问卷的有效性，将拟好的15份问卷分别发放给5位专家，以检验内容效度与结构效度，总分为10分。回收率和有效率均为100%，专家问卷的结构效度为9.1，内容效度为8.9；教师问卷的结构效度为9.3，内容效度为9.5；学生问卷的结构效度为9.0，内容效度为9.3。因此，三种问卷都具有科学性与有效性，能够保证测验数据的真实性。

1.2.3.3 问卷信度检验

为保证调查问卷的可信性，采用重测法对问卷进行信度检验。在第一轮问卷调查结束后15天，对选定的13名体育教师和分层抽样的35名学生再次发放问卷进行重测。其中,教师问卷的相关系数为 $r=0.925$($p<0.01$),学生问卷的相关系数为 $r=0.962$($p<0.01$),均具有统计学意义。

1.2.3.4　问卷发放与回收

在成都工业学院(宜宾校区)2022级公共体育选修班中选取固定样本,将学生问卷和教师问卷分别发放至学生和教师,并进行现场填写和收集。总共发放学生问卷450份,教师问卷25份。回收学生问卷450份,教师问卷25份。其中,有效学生问卷445份,有效率为98.9%;有效教师问卷25份,有效率为100%。

1.2.4　数理统计法

首先运用 Excel 软件对实验前和实验后的测试数据进行统计、归纳和整理,其次利用SPSS26.0软件将实验前和实验后的数据进行对比分析,进而为本文的实验结果和结论提供参考依据。

1.2.5　实验法

实验时间为2022年9月1日—2023年1月7日,共17周,每周2学时,共34学时。两班体育教师为同一人,人数、教学设备和教材均一致。其中,对照班采用传统俱乐部教学模式,实验班采用"教学创产赛"一体化教学模式。教学第1周对两班学生进行实验前身体素质测试,第17周进行实验后身体素质测试,其后对两班的测试数据进行对比分析和t检验。

2　高校公共体育"教学创产赛"一体化教学模式的构建

2.1　高校公共体育"教学创产赛"一体化教学模式的指导思想

中共中央办公厅和国务院办公厅印发的《关于全面加强和改进新时代学校体育工作的意见》明确提出围绕"教会、勤学、常赛"的方向,开展学校体育教学工作。国内学校体育教学改革专家毛振明认为,要坚持以"健康第一,体育核心素养"为指导思想,深入、持久、全面地开展学校体育教学工作,强化"教、学、赛"的教学过程与成效,使学生的身心健康得到全面的发展,养成终身体育锻炼的习惯。[2]

2.2 高校公共体育"教学创产赛"一体化教学模式的总体框架

公共体育"教学创产赛"一体化教学模式是建立在成都工业学院"一校两区"的办学背景下，充分考虑宜宾校区的整体办学定位、专业群建设特点和人才培养模式的前提下，在贯彻教会、勤学、常赛教改精神的基础上，培养学生学科交叉融合的创新思维和"体育+专业"的创造能力，实现"以学促创""以学促产""创产结合""产教融合"的一体化教学模式，如图1所示。

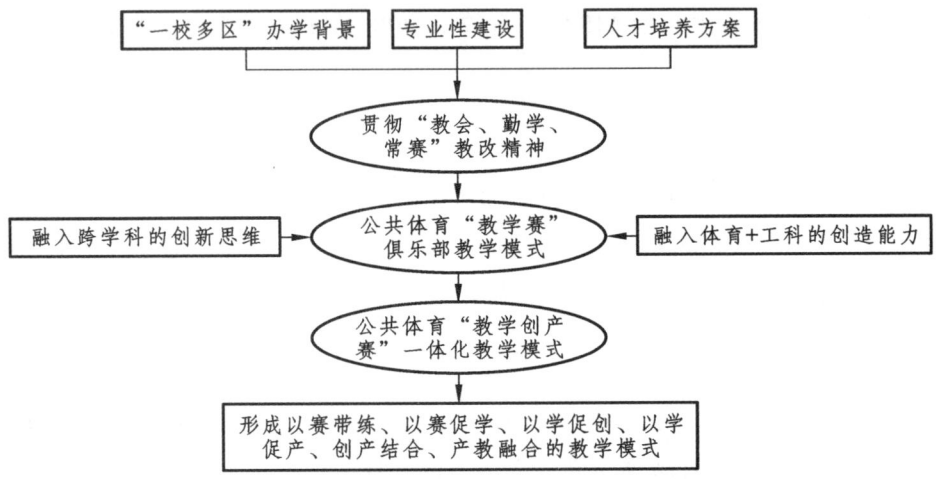

图1 公共体育"教学创产赛"一体化教学模式的总体框架

2.3 高校公共体育"教学创产赛"一体化教学模式的构建目标

2020至2023年，成都工业学院公共体育教学改革取得了显著成效，学生体质测试达标率较高，课外体育活动参与率保持在95%以上，"舞动成工"大型团体操实现全员参与，自主锻炼人数逐年上升。但是，宜宾校区公共体育教学改革取得成效的同时也存在一些特殊的矛盾：例如传统的俱乐部教学模式不能满足学生全面发展的需求；选课人数差异较大（羽毛球、乒乓球等室内项目选课人数较多，田径、足球等室外项目选课人数较少）；公共体育教学模式、内容、方法单一，没有根据学生的专业特点，针对性选择教学模式。

因此，本文立足于成都工业学院（宜宾校区）的整体办学定位、专业群建设、学生身心特点和社会发展总需求，提出"教学创产赛"一体化教学模式，并应用于公共体育羽毛球教学中，解决宜宾校区公共体育羽毛球教学过程中所遇到的实际问题，提高学生的身体素质，培养学生的跨学科创新思维和"体育+专业"创造能力，促进学生全面发展，使理论知识转化为实践成果，以适应社会发展的总需求。

2.4 高校公共体育"教学创产赛"一体化教学模式的构建原则

2.4.1 科学性原则

为满足自身发展需求和服务国家战略，高校在传统"教学赛"一体化教学模式的基础之上增加了"创"和"产"。"创"具体指创新思维和创造能力。教师端主要表现在教学方法、教学内容和教学评价体系的创新教学模式；学生端主要表现在培养跨学科交叉融合的创新思维，提升体育+专业的创造能力以及适应社会需求的创新创造能力。"产"具体指公共体育课程中"教"与"学"的成果转化。通过教学内容改革、教学模式创新和教学评价多元化，实现"以学促创""以学促产""创产结合"的教学目标，促进学生将专业知识转化为实践应用成果。在相同学段中，不同项目在教学内容上要保持一致性，体现"教学创产赛"一体化教学模式的科学性。

2.4.2 结构性原则

高校公共体育教学不仅能使学生掌握一定的体育技能、增强体质，而且可以培养学生的综合素养，为终身体育打下坚实的基础。[3]在教学内容和教学方法上融入"体育+新工科专业"的跨学科创新思维和创造能力，培养学生的结构化意识，解决实际生活中遇到的问题。高校公共体育"教学创产赛"一体化教学模式坚持"健康第一，以学生为主体"，引导学生在体育学习中构建体育理论知识、技能认知和体育+新工科专业的融合体系。通过"课堂体育练习，课外体育活动，课余体育竞赛，期末体育产品展示，年度体育+互联网创新创业大赛"的有机衔接，建立良好的目标导向，培养学生的创新思维和创造能力，促进学生全面发展，使理论知识转化为实践成果，以适应新时代社会发展的总需求。

2.4.3 全员性原则

全员性原则是指教师在体育教学中面向全体学生全面完成课堂教学的各项任务，避免互动垄断和互动随意，这也是评价教师教学能力和教学成果的重要指标[4]，主要体现在以下几个方面：课堂体育练习全员性、课外体育活动全员性、课余体育竞赛全员性、期末体育产品展示全员性、年度体育+互联网创新创业大赛全员性。其中，课堂体育练习、课外体育活动和课余体育竞赛以个人或小组形式呈现；期末体育产品展示和年度体育+互联网创新创业大赛以团队形式呈现。最终实现体育课堂全员参与。根据体育技能的形成规律，教师从练习内容的部分与整体进行统一规划，合理设置面向全体学生的比赛，达到"以赛促学、以赛带练"的效果；根据选课学生的专业特点，在期末考评环节设置体育产品展示和年度体育+互联网创新创业大赛，激发学生的学习兴趣和知识迁移，将体育与新工科专业进行融合并应用于实践。

2.5 高校公共体育"教学创产赛"一体化教学模式的总体特点

公共体育"教学创产赛"一体化教学模式将课堂教学、课外体育活动、课余体育竞赛、期末体育产品展示、年度体育+互联网创新创业大赛有效联结。每个环节在内容设置上横向一致、纵向衔接，组织形式丰富多样，具有以下两大特点：

第一，"教学创产赛"是技术创新型的教学模式。该教学模式充分立足于成都工业学院公共体育传统的"教""学""练"俱乐部教学模式，结合宜宾校区整体办学定位、专业现状、学生身心特点和社会发展总需求，融入"跨学科的创新思维"和"体育+专业"的创造能力。

第二，"教学创产赛"是成果导向型的教学模式。该教学模式充分立足于成都工业学院公共体育传统的"竞赛""汇报表演"教学成果，结合宜宾校区教学改革的思路与方针，根据学生的专业特点，形成"体育器材的模型构建、智能体育应用、运动分析、智慧训练、体育智慧课堂"等多元化教学成果转化及推广应用。

2.6 高校公共体育"教学创产赛"一体化教学模式的实施要点

2.6.1 教学内容："跨学科资源整合"与"创产结合"相促进

根据成都工业学院（宜宾校区）的专业群建设和选课学生的专业特点，本研究将体育与新工科专业进行资源整合，搭建公共体育羽毛球课程的教学内容，以明确教学过程中的学习重点和难点。公共体育羽毛球课程跨学科资源整合的教学模块如表2所示。

表2 羽毛球课程跨学科资源整合的教学模块

模块	专题1	专题2	专题3	专题4
理论知识	项目起源与发展	技术的演变与分类	战术的演变与分类	竞赛组织与编排
实践教学	发球与接发球技术	专项步伐与运用	前中后技术与运用	竞技能力提升
学科交叉	羽毛球+大数据	羽毛球+人工智能	羽毛球+计算机	羽毛球+工业设计
成果导向	体育产品展示	体育+互联网大赛	智慧课堂与训练	—
主题研讨	科技助力体育 数字赋能竞赛	聚焦体育交叉融合 拓展多元体育文化	强体质 重创新 促发展 抓质量	—

成都工业学院（宜宾校区）所在的宜宾市是全国首批、西南地区唯一国家产教融合试点城市，宜宾校区依托宜宾市产教融合、科创结合的相关政策，坚持育人为本，科学定位，以立德树人为根本任务，产教融合协同育人，推动人才培养供给侧与产业需求侧紧密对接，培养符合国家发展和行业创新需求的应用型、创新型、复合型的新时代人才，也是破解当前人才供给侧和需求侧脱节问题的必然选择。

2.6.2 教学方法：课内和课外教学方法相适应

在公共体育教学中，教学方法的选择与运用是课堂的灵魂，对教学效果起着关键性作用，主要分为课内和课外两种情景。其中，课内教学中包括4个环节：引导、小组讨论、情景教学、分组练习，主要运用自主式教学法、情景教学法、探究式教学法和合作式教学法；课外教方法是以学校体育课程为平台搭建的（混合式）线上线下交互式教学法。借助"雨课堂"、慕课和翻转课堂为平台，实现师生互动、生生互动。同时，混合式线上线下交互平台还设置有课前预习、课中答疑、课后答疑、体育+工科专业的案例展示、创新区域和网络投票等，实现课内和课外教学方法相适应，如图2所示。

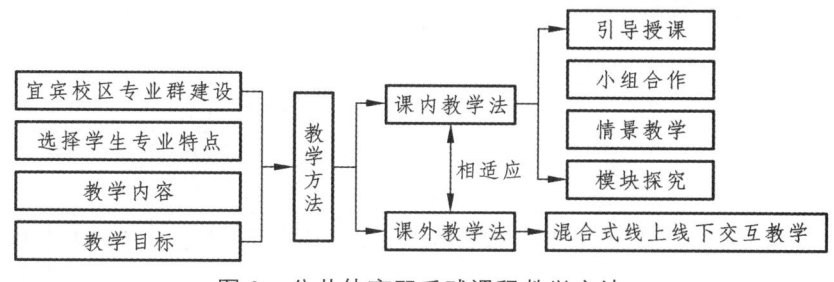

图2 公共体育羽毛球课程教学方法

2.6.3 教学评价：过程性评价和成果性评价相补充

教学评价是对教学过程及结果进行价值判断并为教学决策服务的活动，是研究教师的教和学生的学的价值过程，主要包含教师教学的过程性评价和学生学习的成果性评价。[5]然而，在公共体育教学中，很多教师和学生容易忽视过程性评价，只在意期末的成果性评价。因此，公共体育羽毛球课程的评价与考核制度紧扣教学大纲和教学目标，采用"全过程、多元化"的评价方式，从过程和成果两方面展开。其中过程性评价占比40%，主要包含着装、出勤、课堂表现和随堂测试；成果性评价占比60%，主要包含期末测试、体育成果展示和体育+互联网创新创业大赛，如图3所示。

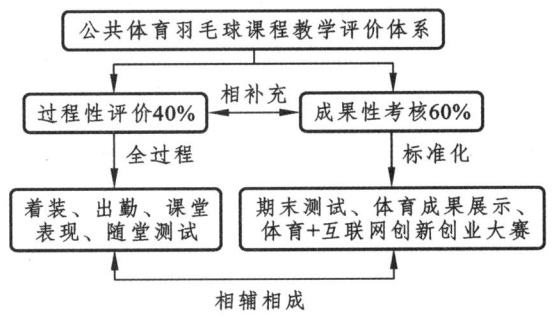

图 3　公共体育羽毛球课程评价体系

3 实验结果与分析

3.1 "教学创产赛"一体化教学模式对学生身体素质的影响

3.1.1 实验前两班学生身体素质的对比分析

实验前两班学生 50 米跑、800 米跑、1000 米跑、立定跳远、坐位体前屈、引体向上、仰卧起坐和肺活量等项目，p 值均大于 0.05。由此可见，两班学生在实验前身体素质水平差异不显著，具有统计学意义，满足开展实验的前提条件，如表 3 所示。

表 3　实验前两班学生身体素质的对比分析

	对照班（N=60）（M±SD）	实验班（N=60）（M±SD）	t	p
50 米（单位：s）	8.56±1.15	8.43±1.20	0.368	0.739
（女）800 米（单位：min）	4.54±0.32	4.51±0.52	−0.150	0.806

续表

	对照班（N=60）（M±SD）	实验班（N=60）（M±SD）	t	p
（男）1000米（单位：min）	5.03 ± 0.47	5.09 ± 0.61	0.192	0.628
立定跳远（单位：cm）	213.75 ± 26.31	217.69 ± 25.38	0.271	0.931
坐位体前屈（单位：s）	10.71 ± 9.52	10.35 ± 8.69	−0.283	0.953
（男）引体向上（单位：个）	6.0 ± 2.0	5.0 ± 3.0	0.162	0.827
（女）仰卧起坐（单位：次）	45.0 ± 6.0	48.0 ± 4.0	0.381	0.859
肺活量（单位：mL）	2048 ± 241.52	2136 ± 290.16	0.461	0.639

3.1.2 实验前与实验后对照班学生身体素质的对比分析

实验前与实验后对照班学生的身体素质指标中，50米跑、立定跳远、和（女）仰卧起坐的 p 值小于0.01，具有非常显著性差异；（男）1000米跑、（男）引体向上、（女）800米跑、坐位体前屈和肺活量的 p 值小于0.05，具有显著性差异。由此可见，实验后对照班学生身体素质有所提高，如表4所示。

表4 实验前与实验后对照班学生身体素质的对比分析

	实验前（N=60）（M±SD）	实验后（N=60）（M±SD）	t	p
50米（单位：s）	8.56 ± 1.15	8.40 ± 1.20	4.139	0.000**
（女）800米（单位：min）	4.54 ± 0.32	4.50 ± 0.47	3.428	0.022*
（男）1000米（单位：min）	5.03 ± 0.47	5.01 ± 0.31	−1.629	0.012*
立定跳远（单位：cm）	213.75 ± 26.31	219.35 ± 28.06	2.531	0.000**
坐位体前屈（单位：s）	10.71 ± 9.52	11.94 ± 8.63	4.903	0.032*
（男）引体向上（单位：个）	6.0 ± 2.0	7.0 ± 1.3	−3.472	0.020*
（女）仰卧起坐（单位：次）	45.0 ± 6.0	49.0 ± 3.0	−2.672	0.003**
肺活量（单位：mL）	2048 ± 241.52	2112 ± 169.73	3.607	0.016*

注：**表示 $p \leqslant 0.01$，*表示 $p \leqslant 0.05$。

对照班学生的身体素质在实验前与实验后产生差异的原因为刚进校的大

学生处于身体发育后期，速度、力量等身体素质有一定的提升。与此同时，羽毛球属于技战能主导类隔网对抗性运动项群[6]，在运动过程中会涉及很多原地启动、蹬转、蹬跳、前后移动和左右折返等，对灵敏性、爆发性和腰腹力量的提升有明显作用。因此，传统的"教学赛"俱乐部教学模式也能提高学生的身体素质。

3.1.3 实验前与实验后实验班学生身体素质的对比分析

在实验前与实验后实验班学生的身体素质指标中 50 米跑、立定跳远、（女）仰卧起坐、（男）1000 米跑、（男）引体向上、（女）800 米跑、坐位体前屈和肺活量的 p 值均小于 0.01，具有非常显著性差异。由此可见，经过实验后实验班学生的身体素质有非常明显提高，如表 5 所示。

表 5 实验前与实验后实验班学生身体素质的对比分析

	实验前（N=60）（M±SD）	实验后（N=60）（M±SD）	t	p
50 米（单位：s）	8.43 ± 1.20	8.25 ± 0.76	6.406	0.003**
（女）800 米（单位：min）	4.51 ± 0.52	4.43 ± 0.29	9.619	0.000**
（男）1000 米（单位：min）	5.09 ± 0.61	4.89 ± 0.36	7.152	0.000**
立定跳远（单位：cm）	217.69 ± 25.38	228.72 ± 23.74	-8.408	0.002**
坐位体前屈（单位：s）	10.35 ± 8.69	12.04 ± 4.58	-9.172	0.000**
（男）引体向上（单位：个）	5.0 ± 3.0	9.0 ± 5.0	-7.397	0.000**
（女）仰卧起坐（单位：次）	48.0 ± 4.0	52.0 ± 3.0	6.331	0.001**
肺活量（单位：mL）	2136 ± 290.16	2406 ± 352.41	8.062	0.000**

注：**表示 $p \leqslant 0.01$，*表示 $p \leqslant 0.05$。

实验班学生的身体素质在实验前与实验后产生差异的原因是，"教学创产赛"一体化教学模式增加了跨学科的创新思维和体育+工科的创造能力，充分调动各专业学生的积极性，使学生在课堂练习更主动，更积极，效率更高。与此同时，通过竞赛驱动，在课余时间组织羽毛球班级对抗赛，达到以赛代练、以赛带练的效果，营造了良好的校园体育氛围。另外，通过数字赋能体育,将期末成果进行展示并应用到羽毛球教学、训练与竞赛过程中,实现体育与新工科专业的深度融合,形成具有宜宾校区特色的校园体育文化。因此,通过实验对实验班学生的整体素质有明显作用,不仅仅是身体素质的提高,更重要的是综合素养的提升。

3.1.4 实验后两班学生身体素质的对比分析

由表 6 可知,在实验后两个班学生的身体素质指标中 50 米跑、立定跳远、(女)仰卧起坐、(男)1000 米跑、(男)引体向上、(女)800 米跑、坐位体前屈和肺活量的 p 值均小于 0.05,具有显著性差异。由此可见,经过实验后两班学生的身体素质有明显提高,并且实验班的测试数据明显优于对照组,说明公共体育"教学创产赛"一体化教学模式应用在羽毛球教学中对学生身体素质的提升更有效。

实验后两班学生身体素质产生差异的原因是,在公共体育"教学创产赛"一体化教学模式下,贯彻"教会、勤学、常赛"的基础上,增加了"跨专业的创新思维"和"跨学科的创造能力",使得学生在课堂的练习效率和主动参与率更高。另外,将混合式线上线下交互平台应用到课外体育活动和课余竞赛中实现了内容与组织形式上的创新,定期推送体育运动知识,培养学生自主锻炼的意识,助其养成终身体育锻炼的习惯。

表 6 实验后两班学生身体素质的对比分析

	对照班(N=60) (M±SD)	实验班(N=60) (M±SD)	t	p
50 米(单位:s)	8.40±1.20	8.25±0.76	-3.051	0.0276*
(女)800 米(单位:min)	4.50±0.47	4.43±0.29	-2.630	0.0381*
(男)1000 米(单位:min)	5.01±0.31	4.89±0.36	-3.784	0.0395*
立定跳远(单位:cm)	219.35±28.06	228.72±23.74	1.305	0.0283*
坐位体前屈(单位:s)	11.94±8.63	12.04±4.58	2.411	0.0494*
(男)引体向上(单位:个)	7.0±1.3	9.0±5.0	3.952	0.0206*
(女)仰卧起坐(单位:次)	49.0±3.0	52.0±3.0	-1.339	0.0486*
肺活量(单位:mL)	2112±169.73	2406±352.41	2.418	0.0285*

注:*表示 $p \leqslant 0.05$。

4 结论与建议

4.1 结论

（1）"教学创产赛"一体化教学模式充分保障了学生的运动时间，增强身体素质。通过课堂练习、课外体育活动和课余体育竞赛，保障学生的运动时间，为学生熟练掌握运动技术提供了有利条件。

（2）"教学创产赛"一体化教学模式营造了良好的运动氛围，孕育了浓厚的校园体育文化。通过混合式线上线下交互平台定期推送运动知识和竞赛组织，形成了具有宜宾校区特色的全方位、全过程协同育人。

（3）"教学创产赛"一体化教学模式给予了每名学生实践锻炼与成功体验。教学过程中紧贴学生的专业背景进行跨专业模块化知识整合，通过"期末成果展示"和"体育+互联网大赛"，赋予学生考核评价的权利，促使学生更积极地投入羽毛球教学活动中。

4.2 建议

（1）把握新时代高校体育教学改革方向，坚持以"服务国家战略"为基本原则，以体育人，以体育心，加大"教学创产赛"一体化教学模式的推广力度并将其应用到其他运动项目的教学过程中。

（2）坚持"引进来、走出去"的方式，引进高学历和高职称的专业人士进入教师队伍，同时校内一线体育教师定期外出学习和调研，整体提高师资队伍的专业技术水平和业务能力。

（3）积极推进宜宾校区公共体育教学改革，深入把握"教学创产赛"五方面的教学特征、相互关联和内在机理，坚持立德树人根本任务，培养具有创新意识和创造能力的应用型复合人才。

参考文献

［1］习近平出席全国教育大会并发表重要讲话[EB/OL].（2018-09-10）[2024-03-18]. www.gov.cn/xinwen/2018-09/10/content_5320835.htm?tdsourcetag=s_pcqq_aiomsg.

［2］王子一. 中学体育"学练赛评"一体化教学模式构建与应用研究[D]. 烟台：鲁东大学，2022.

[3] 韩延明，郭峰. 新时代我国大学服务国家战略的取向与理路[J]. 中国高教研究，2023（4）：33-40.

[4] 吴爱军. 单元整体设计视域下"学、练、赛、评"一体化的驱动策略——以初中八年级篮球教学单元设计与实施为例[J]. 体育教学，2021，41(10)：14-16.

[5] 张志耀，刘锦春，梁嘉骅. 教学全面、全员、全程动态管理的理论、方法与模型[J]. 系统工程理论与实践，2000（7）：128-134.

[6] 李世宏，张晓玲. 体育教育专业"教育学"课程多元教学模式的构建与应用[J]. 上海体育学院学报，2017，41（1）：83-88+94.

大数据技术专业高等数学课程教学改革探析

◎ 段慧[a] 李鸿亮[b] 洪洁[a] 鲁柳利[a] 董艳[a]

（a.成都工业学院 大数据与人工智能学院，成都 611730；
b.四川师范大学 数学科学学院，成都 610066）

【摘 要】数学是各专业人才培养的根基，在大数据专业中的作用更是如此。本文旨在探讨在大数据专业的高等数学课堂上，如何做到把教学内容与专业核心课程融合，立足于数学知识，面向前沿科学技术，建立高等数学课程与专业课程之间的结构性联系，提升教学质量，开展"高效课堂"教学改革。本文将从两个方面讨论教学改革：挖掘与大数据专业课程相关的数学案例和调整优化高等数学实验课程。

【关键词】大数据专业；高等数学；课程改革；神经网络

引言

2020年10月16日，习近平总书记在十九届中共中央政治局第二十四次集体学习时强调，当今世界正经历百年未有之大变局，科技创新是其中一个关键变量。因此，培养大批高素质人才就成了重中之重，这将对教师尤其是大学教师提出更高的要求。近年来，随着大数据技术的逐渐普及，人们越来越意识到诸如神经网络、深度学习、人工智能等已经不仅仅是一个个流行词汇，而是越来越深入且广泛地应用到生产实践中的重要技术。当下非常火爆的自然语言处理平台——ChatGPT 和 GPT4——其语言处理功能之强大令人惊叹[1-2]，它们不仅能够按照人的说话方式与人聊天，而且能够通过上下文语境修改措辞，甚至具有一定的"情商"。总之，它们能够根据提问者的需求，给

基金项目：成都工业学院大数据与人工智能学院实验室开放基金；成都工业学院课程思政项目（215165）。

第一作者简介：段慧（1989—），女，讲师，博士；研究方向：计算数学。

通信作者简介：李鸿亮（1988—），男，副教授，博士；研究方向：计算数学。

出让人满意的答案。除在文字处理方面已经取得的巨大成就外,深度学习技术在视频处理和语音处理等方面的研究著作也早已是汗牛充栋[3-6]。可以说,人工智能对各个行业的发展甚至国家的未来都有积极的促进作用。

在人工智能专业的各个专业课程的学习中,高等数学发挥了基础性作用。高等数学的主要内容是一元和多元函数的微积分,而这些正是人工智能专业核心课程如机器学习、深度学习的数学基础。因此,如果在高等数学的学习中能把后续相关专业课程的知识融入进去,可以预见这将能够帮助学生在专业素质培养和提升教学质量以及学科专业一体化建设方面打下坚实的基础。人工智能专业最常用的编程语言当属 Python,Python 是随着神经网络的爆火而流行起来的,同时 Python 中嵌入了适用于各个行业的软件包,当下 Python 已经深入应用到数学、统计学、医学、物理学、人工智能等各个领域中。由于 Python 各软件包的快速开发,其在解决数学问题中发挥的作用甚至已经超过 MATLAB,由于美国单方面的原因,国内很多高校已经被禁止使用 MATLAB,因此本文也将在探讨高等数学实验中用 Python 代替 MATLAB,调整和优化高等数学实验,用 Python 替代 MATLAB 是不可逆转的趋势,有利于国内科研环境的长足发展。本文拟通过挖掘大数据技术专业相关教学案例以及基于 Python 设计高等数学实验案例等两个方面探讨大数据技术专业的高等数学的教学内容和教学方式的改革。

1 大数据技术专业的高等数学课的教学改革案例

我们以挖掘到的与大数据技术专业相关的五个教学案例为出发点,探讨在大数据技术专业的高等数学课上能够做的教学设计改革。

1.1 链式求导法则与 BP 算法

多元复合函数求导的链式法则即神经网络的 BP 算法,研究大数据技术的论文里出现的神经网络示意图本质上就是复合函数的结构图。教师授课时只需将以上两点指出,再顺带讲述神经网络近年来的"光辉事迹",那么不仅可以让课堂活跃起来,而且能增加同学们的学习兴趣。下面就由这两点展开。多元复合函数求导是高等数学里的重要内容,既和一元复合函数求导有着不可分割的联系,又是后续内容如隐函数求导、梯度和方向导数等章节的基础,在教学中起到承上启下的作用。多元复合函数求导法则即链式法则，往往要求初学者画出复合函数中各变量间的结构图，根据结构图中因变量和各自变量之间的关联方式才可以计算出各个偏导数，这个计算偏导数的过程即神经网络里的BP算法[7]。大数据技术专业的学生在学习后续专业课程如机器学习时，可能会被复杂的神经网络图和抽象的BP算法难住，陷入具体的细节里而不能理解整体的含义，如果他们在高等数学课程里就已经认识到这个算法本质上就是复合函数求导，那么在面对专业课里抽象的网络结构图时，就能够气定神闲地跳出细节之外，完全把握住问题的本质，去思考深层的含义，这对专业课的学习必将是有益的。

1.2 复合函数与神经网络

看似复杂庞大的神经网络本质上是一个函数而已。当下神经网络能够做到的事情越来越让人惊叹，数年前由谷歌开发的人工智能机器人AlphaGo在下围棋时战胜了当时的韩国围棋冠军李世石，让世人震动。人们意识到机器的能力可能会超过人类。如今神经网络的应用几乎处处可见，医疗诊断、农田病虫害检测、自动驾驶系统、智能安全系统等[8-10]，而这些看似不同的应用领域的后台都是由神经网络组成的一个复杂函数操控着，只是这个函数拥有太多的参数，它的功能太强大了。函数是高等数学研究的基本对象，是高等数学课程的第一课学习的内容。学习函数这一章节时，学生往往认为函数就是高中学到的诸多具体函数的样子，并不一定能领略到函数的本质是从一个集合到另一个集合的映射，高数课程除了常见的初等函数外，还有诸如隐函数、幂指函数、参数方程确定的函数、幂级数的和函数等后续课程，这些部分的函数都是较抽象的，如果不能理解函数的本质，那么学习这些抽象函数时会云里雾里，不解其意。因而，在讲函数内容时将各种抽象复杂的函数一并做个整体介绍，不仅有利于对高数课程的后续内容的理解，而且能让学生在学习专业课时对神经网络的本质认识更加深刻。再结合本文前一部分介绍的内容，那么在学习机器学习或深度学习专业课时，学生会觉得神经网络并不多么高深抽象，而是在高等数学里就学习过的一个复杂函数而已，这个循序渐进的过程将使得学生对神经网络形成整体的认识。

1.3 洛必达法则与复杂度

时间复杂度和空间复杂度是大数据专业程序设计课里不可或缺的因素，而复杂度的计算同高等数学里的洛必达法则有着天然的联系。众所周知，大数据技术专业一定离不开编程，编程往往要考虑时间复杂度和空间复杂度[11]，它们常用 $O(N^2)$、$O(N\log N)$ 等记号来表示。那么这些记号分别表示什么意思，如何用它们比较不同程序的复杂程度，进而评判程序优劣，这需要比较当 N 趋于无穷大时它们的极限，这正是高等数学的极限部分要讲到的内容。高数课上可以把幂函数、对数函数和指数函数两两之间的比值的极限作为一个例题，那么运用洛必达法则的知识就很容易计算出这些记号之间的极限比值，总结即能得到对数函数的增长速度慢于幂函数、幂函数的增长速度慢于指数函数的结论，这样学生自然就能理解那些记号各自表示的复杂度到底是怎样的复杂程度。把这样的知识点同后续学习的专业课程之间的关系为学生点明，他们就会认识到学到的数学知识都是用得到的，就不会觉得空洞抽象，而是实际具体了。

1.4 梯度下降算法与损失函数

几乎所有神经网络的算法最终都化为一个优化问题，须通过优化算法实现。最简单也是最基本的优化算法——梯度下降法——涉及高等数学多元函数微分学部分的内容。[12]很多复杂的工程计算问题往往需要通过数学建模，最终转变为一个关于优化的数学问题，神经网络模型亦是如此。在神经网络模型中，最终要解决的问题是一个优化模型：针对特定的损失函数，利用优化算法，求出目标函数的最优解。优化算法是许多工程计算问题的重要研究课题，旨在运用数学知识解决生产实践中的各种问题，达到最优目标。神经网络中常用的优化算法有 adam、SGD、共轭梯度法、拟牛顿法等。[13]其中最简单也是最基础的优化算法是梯度下降法，梯度下降法中的"梯度"指的正是多元函数的梯度，方向导数与梯度是高等数学中的重要章节，因而在讲完梯度的基本内容之后，大可以通过实际案例讲授梯度下降法的应用，这样既有利于学生理解梯度的意义，又能扩展学生的知识面。孔子曰："师者，所以传道受业解惑也。"作为大数据技术专业的高等数学老师，不仅要把梯度的概念与计算讲清楚，而且应该将如何利用梯度解决实际问题教给学生，很多大学生会参加数学建模竞赛，学会优化算法对他们参加竞赛大有裨益。

1.5 傅里叶变换与图像处理

工业大数据的应用中，最常见的是图像处理和视频处理，而图像处理离不开傅里叶变换。图像处理中经常遇到图片降噪、图像滤波、图像增强等问题，其中很多需要傅里叶变换解决。[14]傅里叶变换是一种将函数由时域或空间域转换为频域的数学变换，是高等数学的无穷级数部分中的重要内容。无穷级数包括数项级数和函数项级数，函数项级数往往是将一个复杂函数按照某种基底展开，如果基底是幂函数则该级数即是泰勒级数，以正余弦函数为基底则是傅里叶级数。除此以外，还有些研究尝试用其他的函数作为基底，如施图姆-刘维尔问题等。傅里叶变换可以将时域或者空间域中的卷积运算变换成频域中的乘法运算，这对于降低卷积神经网络中的计算强度是非常有效的。这些都说明傅里叶变换在神经网络中也是大有可为的。高等数学课上老师将设计的相关案例展示给学生，对傅里叶级数的应用加以介绍，并且在高等数学实验课上结合编程工具实现函数的傅里叶级数展开，这样学生对高等数学知识的理解就将是立体的、全面的。

以上是把有关神经网络算法的内容融入高等数学课堂的案例，总结来说就是，整个神经网络的作用相当于一个函数，且训练神经网络的过程也缺少不了数学的应用，这使得我们能够在高数课堂上设计相关案例。对大数据技术专业的学生而言，在大一的数学基础课上就能对专业课初窥门径，将高等数学的学习和专业课的学习建立结构性的联系，有利于提升课堂教学质量。

2 大数据技术专业的数学实验课的教学改革案例

从调整和优化高等数学实验内容的角度，开展以高等数学为立足点、以大数据应用为导向的数学实验改革。通常的高等数学实验都是以 MATLAB 为工具的，但是大数据技术专业往往要用的编程工具是 Python，目前已有许多基于 Python 实现各种问题的研究[15-16]，而且配置有大量的扩展包以满足不同领域的需求。近年来由于美国单方面的原因，很多高校被禁止使用 MATLAB，因此我们寻求以 Python 作为高等数学实验的编程工具，融合大数据技术的一些专业知识，设计实验案例。我们从以下五个实验案例探讨实验改革。

2.1 可视化

利用 Python 实现二维平面和三维空间中的图像绘图。二维和三维图形在高等数学中的用处比比皆是：一元函数的极限往往要结合绘图的方式讲授，二元函数的图形是三维空间中的一张曲面，曲面积分和三重积分的积分区域是空间中的曲面或闭合曲面围成的区域等。结合绘制的图形教学，能够更加形象生动地展示教学内容。近年来，Python 随着大数据的火爆而快速流行起来，它在各个领域的用处也愈发凸显，Python 在绘制各种柱状图、条形图、曲线、曲面、动态图等方面已是轻车熟路。因此本部分实验可以结合教学内容设计用 Python 绘制二维曲线、三维曲面、封闭曲面、动态图形等，比如在一元函数的极限里，常见容易混淆的函数有 $\sin\frac{1}{x}$，$x\sin\frac{1}{x}$，这两个函数的极限较难理解，甚至称得上是明星函数，因此可在数学实验里设计绘制这两个函数的图形，有利于学生对极限的理解。

2.2 自动求导

利用 Python 的自动求导技术求函数的导数。神经网络现如今能有如此强大的功能，离不开自动求导技术，而 Python 正是实现这一技术的绝佳工具。自动求导技术是 1991 年 Bischof、Carl、Griewank 等科学家的工作，最初发明自动求导技术是由于在数值分析的诸多领域里如数值最优化、数值线性代数，相关计算规模越来越大，以至于人工求导和符号求导根本不现实，这就要求计算机能够自动求微分。2008 年，菲尔兹奖得主 TimGowers 主编的《数学指南》出版，里面列举了从公元 263 年到 1991 年古今中外历史上出现的 29 个重大算法，自动求导技术是其中最后一个重大算法。神经网络中实现求导的算法本质上是一个拥有超多自变量的函数的链式求导法则，这个求导过程只能由计算机的自动求导技术完成。这部分实验包括用 Python 中自动求导的套件求导数、求偏导数和求梯度等，不仅能够加深对理论知识本身的理解，更加提高了学生用新兴技术解决复杂问题的能力，有利于培养学生的创新思维能力和动手能力。

2.3 定积分的计算

利用 Python 中的套件求函数的积分。积分可以用来计算曲线的弧长、平面图形的面积和旋转体的体积等，是高数课不可或缺的组成部分。高等数学里计算定积分往往用牛顿-莱布尼兹公式，然而现实中大量的函数是很难计算出原函数的，也就无法用牛顿-莱布尼兹公式计算出积分值，数值积分技术正是为了解决这一难题而产生的，如今数值积分已经成为数值分析领域的重要分支，近年来也有很多用神经网络求函数积分的研究。[17]目前已有科学家开发了基于数值积分技术的求函数积分的套件，这样的套件可以直接被 Python 调用。本部分数学实验包含计算悬链线的弧长和悬链线与给定直线围成的封闭图形的面积。悬链线的问题最早是由旷世奇才达·芬奇提出的，他指出，如果固定项链的两端，那么在重力的作用下，自然下垂的项链形成的曲线是怎样的呢？经过历代数学家的研究，终于攻克了这一难题，现在悬链线在工程中已有广泛的应用，悬索桥就是其中一个成功的案例。本实验以悬索桥为例，将其抽象成悬链线曲线，第一个问题是计算该曲线的弧长。悬索桥与桥面以及从桥两端向桥面做的垂线间形成了一个平面图形，第二个问题是计算该平面图形的面积。这两个问题都要求调用 Python 的相关函数实现。这样的设计既可以让学生加强对定积分应用的理解，又可以让学生熟悉编程工具，真正实现学做合一。

2.4 函数的傅里叶展开

基于 Python 技术实现函数的傅里叶展开。本文前面的内容已经就函数的傅里叶展开的重要性和它在神经网络中的应用做了论述，现在设计一个数学实验，该实验要实现方波函数的傅里叶级数展开。方波在数字通信系统、数字逻辑电路等领域中有广泛的应用，它是实际使用当中最基础的波形之一[18]，数学上常用傅里叶级数表示方波。在课堂上已经详细介绍了如何计算傅里叶级数的各项系数。本实验以方波为例，计算方波函数的傅里叶展开并绘制展开后的级数。用 N 表示傅里叶级数的前 N 项的项数，利用 Python 编程工具计算出当 N 取不同值时，相应的展开后的函数对方波的逼近程度，并将该函数和方波图形同时绘制出来，让学生清晰地理解傅里叶级数对周期函数的近似原理，提升学生对综合性实验的操作能力。

2.5 非线性优化

基于 Python 函数实现非线性优化问题。前文提到，神经网络最终要求解的问题往往是一个非线性优化的问题，而 Python 中正提供了求解非线性优化问题的函数。本实验设计一个曲线拟合的优化问题：已知人的身高与体重之间呈线性关系，若用 y 表示身高，用 x 表示体重，则存在比例常数 k 使得 $y=kx$。已有一组关于人的身高体重的实际数据，要求根据这些数据拟合曲线，计算出 k。我们可以用最小二乘法的原理，得出一个非线性优化的数学问题，继而调用 Python 中处理非线性优化问题的函数，既可以解得 k，同时也可以要求学生绘制出拟合曲线和数据点的图形。这个实验可以放在高数上册即一元函数微积分部分，该实验可以拓展学生的知识面，锻炼学生用编程工具解决数学问题的能力。数学建模竞赛是一项宏大的赛事，很多赛题是关于优化问题的，本实验可以帮助学生掌握解决此类问题的方法。

在 2021 年 9 月召开的中央人才工作会议上，习近平总书记提出深入实施新时代人才强国战略，加快建设世界重要人才中心和创新高地的总体构想和战略布局。当前人才培养处在一个新的历史起点，针对百年未有之大变局以及面对新时代新形势，如何建设一支素质过硬、技术过硬的人才队伍是我们要思考的严肃问题。打造人才强国是我们实现中华民族伟大复兴的必然要求。作为高校教师，培养高质量人才是光荣而艰巨的使命；作为高数老师，根据各专业特点进行特色鲜明的高等数学课程教学亦是责任。这就要求我们不断学习，深耕专业，为国家和民族的人才培养贡献力所能及的一分力量。

3 结语

本文从挖掘高等数学课堂和实验教学两个方面，探讨更适合数据科学与大数据技术专业的学生的教学改革。两个方面各挖掘了 5 个教学改革案例，案例既是高等数学重要内容，又与大数据技术专业的前沿学科息息相关。

参考文献

[1] 张智雄，于改红，刘熠，等. ChatGPT 对文献情报工作的影响[J]. 数据分析与知识发现，2023，7（3）：36-42.

[2] 王庆华. ChatGPT对经济社会发展的影响及启示[J]. 中国物价, 2023 (4): 7-9.

[3] 武林伟, 闫婧, 王勇. 基于深度学习的海量航拍视频智能处理技术[J]. 现代电子技术, 2023, 46 (4): 182-186.

[4] 贾川民, 马海川, 杨文瀚, 等. 视频处理与压缩技术[J]. 中国图象图形学报, 2021, 26 (6): 1179-1200.

[5] 刘小雨. 基于多模态深度学习的驾驶行为识别方法研究[D]. 南京: 南京邮电大学, 2021.

[6] 张敏. 基于深度学习的小尺度麦克风阵列多语音源辨识方法研究[D]. 杭州: 浙江大学, 2021.

[7] 李晓峰, 刘光中. 人工神经网络BP算法的改进及其应用[J]. 四川大学学报（工程科学版）, 2000 (2): 105-109.

[8] 李祚泳, 彭荔红. 基于人工神经网络的农业病虫害预测模型及其效果检验[J]. 生态学报, 1999 (5): 171-174.

[9] 王增辉. 人工神经网络在医疗诊断中的应用[J]. 中国科技信息, 2018 (19): 100-102.

[10] 张冬忠. 基于模糊神经网络的智能车辆自动驾驶方法研究[D]. 西安: 长安大学, 2017.

[11] 贺龙涛, 方滨兴, 余翔湛. 一种时间复杂度最优的精确串匹配算法[J]. 软件学报, 2005 (5): 676-683.

[12] 孙娅楠, 林文斌. 梯度下降法在机器学习中的应用[J]. 苏州科技大学学报（自然科学版）, 2018, 35 (2): 26-31.

[13] 陈凯. 深度学习模型的高效训练算法研究[D]. 合肥: 中国科学技术大学, 2016.

[14] 徐贵力, 毛罕平. 利用傅里叶变换提取图像纹理特征新方法[J]. 光电工程, 2004 (11): 55-58.

[15] 韦立梅, 苏兵. Django框架下Python网站开发过程综述[J]. 电脑与电信, 2019 (10): 54-56.

[16] 夏火松, 李保国. 基于Python的动态网页评价爬虫算法[J]. 软件工程, 2016, 19 (2): 43-46.

[17] 秦艳杰. 基于 GA-Chebyshev 神经网络的分数阶 Bagley-Torvik 微分方程数值算法研究[D]. 阜新：辽宁工程技术大学，2022.

[18] 张国强，王高林，徐殿国. 基于无滤波器方波信号注入的永磁同步电机初始位置检测方法[J]. 电工技术学报，2017，32（13）：162-168.

基于自动跟踪云台的课堂教学微课录制研究

◎ 谢成诚[a]　王海霖[a]　龚静[b]　张朝阳[a]

（a. 成都工业学院　电子工程学院，成都　611730；
b. 西南技术物理研究所　光电对抗系统研究所，成都　610041）

【摘　要】在微课录制过程中，需要对课堂教学情况进行记录。传统课堂视频录制需要专门的视频拍摄器材及专职摄影师，拍摄成本较高。近年来由于手机视频拍摄质量的提高及目标识别技术在云台上的应用，授课教师可以使用手机和带自动追踪功能的云台配合，进行视频录制。目前带自动跟踪功能的云台有两个大类：自带摄像头的双轴跟拍云台和三轴手持稳定器。本文将使用两种设备，对教师课堂教学进行视频录制，然后比较两种云台的视频拍摄质量，并给出拍摄建议。本文结果对需要进行微课录制特别是课堂教学情况录制的教师有较大指导意义。

【关键词】云台；微课；课堂教学；自动跟踪功能

随着"互联网+"相关产业的迅速发展与信息化的逐渐普及，微课行业发展迅速。自可汗学院与TED-Ed（Technology Entertainment，Design）将微型网络教学视频带入人们的视野，这种以微视频为核心的新型教学模式便开始在教育领域崭露头角。2022年9月，教育部办公厅在发布的工作通知里提到要继续开展"基础教育精品课"的精选工作[1-2]。其中，以"微课"为代表的教学方法形式新颖，操作简单，顺应时代发展浪潮，在众多教学模式中脱颖

基金项目：四川省教育信息技术研究"十四五"规划2021年度课题（川教馆〔2021〕271）；成都工业学院2021—2022年人才培养质量和教学改革项目（20210441）；2023年四川省大学生创新创业训练计划（202311116005）。

第一作者简介：谢成诚（1981—），男，副教授，博士；研究方向：微波器件黑盒模型提取、电磁兼容。

而出。教育研究者以及一线教师对微视频运用于课堂教学进行进一步探索和实践，基于"微课"衍生出"翻转课堂""案例学习"等一系列教学模式，将现代媒体技术与传统教学相结合，在我国迅速掀起了一场轰轰烈烈的"微课"热。[3-5]

关于微课教学，胡铁生先生提出，"微课程的核心资源是'微视频'，要重视'微视频'的质量"。一个高质量的微视频应当做到主题明确、内容清晰、画面流畅等特点[6-7]，其中，视频画质决定了整个微课视频所呈现的观感，而视频录制过程中机位移动所带来的画面抖动、模糊等问题是影响视频画质的关键所在。

在微课录制过程中，课堂教学过程是一个重要过程，其能够直观展示教师的教学设计及教学效果。故在各类教学比赛、课程认定中都需要提供课程教学或实践实录视频。如2022年四川省省级一流本科课程申报书中对教学（课堂或实践）实录视频的要求：提供完整的一节课堂实录视频（标注课程内容、课程对象、上课时间以及上课地点，至少40分钟。技术要求：分辨率720P及以上，MP4格式，图像清晰稳定，声音清楚。

课堂教学环节需要使用专业的摄像机或者相机进行课堂录制，这需要专人使用三脚架进行录制操作。但这样的方法限制因素较多，不利于及时展开视频的录制工作，且成本较高。单凭教师本人的力量，难以及时布置视频录制设备，获得较高质量视频。随着目前智能手机的性能提升，其视频录制质量已逐渐可以和专业的数码相机录制质量媲美，故很多时候课堂视频录制会使用智能手机来进行。在课堂视频录制时，教师通常会左右走动，在讲义讲解和板书书写，以及与同学们的交流中进行切换。这时教师在讲台上的位置也会不断进行变换，如果使用固定机位来进行教师影像采集，取景需要覆盖整个讲台范围，这时视频中教师影像分辨率不够，会影响视频的观看体验。

目前市场上已有一些自动跟踪云台，能够跟随被摄物体进行持续移动，保持目标物体始终在画面中心。在教师进行课堂视频拍摄时可以利用该设备进行图像追踪，拍出教师始终位于画面中心的视频，使镜头的运动更加多维化、为学生们带去耳目一新的观感。常用的自动跟踪设备有跟拍云台和手持稳定器，本文将针对两种设备，对教师课堂教学过程进行拍摄，并通过后期数据处理，比较两种设备的特点及优劣。通过实验分析对比跟拍云台和手持云台在视频录制过程中的耗电情况、稳定度、转向平滑度等性能，确定哪类云台更加适用于课堂教学微课录制，并给出视频录制建议。

1 自动跟拍云台工作原理

人脸识别和手势识别是自动跟踪云台中常用技术。其基于数字算法，能够准确地捕捉到人类的面部特征和肢体动作，依据对应的人脸或动作产生对应的信号，从而实现对人脸或手势快速识别和控制。如图1所示，人脸识别的核心在于利用摄像头等感光元件，对图像进行捕捉，并依据写在芯片里的智能算法对图像进行处理，识别出人脸，然后根据人脸位置使用 PID 算法控制伺服电机进行设备姿态调整[8-10]，保证云台上搭载的相机始终正对人脸目标。

在微课录制中，利用人脸识别功能可以实现无人操控机位时，仍然能将教师作为画面主体锁定在视频中心的操作，从而起到降低微课录制难度的作用，对视频的观感也有较大提升。

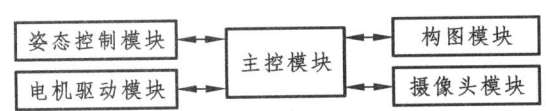

图 1 自动跟拍云台工作模块示意图

通过 OK、张开手掌、翻转手掌、握拳等手势，结合云台的手势控制功能，教师能够远程控制云台开始/暂停人脸跟踪、锁定方向等，还能够控制手机开始录制视频、停止录制视频等，提升视频录制的便利性，同时对教学对象产生较小干扰。

2 云台对比测试

为比较自动跟踪云台与手持稳定器在使用中的体验差别，本文选用云腾 T7 智能双轴自动跟踪云台与大疆 DJI OM5 手持稳定器进行对比试验，两者数据参数如表1所示。

表 1 云台参数对比

名称	尺寸（mm）	角度	载重	电池容量	App	稳定轴
云腾 T7	110×80×80	横向 360° 纵向 ±20° 平移：-161.12° 至 172.08°	500 g	2800 mAh	不需要	双轴
大疆 OM5	264.5×111.1×92.3	横滚：-127.05° 至 208.95° 俯仰：-101.46° 至 229.54°	230±60 g	1000 mAh	DJI Mimo	三轴

选择一间正常采光的教室作为拍摄场地，征得授课老师同意后，分别使用两种云台进行实地测试。具体测试步骤如下：

（1）选择两部型号相同且电量充满的手机（荣耀 P20Pro）并关闭所有后台程序；

（2）将两部云台底部安装三脚架，放置在前排课桌上，如图 2 所示。为减小视频录制差别，两部云台距离尽可能小，且角度基本保持一致；

（3）启用两个云台的相应功能，进行视频录制；

（4）录制完成后，记录手机耗电情况，录制视频并进行分析。

图 2 云台摆放方式

3 视频录制对比

课堂视频录制完成后,针对手机耗电情况、视频录制质量、录制流程便利性等方面进行分析。

3.1 手机耗电情况

视频录制完成后,两部手机的耗电情况如图3所示,左侧为配置云腾T7智能跟拍云台的手机,消耗电量15%,右侧为配置大疆DJI OM5手持云台的手机,消耗电量21%。

图3 云腾T7AI云台(左)与大疆DJI OM5(右)耗电量对比

使用云腾T7智能自动跟踪云台来进行视频录制的手机比使用大疆DJI OM5稳定器进行视频录制的手机耗电量更少。原因是云腾T7智能跟拍云台内部搭载了一套完整的控制系统,包含广角视觉传感器、数据处理芯片、伺服电机及内置电池等,手机无须通过App蓝牙连接进行辅助调整。搭载的手机除正常视频拍摄外,不会消耗额外算力。而大疆DJI OM5手持云台则需要借助手机摄像头配合DJI Mimo App进行拍摄对象跟踪,然后通过蓝牙反馈信息至云台,由云台中的伺服电机进行姿态调整。这个过程需要手机持续进行目标识别、规划跟拍路径等,会消耗额外的算力,故耗电量会较大,且对手机的处理器也有较高要求。

3.2 稳定性

在录制时,由于同学无意碰到课桌,会给拍摄手机带来抖动,此时可以考量云台防抖性能。图 4 和图 5 分别是云腾 T7AI 云台和大疆 DJI OM5 录制画面分析。截取于视频 1min01s ~ 1min03s 之间的三个具有代表性的帧画面，可以发现使用云腾 T7AI 手势识别双轴跟拍云台录制的画面清晰度明显要低于使用大疆 DJI OM5 手机云台录制的画面清晰度，该结果表明使用后者来维持摄像头稳定效果更好。

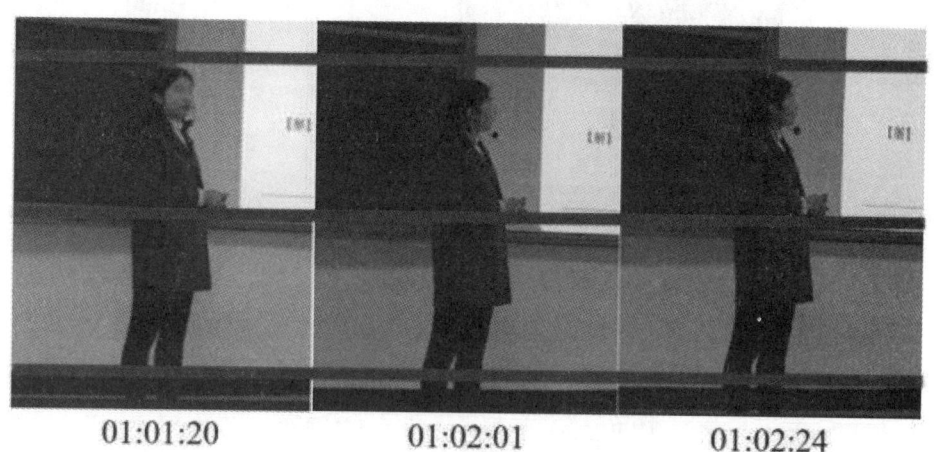

图 4　云腾 T7 跟拍云台录制画面

图 5　大疆 DJI OM5 稳定器录制画面

在实际的微课录制中，由于云台自身追踪调整转动所产生的晃动基本都能做到自平衡。视频里常见的晃动感多数是由学生的小动作或桌面震动等外界干扰因素造成的。在实际的使用中，应当将三脚架或云台置于一处稳定的平台或地面上，在其周围留出足够的空间，尽量避免人为触碰，减少外界的干扰，如图 6 中左侧三脚架摆放方式。

图 6　改进后拍摄三脚架安装示意

3.3　转向平滑度

转向平滑度主要是用来分析评判云台在跟踪人脸、调整镜头位置时，转动是否存在机械卡顿、突兀不自然的情况。一般来说，拥有更高转向平滑度录制得到的视频看上去并不会觉得生硬，并且拥有更高后期制作处理的上限。对录制文件进行对比后，发现大疆 DJI OM5 手机云台的转向平滑度远高于云腾 T7AI 手势识别双轴跟拍云台，大疆 DJI OM5 手机云台控制摄像头进行调整时平滑自然、连贯流畅。在镜头移动需要急停等情景时，会有一个由快到慢的缓速过渡过程，让录制出的视频有很好的观感；反观云腾 T7AI 手势识别双轴跟拍云台则并没有该功能，该云台在转向调整时，镜头的移动较为卡顿急促，录制出的画面显得机械、不连贯。

3.4　人脸跟踪

可以通过后期数据分析来比较两种云台人脸跟踪效果。将视频素材导入 Premiere2022 中，再将录制素材拖入处理轨道，点击视频处理面板菜单栏-"效果"，搜索"裁剪"并应用于视频上，继续点击"效果"控件-"裁剪"，将左侧与右侧的数值分别调整为"40.0%",此时得到画面如图 7 所示。将此画面作为跟踪标准,若拍摄过程中,人物始终保持在这个界限以内,则人脸跟踪效果合格;若人物超出此界限,则人脸跟踪效果不理想。

图 7 人脸跟踪界限的操作过程与效果画面

对比经过处理后的视频效果,以 1 min—2 min 45 s 这一段人物运动幅度较大的视频素材为例进行观察,发现云腾 T7AI 手势识别双轴跟拍云台在 01:15:12 人物出画后,并没有及时完成人脸跟踪,如图 8 所示,仅在 01:18:18 人物回到画面中心时,才重新锁定上了人脸。01:30:03 时人物再次出画,直到 02:24:26 人物回到画面中心,才终于再次锁定了跟踪,且在之后的转动调整中亦有人物出画面,整个录制视频中人物出画时长约达到 57 s,占比约 54.3%,人脸跟踪效果十分不理想。反观大疆 DJI OM5 手机云台,在此时间段内,全程稳定追踪,将教师稳定地锁定在画面中央,无人物出画画面,人脸追踪效果较佳。

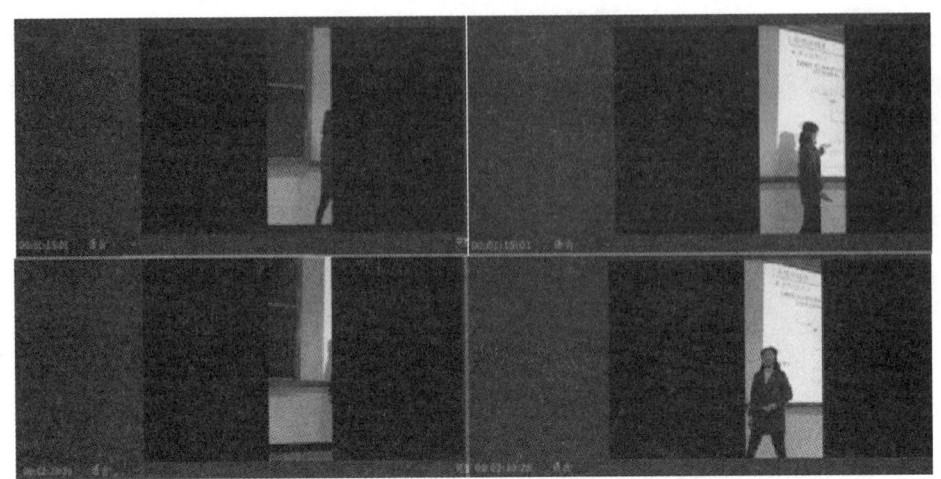

图 8 云腾 T7AI 云台（左）与大疆 DJI OM5（右）的跟踪效果对比

3.5 机动性

机动性主要用于判别该云台是否方便移动、在承载平台运动时是否还能保持平衡等。大疆 DJI OM5 手机云台有一个便携式握柄，如图 9 所示，能够轻松将录制手机装载其上并保持稳定，非常适合拍摄运动机位或跟踪拍摄移动物体。除能够用于课堂教学视频录制，还可以记录实验或课外活动等。

图 9 大疆 OM5 运动物体拍摄

而云腾 T7AI 手势识别双轴跟拍云台则并没有手持握柄，基本只能用于固定在某一平面上进行拍摄，无法移动。二者相较而言，云腾 T7 智能跟拍云台较为笨重，机动性远逊色于自带手持握柄的大疆 DJI OM5 稳定器。

4 结论

综上所述，除搭载手机耗电量情况云腾 T7 智能跟拍云台录制效果能略微优于大疆 DJI OM5 稳定器，其余方面无论是稳定性、人脸跟踪准确性，还是转动平滑性、机动性，其性能都远次于大疆 DJI OM5 稳定器。对拍摄视频进行定量分析后可以发现，使用大疆 DJI OM5 手机云台进行拍摄所呈现的画面更稳定、平滑，捕捉人物也更准确，更加适用于微课视频录制。针对大疆 DJI OM5 稳定器比较消耗拍摄设备电量的问题，可采用外接充电宝或其他电源的方式进行解决。此外，针对镜头晃动的问题，应当采取相关措施尽量减少人为因素的对机身稳定的影响。

另外，分析课堂教学视频可以发现，由于教室较大且云台距教师距离较远，视频中教师授课声音较小，且存在回音，会影响观众的听课体验。建议在拍摄视频时使用无线麦克风获得较好拾音效果。

本文基于云台追踪功能对微课录制中的课堂教学环节开展研究，比对云腾 T7 跟拍云台和大疆 OM5 稳定器的录制效果。另外总结了实际录制中需要注意的情况，希望研究能在微课录制的设备选择时提供较佳的参考方案，提升教师对于课堂教学、实践视频微课录制的体验与微课制作的效率，从而提升教师教学效果。

参考文献

[1] 汪滢. 微课的内涵、特征与适用领域——基于首届全国高校微课教学比赛作品及其征文的分析[J]. 课程. 教材. 教法，2014，34（7）：17-22.

[2] 教育部办公厅. 关于开展 2022 年"基础教育精品课"遴选工作的通知[EB/OL].（2022-09-08）[2023-12-25]. http://www.moe.gov.cn/srcsite/A06/s7053/202209/t20220915_661493.html.

[3] 国家中长期教育改革和发展规划纲要工作小组办公室. 国家中长期教育改革和发展规划纲要（2010—2020 年）[EB/OL].（2010-07-29）[2023-12-25]. http://www.moe.gov.cn/srcsite/A01/s7048/201007/t20100729_171904.html.

[4] 中华人民共和国教育部. 教育部关于印发《教育信息化十年发展规划（2011—2020年）》的通知[EB/OL].（2012-03-13）[2023-12-25]. http://www.moe.gov.cn/srcsite/A16/s3342/201203/t20120313_133322.html.

[5] 黄振宣. 微课的内涵及发展前景辨析[J]. 中国成人教育，2015（10）：124-127.

[6] 胡铁生，黄明燕，李民. 我国微课发展的三个阶段及其启示[J]. 远程教育杂志，2013，31（4）：36-42.

[7] 黄振宣. 微课的内涵及发展前景辨析[J]. 中国成人教育，2015（10）：124-127.

[8] 郭炳坤. 无人机三轴稳定云台智能控制算法的研究[D]. 厦门：集美大学，2014.

[9] 黄海润，施振华，苏成悦，等. 线性自抗扰的增稳云台控制系统研究与实现[J]. 现代电子技术，2023，46（12）：32-38.

[10] 谢忠，赵昌新，韩洪豆，等. 基于电力无人机巡检的高清云台相机技术研究[C]//广东省国科电力科学研究院. 第三届电力工程与技术学术交流会议论文集，2023.

基于 OBE 教育理念的"通信原理"课程教学改革探索

◎ 陈妮　李晓钰　文荣　宋海英　王平

（成都工业学院　网络与通信工程学院，成都　611730）

【摘　要】OBE 教育理念是一种以学习成果为目标的教育导向。本文探索针对通信原理课程具有理论抽象、系统性强的特点，在教学过程中引入 OBE 教育理念，摒弃传统教学中以课程内容为主导的思想，通过制定课程目标，围绕课程目标来进行教学设计和课程实施的改革，以期达成更好的学习成果。

【关键词】OBE；通信原理；课程目标；教学设计；学习成果

通信工程专业是成都工业学院重点支持的产教融合、校企合作共建试点专业，是四川省卓越工程师教育培养计划项目试点专业，在产教融合、校企合作、协同育人等方面积累了较丰富的经验。2020 年，通信工程专业入选省级一流本科专业建设点；2021 年，通信工程专业入选国家级一流本科专业建设点。对于国家级一流专业遴选（建设）基本指标中关于专业综合改革部分，学校要着重加强专业课教育理念更新，努力进行五类"金课"的打造与建设，推动课堂革命与创新。[1]

"通信原理"课程是通信工程专业的核心专业课程，是该专业最重要的基础理论和基本知识课程，重点支撑通信工程岗位应用能力的培养，在本专业课程体系中扮演着"桥梁"的角色，具有承上启下的作用，在通信工程专业能力培养的整个过程中起着关键作用。通信原理课程内容具有极强的系统性、理论性与实践性[2]，学生普遍反映很难学，而教师们常常在教授过程中竭尽所能却仍难以解学生之惑。因此，思考在"通信原理"课程教学中如何充分调动学生积极性、提升学生学习能力、提高课堂效率，增强学习效果显得尤为重要。

第一作者简介：陈妮（1984—），女，讲师，硕士；研究方向：通信与信息系统。

成果导向教育（Outcome Based Education，OBE）是一种以学生的学习成果为导向的教育理念，它强调以学生为中心，重点关注学生的学习成果。[3]在"教"与"学"两难的通信原理课程中引入 OBE 教育理念，践行基于产出导向为核心要义的 OBE 理念，是提高教学效果和提升人才培养质量的有效途径。因此，以 OBE 理念为指导，面向毕业要求，围绕学生知识、能力、素质需求，全方位、多角度推动课堂教学改革，是通信原理课程教学中值得研究的重要课题。

1 基于 OBE 理念的课程教学改革

OBE 的核心要义是认为教学设计和教学实施的目标是学生通过教育过程所取得的学习成果。[4]OBE 理念与传统的教学思想的差异在于教学目标与教学内容谁占主导地位。与传统的教学思想不同，基于 OBE 理念的教学思想，要求先制定教学目标，以教学目标为指导，然后根据目标来进行教学设计、教学实施等活动。在基于 OBE 理念的教学过程中，教学目标的制定是一个自上而下的过程，以培养目标为指导，毕业要求支撑培养目标，课程体系支撑毕业要求，再经过毕业要求指标分解与课程关联矩阵映射得到教学目标。教学目标制定完成后，需要落实到课程和课堂中，并通过相应的教学设计、教学策略来完成教学目标，最后还需要评价标准对接，从而衡量是否达成目标。下面对通信工程专业的通信原理课程进行 OBE 理念的教学目标制定、教学设计、教学策略及评价标准制定。

1.1 课程教学目标

学院通信工程专业立足成都，以成渝地区双城经济圈建设发展为契机，面向西部区域经济建设与电子信息领域相关产业发展需要，培养能够在电子信息与通信相关领域从事电路设计、软件开发、系统测试、运营维护以及技术管理等方面工作的应用型工程技术人才。预期学生毕业 5 年左右能达到下列目标：

（1）能够运用通信工程专业知识与工程技能独立发现、分析并解决现实中复杂工程问题。

（2）以技术、经济、法律、环境、伦理、人文等宽广系统视角考虑问题，坚持社会公众利益为先，在工作及社会中表现出良好道德品质和职业素养。

（3）能适应独立及团队工作环境，具有一定的组织能力，能与同行、客户和社会公众有效沟通，有全球化意识和一定的国际视野。

（4）具有良好的终身学习能力，实现自我提升。

根据专业毕业目标的指标分解以及结合课程体系对目标的支撑，得到通信原理课程主要需要支撑的毕业目标：具有解决通信与信息系统中复杂工程问题所需的电路与电子线路基础知识（指标分解1）；具有识别、表达并通过文献研究分析信号处理与传输基本问题的能力，以用于识别、表达和分析信息通信领域复杂信号链问题（指标分解2）；能够基于数学、物理和专业基础原理，针对信息通信领域的问题，设计实验、分析处理和解释实验数据（指标分解3）。根据课程目标必须可衡量，并能以适当的方式落实、考核和评价的原则，课程组的教师们通过探讨分析，得到以下的课程目标。

课程目标1：能识别实际生活中的通信系统类型，并推演计算通信系统相关参数（带宽、频率等），分析通信系统的噪声影响以及信道特征。

课程目标2：能够在通信工程应用中正确选用调制技术进行不同通信系统的信号的调制，解调，编解码，能推演计算通信系统传输的相关参数并分析通信系统是否无失真。

课程目标3：能运用工程研究方法分析通信系统复杂工程问题，发现影响性能的关键环节。

课程目标4：掌握通信调制、编解码的设计实验方案，能分析对比不同参数对系统的影响。

课程目标1和课程目标2用于支撑毕业目标的指标分解1，课程目标3用于支撑毕业目标的指标分解2，课程目标4用于支撑毕业目标的指标分解3，课程目标完全覆盖通信原理课程需要支撑的毕业目标的指标分解。

1.2 教学内容设计

课程目标的制定要支撑毕业目标，而课程目标的实现需要课程内容，结合相应的教学方法来支撑。因此在得到相应的课程目标的同时，对应的课程内容，教学方法等内容都进一步清晰。以课程目标1为例，为达成课程目标1，需要讲述的课程内容主要有以下几部分：第一章通信的基本概念、通信系统模型、通信系统分类与通信方式、信息及其度量；第四章，信道、信道的数学模型、信道特性对信号传输的影响、信道的噪声、信道容量等概念[以教材《通信原理》（第 7 版）（樊昌信、曹丽娜编，国防工业出版社 2013 年版）为例]。采用的授课方式主要是案例教学，多采用图文结合教学、形象比喻教学等方法，尽量减少传统的讲授方式，不再一味地进行知识灌输而忽略学生的自主学习。比如在学习信息量时，我们可以采取使用不同的图片，让学生分析图片，并根据图片中获取的信息来判断图片中的信息量的大小，从而更好地理解信息量计算公式。在讲解通信系统的模型及其发展时，可以带入思政融入点，我们生活中常见的移动通信技术从 1G 到 4G，再到 5G 的发展和变革，不仅丰富和改变了人类生活，也让我国成为世界瞩目的科技强国。我国现已成为全球最大的 5G 市场之一，并且率先实现了 5G 商用化。5G 通信技术的应用将推动智能制造、智慧城市等领域的发展。学生在学习过程中，能切身感受到课程的价值，同时激发建设通信强国的爱国热情。

根据课程目标对课程内容进行梳理后，每个章节的讲授内容、讲授重点、难点也非常明确，教学内容和课程目标的对应关系也相互映射，可根据课程内容制定相应的课程学习时长以及课程学习的形式。

1.3 教学策略

目前的通信原理课程整体的课时安排为 38 理论课时、8 实验课时、10 课时的自学课时，结合通信原理的课程目标、课程内容，将理论课时、实验课时、自学课时进行分配，具体的分配情况如表 1。

表 1 课时分配

课程目标	理论课时	实验课时	自学课时
课程目标 1	4	0	2
课程目标 2	22	0	3
课程目标 3	12	0	2
课程目标 4	0	8	3
总计	38	8	10

通信原理课程采用线上线下混合教学的方式，线上主要采用慕课的方式进行自学，部分自学内容是教师们指定的必须完成的自学内容，教师们同时

推荐相关的大学慕课供学生选择学习,其他自学内容为相关的拓展学习,学生可自行选择。必学自学内容主要是课程初期的预习,课程初期学生自学的内容以提前学习课本的基本概念为主,需通过自学来理解基本知识,并对自己未能理解的知识点进行记录。线下课程学习中,老师通过启发式提问、学生自主提问来解答学生的问题以及在以前教学过程中发现的大多数学生难懂的知识点,帮助学生理解吸收基本知识。课后老师会在一些在线课程平台如微助教等上传相关的课后巩固资料,同时还可发起讨论,也可以进行基础知识测验,学生再次进行查漏补缺,有问题也可以随时向老师请教。随着课程的进行,老师会对学生的自学内容进行一定的拔高,不仅仅是基本知识,还需要进行知识的运用和分析。可在平台上分发项目式分组完成一个课程任务,解决相应的问题,学生需要在该过程中进行资料的查找、学习,然后根据任务制定目标并设计方案,最终完成任务,如在学习模拟调制解调后,为了能更好地分析各种调制方式的抗噪性能,可让小组进行虚拟仿真来展示各种调制方式的性能,并根据仿真调试来理解不同参数对其性能的影响。同时也可结合实验课,在进行试验箱手动测试时加深对其知识的理解和运用。在完成一个课程任务后,可采用翻转课堂的方式让学生分享整个过程中的学习方法、收获的知识、解决问题的思路等内容。

除此之外,还可以不定期进行随机课堂测验,引导学生自检学习效果,了解学生对重点、难点内容的学习效果,促进教与学的持续改进。

根据课程的目标,本门课程暂时制定了 4 次随堂测验作业,要求学生必须独立完成,并在规定的时间内提交。随堂测验与支撑课程目标如表 2。

表 2 测验与课程目标及毕业要求指标点对应表

序号	测验	课程目标	毕业要求指标点
1	绪论及基本概念相关练习	课程目标 1	指标分解 1
2	调制解调理论基本概念、各种调制解调原理相关练习	课程目标 2	指标分解 1
3	波形码型基本概念、无码间干扰判断相关练习	课程目标 2	指标分解 1、指标分解 2
4	抽样、量化、编码概念,PCM 编码相关练习	课程目标 2	指标分解 1、指标分解 2

实验方面，为了提升学生的能力，由单一的验证性实验转变成综合设计性实验，由原来单一的硬件试验箱操作转变到试验箱和虚拟仿真结合使用，既可以在线下进行实验操作，也可进行虚拟实验仿真，为学生提供更多学习和动手的机会。

1.4 教学考核评价

基于OBE理念的教学是以成果为导向，那么如何评价课程的教学效果就尤为重要。根据OBE理念中注重学生学习的过程结果、提倡教学考核评价方式的多样化的要求，通信原理课程将课程考核分为两大部分，一个是过程性考核评价占40%，二是总结性评价占60%。其中过程性考核评价由课后作业、测验、课堂表现、小组任务、实验等方面的过程性数据组成。

总结性评价以期末考试成绩为基础，评价标准以考试试卷的标准答案及评分标准为依据。这就要求在制定考试卷时需要根据课程目标和毕业目标来制定相关考题，引入能验证相关能力的考题。

对于不同课程目标采用的过程性考核方式不完全相同，教师根据课程目标所支撑的毕业目标，为学生所应该学习掌握的能力制定相应的考核方式。对于课程目标1和课程目标2的过程性考核方式主要是课后作业、测验、课堂表现；对于课程目标3的过程性考核方式主要是课后作业、测验、课堂表现、小组任务；对于课程目标4的过程性考核方式主要是课堂表现、小组任务、实验。每个课程目标对应的过程性考核方式占比如表3所示。表中的过程性考核方式各自所占比例在具体的实施过程中可根据课程和课堂实施的具体情况进行微调，同时为过程性考核方式制定相关的评价标准。

（1）课堂表现评价标准。

课堂表现主要分两大类，一类采用平台进行协助，通过在微助教或"雨课堂"等平台发布课堂提问、课内讨论、课堂作业等形式，学生在客户端进行答题或者讨论，教师在平台设置相应的评价标准，由平台完成评价；另一类是在课程讲授过程中，学生是否主动抛出问题，在教师引导过程中是否积极思考，认真回答问题来评价。如第一章的知识点，主要包含信息、消息的关系、信息量、熵、通信系统主要性能指标等方面内容，那么可以引导大家进行第一章的内容探讨，如在什么条件下熵最大？误码率、误信率的关系，以及在多进制下误码率与误信率的大小关系。对于参与讨论的同学,按照是否积极参与互动、是否给出合理的分析过程、是否给出正确回答来进行讨论给分;对于课堂提问,按是否积极回答问题、是否回答正确给分。具体的评价标准如表 3 所示,在具体的实施过程中可对等级层次以及分数进行更详细的划分。

表 3　课堂测验评价标准示例

	基本要求	课程目标
知识点	包含信息、消息的关系、信息量、熵、通信系统主要性能指标等方面内容	课程目标 1
主题	讨论在什么条件下熵最大?误码率、误信率的关系?	
	完成情况	得分
评价标准	积极参与互动,针对话题给出合理分析或回答,或者正确回答问题	95~100
	积极参与互动,针对话题给出较合理分析或回答,或者基本正确回答问题	85~94
	较积极参与互动,针对话题给出基本合理分析或回答,或者基本正确回答问题	75~84
	较积极参与互动,通过引导,针对话题给出基本合理分析或回答,或者基本正确回答问题	66~74
	能够参与互动,通过引导,也无法针对话题给出基本合理回答,或者错误回答问题	60~65
	未参与	0

(2)课后作业评价标准。

课后作业的评分标准相对比较简单,主要考查学生是否自主完成作业,按时提交作业,作业的正确率等。

(3)测验评价标准。

测验评价标准与作业评价标准类似,主要根据学生测验的正确率来进行评价。通过在课程中的测验评价来阶段性地总结和检验学生的学习成果,并根据测验的情况进行分析,用于指导后续的课程教学的持续改进。

(4)实验评价标准。

实验成绩评价按照实验设计、实验完成度、实验报告等维度进行。实验设计评价从设计方案的可行性上进行评价,是否正确运用所学知识并合理利用实验设备。实验完成度主要从实验结果进行评价，学生是否正确理解了实验任务，达成了实验目标，对老师提出的实验问题是否可在实验过程中找到正确答案。实验报告主要从实验数据整理和分析方面以及在实验过程遇到什么问题、怎样解决问题等方面来进行评价。通常一个实验的总体成绩中，实验设计占35%，实验完成度占35%，实验报告占30%。但是在实际操作过程中，可根据不同的实验难度，对各占比进行微调，如模拟通信系统的设计实验在设计时难度比较大，那么就可以对实验设计的占比进行微调，相应调高实验设计的占比。

（5）小组任务评价标准。

小组任务评价包含教师评价、组内学生评价以及组外学生评价三部分。因给出分数的主体不一样，故在评价过程中，教师评价和组外学生评价主要是将小组看成一个整体，评价标准是按照小组为单位来进行给分，主要从小组是否按时完成所承担的任务、小组是否为大家展示出本组所完成的任务、是否能回答老师和学生提出的一些问题等方面来进行评价。组内学生评价主要是对本组内同学的表现进行评价，根据组内同学在完成本组任务时所作出的贡献来进行打分。教师评价、组外评价、组内评价满分均为100分。教师评价占30%，组外评价占30%，组内评价占40%。

通过过程性和总结性评价，可对课程目标的达成进行直接的评价，如分析哪些课程目标达成度高，哪些课程目标达成目标相对低，达成度好的课程目标为什么好，有哪些好的经验可以传承，达成度相对差的课程目标有什么可改进的地方，在后续的教学中应如何持续改进。由于每次教学的学生主体各有不同，因此也要对学生个体课程目标达成情况进行差异分析。在2021级教学过程中发现个体达成差异的课程目标是课程目标2和课程目标4。课程目标2因在课堂表现中所占比例较高，小部分同学课堂表现较好。课程目标4主要是研究能力，少量同学的研究探索能力以及思考能力比较强，实践能力和数据分析能力较好，故该课程目标只有少量同学能很好地达成。

除了过程性和总结性评价这些直接评价，还可以采取间接性评价，如向学生发送问卷调查，由学生自己来判断自己是否达成对应的课程目标。同时考虑到"通信原理"课程是由课程组进行教学，学生对不同的老师的讲授方式和风格的喜好等各有不同，在问卷中学生可以对喜爱的教师进行选择，教师们可以通过问卷了解学生喜欢的教学风格，在后续的课程中进行教学风格和教学方式的改进。同时在问卷中可以向学生提问其最喜欢的过程性考核评价方式，以及学生对实验设计的难度等方面的看法。根据问卷的结果，结合直接性评价的结果，在下次课程教学中进行实验内容、考核方式，以及考核方式占比等方面的调整。

2 结语

在"通信原理"课程教学过程中遵循 OBE 教育理念，教师通过细化培养目标了解如何组织教学，以及如何通过相应的考核判断其目标是否达成。学生通过课程目标知晓在学习结束时应该具备怎样的能力，从而在学习过程中通过各种学习方法来提升自己的能力，并在各种考核评价环节展示自己具备的能力。在真实的教学过程中，如教师和学生逐步深入贯彻 OBE 理念，加强对其的内涵的领悟和落实，并持续优化和改进，相信一定能取得更好的教学效果。

参考文献

[1] 张健，刘燕，肖庆高. 一流专业建设背景下的通信原理多方位教学改革实践[J]. 陕西教育（高教），2023（6）：39-41.

[2] 陈惠芳，谢磊，单杭冠，等."新工科"背景下"通信原理"课程内涵的探索与实践研究[J]. 2023（7）：33-39.

[3] 谢佩军，崔海，黄冲，等. 基于 OBE 理念的机电一体化专业课程地图研究[J]. 计算机时代，2022（9）：143-146.

[4] 王永泉，胡改玲，段玉岗，等. 产出导向的课程教学：设计，实施与评价[J]. 高等工程教育研究，2019（3）：62-68.

培养科学思维，连接真实世界
——电子技术课程能力素养培养体系构建

◎ 杨梅[a]　邓慧[b]

(a.成都工业学院　基础教学部，四川　宜宾　644000；
b.成都工业学院　电子工程学院，成都　611730)

【摘　要】破解"工科理科化"难题关键是在混合式教学设计、课程教学内容设计两方面进行创新与改革，尽管数字化信息化进行深入课堂和实验室，但电子技术这样的课程理论抽象如何与工程实践相结合依然是课程建设的难点。本文将BOPPPS教学设计方法与基于情景与认知建构的R-A-R模型相结合，提出了一种新的思路，并给出了教学案例，解决了教学中的痛点，提升了学生和教师的获得感幸福感。

【关键词】工科理科化；R-A-R模型；教学设计；教学内容设计

1　问题与现状

"工科理科化"最主要的表现是工科课程体系"理科化"，重理论、轻实践的特征突出是现代高校教学需要思考和解决的问题。

目前，工科本科生的课程体系一般是大一公共基础课，大二专业基础课，大三专业课，大四除专业课外还需要做毕业实习、毕业设计。即先系统地学习理论，到大三开始动手实践，大学后半段才建立起较为系统的工程认知。此时，学生即使在实践中意识到自身能力或知识方面的不足，也来不及补救。到大三、大四，学生开始准备考研、出国和考公，无法真正把时间用于工程

基金项目：2022年教育部产学合作协同育人项目（220406528252154）；2022年四川省教育厅第三批高校省级课程思政示范项目；2021—2022年成都工业学院人才培养质量和教育教学改革项目（20210432）。

第一作者简介：杨梅（1972—），女，副教授，硕士；研究方向：电子信息工程

通信作者简介：邓慧（1991—），女，讲师，硕士；研究方向：信息显示。

实践上。这种教学安排下，学生大一、大二阶段课程中的理论知识量比较大，依赖短期记忆、通过考试拿到学分的学生，三个月左右就会将前一学期的大部分课程知识忘掉。当他们大三、大四寻找这些知识的用途时，早已忘得干干净净。同时，工科生的研究能力越来越停留在"仿真层面"，学生都擅长用软件去做仿真计算，但面对解决企业的实际问题时，可能会束手无策。

2023年3月，在深圳举行的"首届南科大新工科教育论坛"会议上，多位中国工程院院士和包括曹德旺在内的数名企业家联名发文，呼吁扭转工程人才培养中的"工科理科化"现象。"新工科"人才培养模式的一个核心问题——工程教育，即为课程教学中实践和理论如何交叉融合的问题。

2 专业基础课程电子技术存在的痛点

电子技术课程的职责是服务专业，面向未来工程与科研，提供工程素养与分析解决能力的有力支撑。教学过程中达成这样的职责存在以下三个痛点：

痛点1：教学内容缺乏实践性内容设计，无法满足"新工科"复合型人才培养要求。由于学生对专业的理解不深刻，学习方法还处于高中阶段的做题阶段，对公式概念的理解也仅仅满足于套用公式解出正确答案，注重考试，缺乏实践。但是教学内容缺乏实践性内容设计，不利于学生将来对于所学知识的综合运用，因此存在教学内容实践性深度不够、无法满足复合型人才培养需求。

痛点2：教学模式以教师讲授为主，探究性学习没有真正发生在学生身上。教师一言堂的教学模式不利于培养学生自主学习和终身学习能力，忽略了对学生发现问题和解决问题能力的培养。未能在教师的引导下，让探究性学习行为真正发生在学生身上。

痛点3：评价方式多样性缺乏，无法准确诊断学生的学习效果。教学与信息化技术的深度融合不充分，评价方式多样性缺乏，虽然可以实时掌握学生的学习动态，但无法准确诊断学生的学习效果。依据评价结果进行持续改进的闭环质量控制机制有待完善。

3 电子技术课程设计解决方案

提高课堂教学质量的最重要方法是建立好的课程设计，提高教学效果。

3.1 混合式教学设计

电子技术课程采用混合式教学模式、BOPPPS 等教学策略、现代信息化教学手段和多元化学习评价机制，引导学生进行探究式和个性化学习。开放性大作业增加理论与实践融合的内容，科学"增负"，让学生体验学习的挑战。课程教学逆向整体设计思路如图 1 所示，依据教学目标确定教学内容，设计教学活动，教师通过不断迭代的教学方法帮助学生完成这些教学活动，通过多元化的评价机制进行学习效果评价，查找短板，形成课程质量评价报告，后续课程中持续改进。

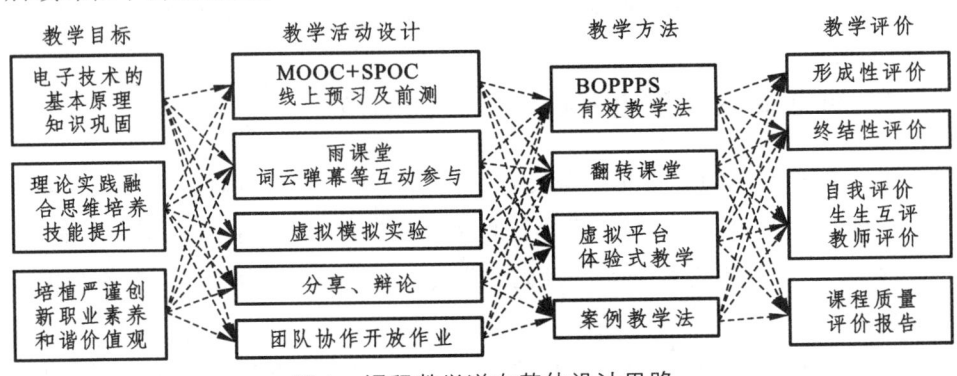

图 1　课程教学逆向整体设计思路

课程改革的创新思路如图 2 所示。通过知识内容层次化，教学内容 1+X 差异化，多重融合同步化实现教学内容立体化；采用线上线下混合式教学模式，通过大班授课，小班研讨，结合翻转课堂教学方法，实现教学策略共情化；通过三库两平台建设实现教学手段信息化；采用多样化评价方式，多渠道反馈机制，多阶段跟踪评价实现教学评价多元化。

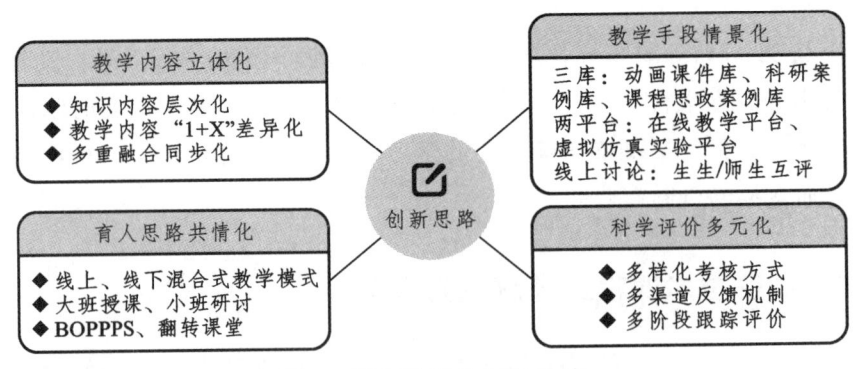

图 2　课程改革的创新思路

混合式教学模式采用案例教学、面向问题教学、翻转课堂、BOPPPS 等教学方法和策略,激发学生的学习兴趣,让探究式和个性化学习真正发生在学生身上。课前教师发布任务清单,学生根据所布置的任务,利用平台资源进行自主学习,通过章节讨论、自测,完成课前知识的线上获取,培养学生终身学习能力。课堂则通过问题导向,引导学生展示学习成果,学生通过分享观点、小组辩论,教师结合真实工程案例,在课中实现知识内化,启迪解决复杂环境问题的科学思维模式,提升学生表达能力、分析与解决问题能力。通过综合性开放性作业,由第一课堂延伸到第二课堂等方式,课后实现知识拓展与应用。

3.2 R-A-R 模型:基于情景与认知建构的电子技术课程内容设计

混合式教学设计能提升课堂教学的活跃度,使课堂教学更加精彩。而优秀的教学内容设计才是课程设计不可缺少的核心。[1]

工程实践是面向真实世界(real World);抽象世界(abstract World)是对真实世界经验的提炼与总结,体现了真实世界的共性与规律。第一,R-A-R 模型从真实世界切入,从学习者已有的真实体验出发,提出问题,定出目标。第二,教师引导学生深入核心原理,探寻规律和本质,同时兼顾示范效应,在探索问题本质的过程中做到举一反三,寻求解决方案迁移到其他类似问题的路径。[2]第三,尊重学生的认知学习曲线,逐步将学生由真实世界引入抽象世界,归纳推理问题背后的数理逻辑。第四,电子技术的世界是工程的世界,进入抽象世界还必须再次回到真实世界,否则就会进入"工科理科化"的怪圈。但真实世界的各项指标并非单一且有轻有重,再次回到真实世界的环境中需要教师提出实际技术指标,带领学生探讨多种方案的优劣,学习比较、权衡包括技术成本、时间成本、价钱成本在内的利弊,教师与学生一起得出最合适但并非唯一的方案。此环节过程中需要引入不仅仅是仿真而且是实质性的动手实践操作,包括实验模块电路板验证、面包板搭建验证、PCB 板创建等内容。此环节除了考虑电磁兼容抗干扰等技术要求外,还需要兼顾考虑美学、成本等非技术要求。第五,反馈真实同时面向未来。此环节可以在课后进行总结与反馈,具体的模型示意如图 3 所示。

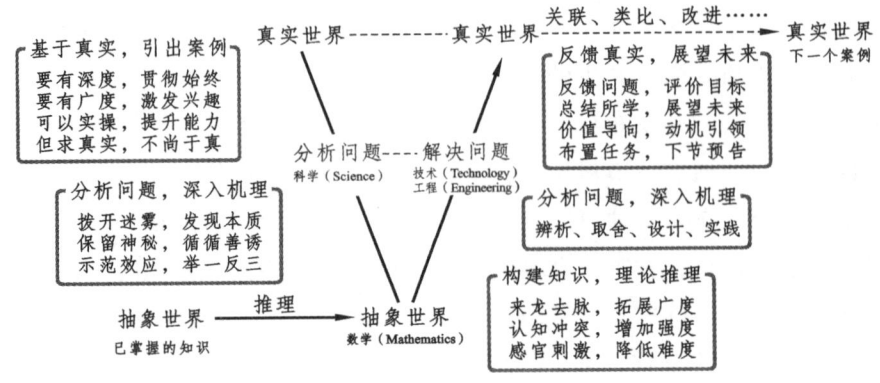

图 3 R-A-R 模型

R-A-R 模型课程设计的目的，是让学生形成并不断完善问题解决方案，对方案进行评估。教师需要引导学生搭建一个完整的问题解决方案框架，以及对问题解决方案进行评估的框架。

3.3 R-A-R 模型与其他模型的结合提升课程的挑战度

课程的学习者如果只停留在真实世界研究问题，必将流于表面，对未来面对信息化数字化的时代缺少后劲，缺乏必要的数理基础，课程学习也将失去挑战度和难度。[3]学习者如果由真实世界进入抽象世界便停止研究，会进入一种为学习而学习的状态，不能达到电子技术课程服务专业面向未来工程与科研的要求，即是"工科理科化"。

R-A-R 模型与 BOPPPS 教学模式[4]、"雨课堂"数字化教学手段相结合，可以大大地丰富课堂的交互过程，最大限度地调动学生的学习积极性。高阶性挑战度体现在由抽象世界再返回到真实世界的过程中，这个阶段教师引导学生讨论方案，比较、权衡各项指标和利弊，最终得出最合适但并非唯一的方案，达到"跳一跳"的效果，体现课程的思辨性。由真实世界引出问题时可以自然融入课程思政，由抽象世界回到真实世界时可以培养学生的创新能力、审美能力、工匠精神。

4 教学案例

4.1 案例简介

本案例源自"模拟电子技术"课程，并可运用到"传感器与检测电路"

等课程的教学单元中，是一个比较典型又难度合适的专业课与专业基础课相融合的案例。[5]

本案例以场效应管的开关性研究为核心知识，以模拟某工厂生产线上一个电机需要两个人随时都可以独立控制启停的要求，设计电路模拟双路控制。

4.2 学习目标

（1）学习场效应管的结构、工作原理、三个工作区间的分析判断、如何判断场效应管的工作方式，举例分析基本的工作电路实现恒流以及开关控制。[6]

（2）理解现代电子技术的发展，集成电路的广泛应用，场效应管用作放大的作用越来越少，主要是利用元件的开关性进行电路的逻辑控制。

（3）感受工程背后的数学魅力，提升学习者学习电子技术的兴趣。

4.3 教学设计

步骤一：导入。课程首先从真实世界开始，提出工程实践中的控制问题，促进学生动脑思考，激发学习活力和兴趣，同时给出要求的设计目标。

步骤二：分析。从"开关"的表象深入场效应管的内部机理，对场效应管的三个工作区间的核心原理（载流子的运动）进行研讨。学习过程可以与三极管的学习相类比，组织学生讨论现代技术场效应管越来越多地取代三极管的原因。

步骤三：推理。分析已经学习的结型场效应管输出特性曲线、转移特性曲线推理归纳底层的数理逻辑，根据近似估算的原则，得出主要参数和极限参数，并根据元件特征举一反三推导出绝缘栅型场效应管的特征，二者进行数理类比。课后通过"雨课堂"发布讨论：不同场效应管的工作电路对外电源、偏置电阻等有什么不同的要求，类似的对两种不同的三极管又有什么不同的要求。

步骤四：实践。分析双向控制开关的设计要求，带领帮助学生绘制要求的逻辑图，相当于数字电路中的真值表。

步骤五：总结提升。总结场效应管的性质和应用场景，对课程内容进行提升，布置课后扩展作业——用场效应管并配上合适的电阻、电容、三极管、继电器（需单独给学生学习材料），设计制作一个延时器（延时 2 分钟），并指定小组进行设计汇报。

5 结束语

能力素养培养体系构建最重要的是产出导向的重构式创新。教师在教学设计和教学内容的设计过程中，设计问题（综合性、难度可根据课程进度进行调整）的目的是让学生把自己的需求和兴趣带入学习过程，因此需要关注问题本身是否令学生感兴趣，是否贴近现实。[7]学生解决问题的过程包含知识学习的过程，学习的知识是过程中生成的而非提前确定的，追求的结果是训练学生对于问题搜索、学习、整合知识的能力，以及解决问题的能力。

参考文献

[1] 李骏扬，于海琴，王小六，等. R-A 模型：基于情境与认知构建的理工科课程单元设计[J]. 东南大学学报（哲学社会科学版），2021（12）：173-177.

[2] 付扬. 基于 Multisim 技术的电子电路综合设计改革[J]. 实验技术与管理，2018（4）：112-114，198.

[3] 沈建民. 试论课程意识缺失的课堂表现及其培植策略[J]. 教育理论与实践，2009（2）：61-64.

[4] 薛玉峰. 基于信号链下的模拟电子技术课程改革[J]. 高师理科学刊，2020（4）：90-944.

[5] 叶朝辉，华成英，阎捷，等. 模拟电子技术实践能力创新的探索[J]. 实验技术与管理，2017（1）：29-32.

[6] 童诗白，华成英. 模拟电子技术基础[M]. 3 版. 北京：高等教育出版社，2001：1-9.

[7] 张林，邓天平."模拟电子技术"课程教学内容改革探讨[J]. 电气电子教学学报，2015（2）：14-16.

人才培养及其他

服务地方应用型本科高校机器人实验室建设与发展路径探索

◎ 田亚铃　张洪杰　王强　李刚俊　黄晓燕　苏睿　彭悦蓉　刘佩森　杨婷

（成都工业学院　智能制造学院，成都　611730）

【摘　要】在国家"双一流"建设的背景下，高校实验室的建设与发展面临新的机遇，同时也有巨大的挑战。实验室的建设与发展旨在服务人才培养，以"地方性、应用型"为办学定位的新建本科院校旨在培养服务地方经济发展的应用型技术人才。针对机器人实验室群建设工作，剖析机器人实验室群的功能定位，分析当前高校实验室建设存在的问题，阐述我校为地方经济发展培养人才的新建机器人实验室群的建设现状与成效，探索机器人实验室群建设与发展路径。

【关键词】应用型本科；服务地方；机器人实验室群；实验室建设与发展

高校的三大基本职能是人才培养、科学研究、社会服务。实验室是高校重要的组成部分，是高校三大基本职能发挥的重要载体；是人才培养的重要基地；是组织开展高水平应用技术研究和基础研究的重要基地；是聚集和培养优秀高级技术人才、开展学术交流的重要基地；是为地方企业开展应用技术研究的重要基地。在国家"双一流"建设的背景下，高校实验室的建设与管理迎来新机遇的同时也面临更多的挑战。[1]

为了更好地服务地方经济，实验室建设经费投入巨大。刘彦玲提出多渠道筹措经费，鼓励重点实验室与企业开展合作研究，吸引社会资源投资实验室。[2]赵全志等提出牢抓地方经济发展，围绕重点学科发展重点实验室，确定

基金项目：四川省科技计划重点研发项目（2023YFN0027）；四川省大学生创新创业训练计划（S202311116085；S202311116087）；成都工业学院科研项目（2022ZR015；2022ZR016）；成都工业学院教改项目（20210319）。

第一作者简介：田亚铃（1986—），女，副教授，硕士；研究方向：机器人、机器视觉。

实验室方向。[3]游颖敏等提出要创新举措，提升服务的深度和广度，解决产业的共性问题。[4]

围绕机器人实验室的建设、运行与管理，大量学者进行了研究。卢亚平等研究了应用型本科工业机器人实验室建设，侧重工业机器人，并建设了"机电一体化综合实践"课程行动体系。[5]朱海荣等阐述了类人机器人实验室的建设。[6]刘琼等探索了基于机器人实验室的"工业机器人"实践教学。[7]张进民等探讨了从指导思想、教学体系、教学目的、实验平台建设和教学方法等方面进行课程建设和教学改革。[8]李晓艳等从实验室安全管理的角度探讨了实验室改革。[9]陈东青等提出将机器人实验室与学校机器人技术协会联合，探索与实践学生参与实验室开放式管理和科研项目。[10]

服务地方经济的应用型人才培养：对于以"地方性，应用型"为办学定位的地方性本科院校，人才培养是核心任务。地方性本科院校人才输出主要服务地方经济的发展，四川省人民政府印发的《中国制造2025四川行动计划》提出四川省将率先建成"中国制造"西部高地、进入全国制造强省行列，"行动计划"锁定了十大重点领域突破发展，其中之一是"高档数控机床和机器人"。我校机器人实验室群的建设围绕机器人相关技术，研究分析地方产业、典型机器人技术应用企业发展现状及趋势，分析机器人技术相关人才需求情况、技术服务需求情况，探索以实验室建设为载体，以应用技术研究为手段，以技术应用型人才培养为目标的实验室建设路径。

聚焦地方的社会服务：结合学校机器人学科背景，挖掘地方制造行业的机器人技术需求，提供以机器人技术为核心的社会服务。围绕富士康科技集团、京东方科技集团股份、保利根精密工业有限公司等，开展机器人相关技术的培训、机器人系统集成、生产线升级、工艺改进等工作。

对标社会服务的科学研究：作为地方应用型大学，开展基础科学研究的能力相对薄弱，科学研究定位在应用技术的研究。针对机器人领域，调研地方制造行业，对标社会服务需求，机器人技术需求主要集中在工业机器人技术上，包括初级的机器人操作使用技术、中级的机器人集成技术和高级的机器人新型应用技术三个方面。第三个层面主要涉及机器人视觉技术、机器人力控技术、机器人SLAM技术和人工智能技术在机器人领域的应用实施。

人才培养、科学研究、社会服务三者相辅相成、互相促进、互相依托。

1 实验室群建设需求调研

企业调研：从人才培养这一职能来说，实验室建设是专业建设的内容。实验室建设又是跨专业的建设，各相关专业的人才培养方案制定、专业建设开展的企业需求调研都是实验室建设的依据。应以地方典型企业人才需求为核心，针对机器人技术服务的主要企业、典型企业、主要岗位及岗位群间的关联，明确典型岗位工作内容、技术条件、工作要求；分析机器人实验室群的技能——知识支撑点，对应设备需求。

其他高校：选择开设了机器人工程专业、智能制造工程专业、机械电子工程专业和自动化工程专业等学科领域的院校作为重点调研对象；了解开设机器人技术相关课程的本科院校的实验实践基本条件。疫情期间，拜访各高校相对困难，多是通过参加国内智能制造工程专业建设、课程建设等相关教学研讨会，与参会高校交流、讨论，获取各高校实验室建设情况。

毕业生：选择相关专业毕业 3 年内的毕业生作为重点调研对象，了解毕业生的职业技能提升、学业晋升两方面对机器人实验室建设的意见和建议。

实验室建设需求分析框图如图 1 所示。实践表明，需求准确的实验室建设能更好地发挥人才培养、社会服务和科学研究的作用。准确对接地方人才需求，做好服务地方企业工作，能获得当地政府及企业更大的认同，逐渐形成机器人技术领域在地方的话语权[3]，同时也能提高学生的满意度。

企业调研	毕业生调研	高校调研
典型岗位 工作内容 技能要求 工作要求	提升学业 学生技能需求 晋升学业 学生需求	教师课程 队伍 实验开设 管理模式设备
能力、知识、设备		设备、管理机制

图 1 需求分析

2 实验室群建设技术需求

结合学校专业设置，依据实验室建设需求调研，设计实验室群框架。企业对机器人技术的需求呈现需求量大、技术层次跨度广、技术新的特点。经过调研发现主要涉及以下工作内容：机器人编程、机器人维护、机器人系统集成、机器人新型应用实施、机器人开发等工作。面向制造行业的机器人主要包括工业机械臂、协作机械臂和移动机器人。其中机器人编程、维护和系统集成工作是基础需求,即人才培养的基础。

随着智能化产线升级进程的加快,机器人技术应用的更多需求体现在引入新型传感器的综合应用,比如需求最大的机器人与视觉技术的配合,以及移动机器人的新应用开发。对学生调研可知,技术提升和学历提升这两方面对于机器人实验室建设的要求集中体现在:一是机器人新技术的开发及应用,包含算法研究、实验验证和样机试验;二是机器人系统性能研究,也是偏重理论研究和实验验证。机器人新技术的开发应用、机器人性能研究等则是进阶人才培养的需求,也涵盖企业社会服务和教师科研的需求。但考虑社会服务和教师科研最终会反哺教学,所以本文将此统一归为进阶人才培养需求。

机器人实验室群主要服务我校机器人工程、机械电子工程和智能制造工程专业。根据调研和专业发展分析,机器人工程专业侧重机器人本体系统、机器人系统集成、机器人应用;机械电子工程专业侧重机器人系统集成、机电一体化方向;智能制造工程专业侧重于工业机器人与工业互联网的融合、机器人应用等。基于上述分析,构建机器人实验室群的需求分析框架如图2所示。

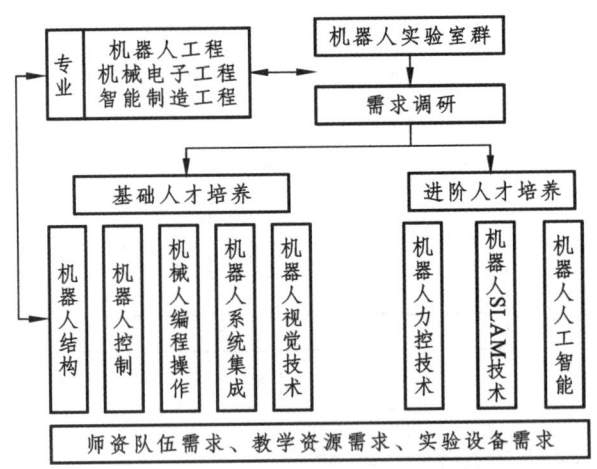

图 2 实验室群技术需求分析框架图

3 实验室建设

机器人实验室群历经 5 年建设历程,目前已形成初步体系,正稳步运行。

现已建成 4 个子实验室——工业机器人集成实验室、机器人与视觉实验室、工业互联网+机器人实验室、移动机器人实验室。各子实验室之间相互依托、相互促进，并非完全独立。

1）工业机器人集成实验室

该实验室主要包含 6 套工业机器人集成工作站如图 3（a），每套设备配置一台六自由度工业机械臂以及色标传感器、视觉传感器、吸盘、笔形工具等。该设备主要支撑基础人才培养工作，包括实验、实践和毕业设计。

同时，实验室还配置有一套基于协作机器人开发的打磨机器人系统，如图 3（b），这套设备主要支撑教师科研工作。

（a） （b）

图 3 工业机器人系统（a）与打磨机器人系统（b）

2）机器人与视觉实验室

该实验室在人才培养方面支撑机器视觉课程的实验、实践教学工作，同时还服务毕业生的毕业设计、部分学生的创新创业、学科竞赛等。图 4 所示是该实验室的机器人+视觉（2D+3D）系统和配置视觉系统的双臂协作机器人。

3）移动机器人实验室

该实验室包括智能模块化机器人套件和工业级智能 AGV（负载 70 kg）。智能模块化机器人套件能够通过自主创意搭建多种构型的移动机器人，主要承担机器人工程专业的专业课程教学、实验和实践、毕业设计，以及机器人类学科竞赛任务，如图 5（a）。工业级智能 AGV 如图 5（b）所示，目前供教师横向课题的预研使用。

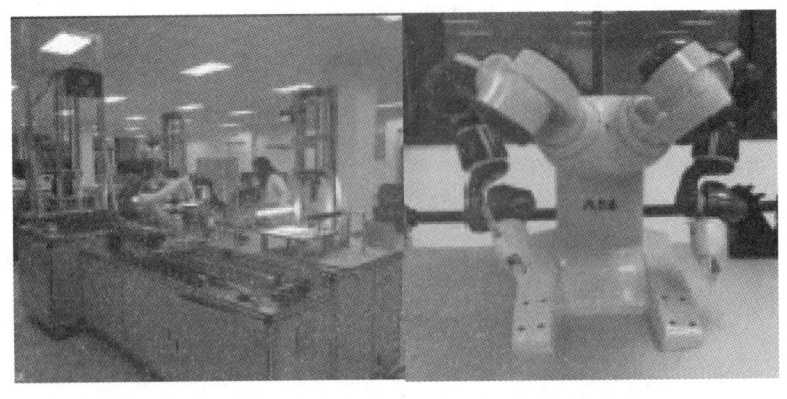

（a）　　　　　　　　　　　　（b）

图 4　机器人+视觉（2D+3D）系统（a）和双臂协作机器人（b）

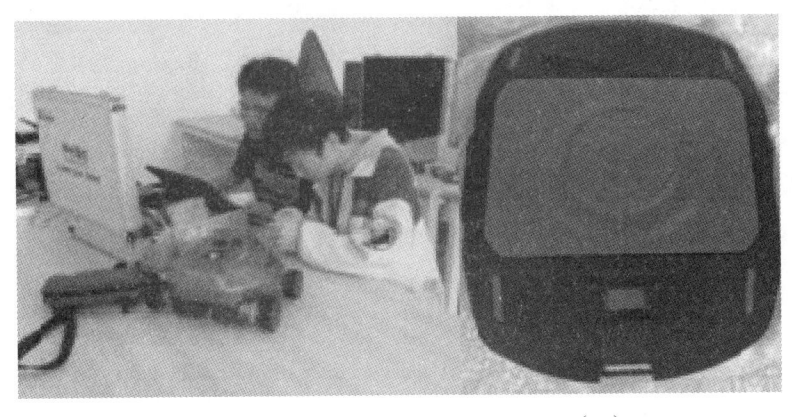

（a）　　　　　　　　　　　　（b）

图 5　智能模块化机器人（a）和工业级智能 AGV（b）

4）工业互联网+机器人实验室

该实验室是目前智能制造领域中非常前沿的工业互联网+技术和机器人技术的结合，机器人是未来智能制造生产线最关键的生产力，所以该实验室侧重工业互联网+机器人的结合。目前，该实验室主要支撑智能制造工程的专业课程，主要设备包括工业互联网实施与运维平台。如图 6 所示，该设备是通过工业互联网连接机器人、机床以及生产线的其他设备，收集设备运行的各方面数据以备后续的故障诊断、维护、决策等使用。目前设备能够支撑工业领域常用的 PLC、OPC 和 MODBUS 协议。

图 6 工业互联网实施与运维平台

4 实验室建设成效

4.1 提升人才培养质量

实验室服务机器人工程专业、机械电子工程专业和智能制造专业学生在日常课程实验、专周实践、毕业设计、学科竞赛等方面取得了以下成效。

1）课程实验

机器人实验室群承担各专业开设的专业课程实验，包括"机器人技术基础""机器人控制技术""机器人离线编程""工业互联网+""智能制造技术"和"机器视觉技术"等课程的实验教学任务，合计开发新实验项目不低于 25 项，改变了以前这类实验在企业或者电脑上仿真完成的情况。

2）专周实践

主要承担"机器人技术应用综合实践""工程创新实践""工业互联网课程设计""机器视觉课程综合实践"和"机器人离线编程实践"等专周实践教学任务。由于实验室设备的支撑，人才培养方案能够更加贴合企业对人才培养的需求，开设了更多综合性、创新性机器人技术实践课程，对应用型本科高校的学生来说，推动了综合性和创新型人才的培养。[4]

3）毕业设计

2018—2022 年度，我院开设的机器人和机器视觉的毕业设计课题不低于

100 项，为我院毕业生提供了更广阔技术领域的毕业设计课题。这些课题包含机器人结构设计、机器人性能分析、应用机器人解决生产问题、机器人结合视觉应用和机器视觉应用等。图 7（a）是我校毕业生设计完成的基于视觉引导的机器人定位抓取系统。

4）学科竞赛

机器人实验室群的建设有效支撑了我校学生学科竞赛工作，分别从场地、设备、学生选拔、技术培训、技术支持等多方面提供有力支撑。学校持续多年组织学生参加互联网+大学生创新创业大赛、全国大学生机器人大赛 Robomaster 机甲大师高校联盟赛、全国机器人锦标赛、全国大学生智能汽车赛、全国大学生机械创新设计大赛、大学生工程训练综合能力竞赛、四川省大学生机器人大赛等，促使我校在高校学科竞赛领域的影响力逐年攀升。图 7（b）是我校学生自制的智能物流竞赛机器人。

（a） （b）

图 7 学生毕业设计（a）和竞赛机器人系统（b）

4.2 助力教师科研与社会服务

机器人实验室群还支撑青年教师的科研工作。近三年来，据不完全统计，我院依托机器人实验室申报的各类科研项目不低于 20 项，为青年教师科研能力提升提供了硬件平台。在社会服务方面，机器人实验室群主要面向制造行业提供机器人系统集成服务、机器人焊接应用服务、机器人视觉检测服务。2022 年首次涉及畜牧行业，为其提供预研服务。机器人实验室群在教师科研与社会服务方面发挥着越来越重要的作用。

5 结语

我校在"双一流"专业建设要求下,找准学科定位,分析机器人实验室群应该具有的功能,通过企业人才需求调研、学生晋升需求调研和其他高校机器人实验室群建设情况调研,分析适合服务地方经济的应用型本科的机器人实验室群建设的技术需求;根据技术需求建设了 4 个机器人实验室,有效提升了我校人才培养质量,促进了我校教师的科研工作和社会服务工作。

参考文献

[1] 张莉,石飞,周刚."双一流"背景下高校实验室建设与管理探索[J]. 实验室科学,2020,23(2):4.

[2] 刘彦玲. 加快高校实验室建设服务地方经济发展[J]. 河北企业,2012(4):44.

[3] 赵全志,李潮海. 加强重点实验室建设促进学科发展服务地方经济[J]. 实验室研究与探索,2005(5):107-110.

[4] 游颖敏,黄浙东,吴桂初,等. 科研实验室育人与服务地方相结合的成效浅析[J]. 今日科技,2019(12):54-57.

[5] 卢亚平,刘和剑. 应用型本科工业机器人实验室建设研究和管理理念探索[J]. 实验技术与管理,2019,36(11):4.

[6] 朱海荣,吴瑜. 基于"专业认证+新工科"的类人机器人实验室建设[J]. 实验技术与管理,2019,36(5):6.

[7] 刘琼,王洪新,荣莉,等. 基于开放实验室的《工业机器人》实践教学改革的探索[J]. 时代农机,2019(3):2.

[8] 张近民,王颖,高斌. 体现工程教育理念的机器人实践教学[J]. 大学教育,2019(8):3.

[9] 陈东青,刘颖君,容爱琼,等. 依托社团的工业机器人实验室开放式管理模式探索[J]. 实验技术与管理,2019,36(5):280-283.

[10] 李晓艳,张朋,靳晓华,等. 新技术视角下高校创新创业实验室安全管理教育改革探索——以工业机器人实验室为例[J]. 决策探索(中),2020(7):7-9.

工程认证背景下机械基础实验教学示范中心建设的改革探索

◎ 李可　王迹　程明

（成都工业学院 智能制造学院，成都 611730）

【摘　要】结合工程教育认证的要求和学校实验室现有的问题，本文提出了基于工程教育认证要求的机械基础实验教学示范中心建设措施，包括搭建基础实验教学体系、优化体系、提升教学团队三个方面，通过以工程教育认证为导向的课程创新改革，提升基础实验示范中心综合水平，为基础实验教学的安全有序进行提供保障。

【关键词】机械基础；实验教学；改革探索

　　高等教育的任务是培养具有创新精神和实践能力的高级专门人才，其中实验教学是实现素质教育和创新人才培养目标的重要教学环节，是学生巩固和深化理论知识的重要途径，也是培养学生基本技能、发现和解决实际问题能力、自主学习能力、创新和工程能力的重要途径，有利于学生自身个性化发展和全面发展。[1-4]

　　工程教育专业认证要求秉持"学生中心""产出导向（OBE）"和"持续改进"的核心理念，坚持知识、能力、素质有机融合，在课程建设中不断地对教学活动工作持续改进。机械基础实验教学是机械类学科中非常重要的实践性教学环节，是高校基础设施的重要组成部分，更是培养学生创新实践能力的重要平台。机械基础实验教学示范中心的建设过程中，如何契合工程教育专业认证的要求，做到既培养学生的实践动手能力和创新能力，又创新实

基金项目：成都工业学院2021—2022年人才培养质量和教育教学改革项目（20210905）。

第一作者简介：李可（1979—），男，讲师，硕士；研究方向：机械工程、机械制造及其自动化。

验教学的管理体制，优质资源的整合和共享，最终提高教学质量和提升办学水平[5-6]，是当下机械基础实验教学示范中心面临的重要问题。因此，加强实验中心建设是学校各项工作有序进行的保障，也是顺利通过工程教育认证的必要条件。本文将结合工程教育认证的要求和实验示范中心现有的问题，探索机械基础实验教学示范中心的改革措施。

1 示范中心建设现状及问题

我校机械基础实验教学示范中心是 2014 年批准设立的四川省首批省级实验教学示范中心，以"整合优质资源，实施精品化战略"为指导思想，优化整合了机械原理实验室、机械设计实验室、公差与测量技术实验室、力学实验室、液压与气动实验室、机械制造实验室、数控技术实验室、机械拆装实验室、机械博物馆等实验教学资源。2019 年，中心以国家"十三五"产教融合高校建设项目为契机，进一步优化整合实验教学资源，采取多种措施，对同类型学科实验室统一规划、整体布局，力促相关学科实验室的融合和归并，在空间上相对集中，彻底解决了过去实验室分散、规模小等问题，为实验室进一步发展奠定了良好基础。

在工程教育认证方面，我校起步较晚，学院机械设计制造及其自动化专业于 2019 开始筹备相关认证工作，示范中心在实验教学与管理方面还存在一些客观的难题，主要包括：① 基础建设起点低，应用型本科的基础实验教学服务转型专业的能力相对有限，在流体力学、热工基础等新课程上，还需新建实验室；② 实验课程大纲设置不科学，与理论课程结合程度不够，实验排课不理想，导致实验设备未充分应用，达不到应用型本科对实验课程的培养要求；③ 实验基础设备陈旧，教学模式较为单一，没有更好地和企业的实践应用结合，与现阶段专业发展的要求存在较大差距；④ 管理团队能力较弱，专业岗位人员的经验相对不足，专业服务能力比较欠缺，在智能制造专业实验室管理上，维护管理难度较大，不能较好达成人才培养的目标；⑤ 机械基础实验教学比较偏向工科应用，导致学生在学习过程中容易忽视课程思政的培育，实验教师在教学课程的设计上仍有较大的提升空间。

2 示范中心实验教学体系改革探索

2.1 搭建示范中心基础实验教学体系

示范中心构建四层次实践教学体系，如图 1 所示，包括基础实践（基础实验和认识实习）、专业实践（专业实验、课程设计、毕业设计）、工程实践（工程素质训练、生产实习）、创新实践（学科和科技竞赛、各类创新活动）。

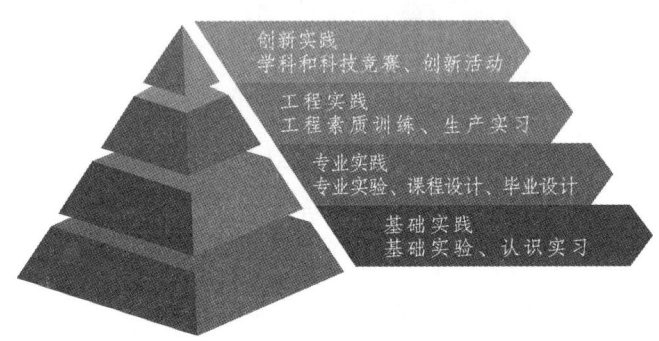

图 1 示范中心实践教学体系

示范中心坚持培养"基础实、能力强、素质高、善应用"的应用型人才，结合行业企业需求及课程在人才培养中的性质和作用，将各专业教学计划中的课程设置为通识课程、学科基础课程和专业课模块。通识课程、学科基础课程保障人才培养的基本规格和全面发展的共性要求。专业课程模块由实践能力培养模块、研究能力模块、工程能力模块和创新创业能力模块组成。其中，实践能力培养模块，由实验、实训、实习、课程设计、毕业设计（论文）等实践教学环节组成；研究能力模块主要包含研究性的理论课程、研究性设计实践教学环节，通过校企合作、产教融合等教学模式实现对学生面向工程一线技术革新科研能力的培养；工程能力课程模块，主要培养学生具有良好的工程职业道德、分析并解决工程实际问题的能力；创新创业能力模块主要培养学生的创新精神、创业意识和创新创业能力等。全校工科类专业的实践学时占总学时的比重均超过 35%，同时管理类专业的实践学时也超过了 25%，同时综合性、设计性实验达到有实验课程总数的 60%以上。

2.2 优化示范中心实验教学体系

根据学校"地方性、应用型、开放式"的办学定位，示范中心积极推进优化实验教学改革与研究（如图2所示），逐步构建起与应用型人才培养目标相适应的实践教学体系，加大实践教学比重，整合实验教学内容，探索实践教学模式创新，改进实践教学方法，推进实验室开放，实施学科竞赛计划，与企业合作开展学生科技创新活动。实践教学改革取得显著成效，学生创新精神和实践能力得到明显提升。近三年实验开出率均达到教学大纲要求的100%。为突出学生专业综合实践能力训练，各工科专业均开设了多门独立实验课程。综合性、设计性实验的课程门数占实验课程总数的比例达到60%以上；积极开展实验教学改革项目研究。机械基础等专业基础实验室面向全校学生预约开放。学校还设立实验室开放基金，通过大学生研究计划等大学生科技文化创新基金运作的方式保证机械基础实验室开放的连续性和稳定性，充分调动教师和学生参与实验的积极性。

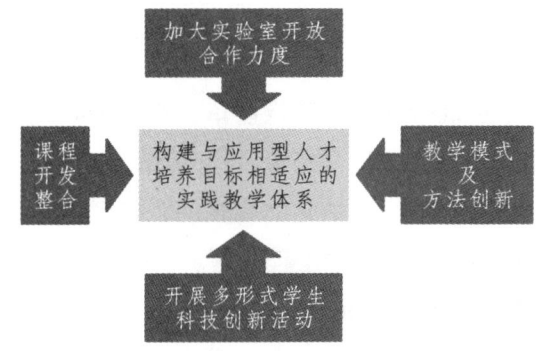

图2 示范中心实验教学改革与研究

2.3 提升示范中心教学团队

为满足工程认证产出导向（OBE）的需要，示范中心教学团队派驻教师到企业任职，2012—2022年共派出10余名青年教师到企业生产一线从事工程实践工作。学院为教师到企业任职搭建了许多平台，与通用电气公司、英特尔成都公司、美国德州仪器、TCL成都公司等企业共建了15个"产学研用"实验室，积极组织教师参与各类横向、纵向科研项目和共建实验室工作；通过校企合作平台组织教师到浙江坎门机床厂、宝利根（成都）精密模塑有限公司、重庆平伟科技（集团）有限公司等企业学习考察及工程实践。此外，教学团队中教师还考取了各类与学校学科发展相关的职业资格证、执业资格证、考评员证书等。通过持续提升团队综合实力，示范中心有 20 名教师具有专业（行业）职业资格证书，17 名教师曾在企业任职经历，10 余名教师参加了半年及以上的工程实践，双师双能型教师占专任教师总数的 90%以上。如今示范中心已初步建成一支师德优良、规模适当、专业知识深厚、有一定行业背景、实践工作经验较丰富、专业技术应用能力较强的高素质"双师双能型"教师队伍。团队中全部人员都具有中级及以上专业技术职务，所有人员都通过了岗前培训，具有硕士及以上学位的教师占比为 100%，具有高级专业技术职务的教师占比为 56%，具备专业（行业）职业资格和任职经历的教师占比为 100%。

3 示范中心课程创新改革

3.1 线上线下相结合，大力推进混合式课程建设

示范中心长期推进混合式课程建设改革，通过精品资源开放课程、线上一流课程等，深度开发混合式教学资源，做到线上有资源、线下有活动、过程有评估，学生通过混合式学习能建立完整的工艺理论，并能和工程实践相结合，使学生能解决生产中的复杂工程问题。

一是线上资源建设。将传统的课堂讲授通过微视频上线的形式进行前移，给予学生充分的学习时间，尽可能让每个学生都带着较好的知识基础走进教室，从而充分保障课堂教学的质量。例如，实验中心建设的"机械制造技术"在线开放课程，目前课程已经第 7 次开课，服务了大量的学习者，特别是疫情期间课程的选课人数达到了 3000 多人，给十几个兄弟学校的线上学习带来了方便。

二是线下教学活动建设。基于前期线上学习效果，开展更深入的线下教学活动。教师主要讲授课程中的重、难点知识，使学生对理论知识的理解更透彻。开展案例教学，引入工程实际案例，在教师的指导下，积极开展小组讨论，共同分析和解决工程实际问题。以"雨课堂"、慕课堂为线下教学辅助工具，开展即测即评，检测线下学习效果。开展校企合作嵌入式教学，提高学生解决实际工程问题的能力。

三是建立完善的线上和线下教学评估。无论是线上还是线下都需要给予学生及时的学习反馈，通过这些反馈，让教学的活动更加具有针对性，不但让学生学得明明白白，也让教师教得明明白白。把线上和线下的教学过程纳入平时成绩的考核，增加在线学习、企业现场学习评定等环节，过程性考核占比较高。其中，以企业实际问题为背景的考核具有一定的挑战度，能够激发学生的探究动力。

四是课程思政融入混合式课堂。将课程包含的精益求精的工匠精神、不断创新的强国意识以及工程素质、职业素养等思政元素融入课程教学中，实现课程立德树人的德育目标。

3.2 大力开展项目式教学，扎实推进新工科建设再深化

示范中心持续深化新工科建设，积极推进包括项目式教学的新工科课程改革，充分利用萤火梦工场、课作工坊、实验室等学生创新平台，以项目式教学推动提升学生自主学习内生动力，促进被动知识传授向主动能力培养转变，有力地支持了应用型人才培养。

示范中心针对"机械设计""有限元分析""机械原理"等基础课程，以科技研发课题、企业真实项目或学科竞赛项目为引导，将知识点模块化，打破理论无法落地的状态，力求做到系统、立体的思维引导，采用过程化与个性化相结合的考核方式，最终有效激发学生潜能，形成了学生自主学习、主动提升的新途径。2018级机械电子工程专业和2020级机电专升本共计236位同学参加了"机械设计"课程的项目引导式教学改革，组建学生团队50个。团队撰写设计报告，并通过答辩的形式展示设计成果，每位队员都要接受评委的提问和考查。在众多学生作品中，既有单独的机械臂抓取设计，又带有移动底盘的复合机械臂设计，还有利用负压设计的全自动机械臂吸附设计。这些多样的参赛作品，充分体现出学生对课程中所讲述的知识和技术进行了理解、消化、吸收和再创造。

4 示范中心建设成效分析

学校充分认识到示范中心建设是加强学生实践能力和创新能力的培养、

加快实验教学改革和实验室建设、促进优质资源整合和共享、提升办学水平和教育质量的重要举措。学校以实验教学示范中心建设为抓手，着力构建实践教学新体系，推动实践教学内容、教学方式、实验队伍、实验室管理机制等方面的改革与创新。

机械基础实验教学示范中心经过9年的建设和发展，涵盖了机械、材料、电子、计算机等6个学科专业平台和19个本科专业，建成10个校级实验教学中心和10余个专业实验室，机械博物馆等实验室建设水平已达到国内领先水平。近年来示范中心大力开展项目式、课内课外相结合的实验教学改革，人才培养质量不断提高，通过开设综合性、设计性实验、开放实验室、强化基本技能实践教学环节、建设实践实训基地等，提高了学生的专业实践能力；通过举办专业技能大赛，鼓励和支持学生参加各种项目实践和大学生学科竞赛活动，参加学科竞赛人数逐年递增。毕业生一次就业率在95%以上，考研率逐年攀升，毕业生的综合素质和职业能力受到社会和企业的一致好评。

示范中心实验教学研究改革成果丰富，获得6项四川省教学成果奖，以及多个国家级和省部级建设项目立项；发表了多篇实验研究和教学改革论文。团队成员在全国做相关交流报告20余次。西安航空学院、新疆工程学院、中国民用航空飞行学院、西北民族大学、成都大学等80余所国内高校来学校参观交流。应用型人才培养成果和经验被数十家媒体报道、转载。

结语

工程教育认证对我校实验教学示范中心的要求是不断更新变化的，实验室的建设任重道远，我们应把握契机，紧跟时代要求，时刻坚持"以生为本"原则，结合学院具体情况，建立长效管理机制，进一步提升我院实验室综合水平，为本科生实践教育创造更好条件。我们也将继续加大建设力度，不断深化教学改革，创新实验教学管理，加强实验队伍建设，提高实验教学质量，努力把示范中心建设成为省内领先、高水平的实验教学示范基地，为我校高水平应用型人才培养提供支撑，在人才培养中发挥更大的作用。

参考文献

[1] 钟东阶,蒋国璋. 机械基础实验教学改革的探索[J]. 实验室研究与探索,2013,32(2):146-149.

[2] 夏建芳. 论机械基础教学新体系的构建[J]. 现代大学教育,2003(1):66-68.

[3] 杨金林,陈元斌,张群艳,等. 机械基础实验教学改革与探索[J]. 实验室研究与探索,2007(2):73-75.

[4] 李晓鹏,贾卫平. 机械基础实验教学中心管理模式和运行机制的实践[J]. 科技创新导报,2018,15(29):122-123.

[5] 徐勇,邢邦圣,王长全. 机械基础省级实验教学示范中心的建设[J]. 实验科学与技术,2008(S1):202-204+214.

[6] 高婷,薛伟明,温惠云. 基于工程教育认证的化工基础实验室建设改革探索[J]. 广州化工,2019(17):178-179.

鲲鹏信息技术应用创新实验教学中心建设探索

◎ 任昭绪　李君　张启军　刘亚飞

（成都工业学院 计算机工程学院，成都 611730）

【摘　要】本文旨在探索鲲鹏信息技术应用创新实验教学中心建设，实践信息技术应用创新人才培养新模式。关于中心建设主要从实验教学理念、实验教学改革思路、实验教学体系、实验教学质量保证体系、教学团队建设等方面进行深入研究，并根据研究的相关成果，探索一条符合应用型高校提升学生的工程应用和工程创新能力实验教学改革道路。

【关键词】鲲鹏；信息技术应用创新；实验教学；人才培养

　　实验教学在高校教学体系中占有十分重要的地位，特别是对应用型本科院校和高职高专类学校学生的动手能力提出了较高的要求。鲲鹏计算是数字经济浪潮下中国自主可控的创新计算平台，国家将大力支持鲲鹏产业发展，打造核心竞争优势。目前鲲鹏计算产业开发人员等专业工程师稀缺，缺少赋能和职业成长体系，需要通过和高校合作培养鲲鹏计算产业人才，通过职业认证体系打通开发者职业上升通道。高校作为人才培养的主体，以产教融合模式培养鲲鹏计算产业所需的人才是必要手段。成都工业学院联合华为、长虹、龙芯中科等知名企业，于2020年利用已有基础条件组建了校级鲲鹏信息创新技术应用实验教学中心（以下简称中心），2021年6月获批为省级实验教学示范中心建设项目。

基金项目：四川省2021—2023年高等教育人才培养质量和教学改革项目（GJ2021-1397）。
第一作者简介：任昭绪（1971—），男，副教授，硕士；研究方向：计算机应用。

1 中心建设基本情况

中心建设以国产硬件（鲲鹏）、操作系统（麒麟、欧拉）、数据库（高斯）、云计算（华为、stack）、龙芯中科等产业生态链的人才培养为特色的产教融合平台。学校成立了由校领导牵头，教务、人事、财务、实验室等管理部门参加的示范中心建设和运行管理委员会，负责落实条件保障、日常监督管理，协调解决示范中心发展中的重大问题。中心设主任 1 名、副主任 1 名。主任全面负责实验室发展规划、科学研究、学术交流、人才引进、条件建设、经费使用和人才培养，副主任根据分工协助主任完成中心具体工作。中心教学指导委员会由西南交通大学、华为、龙芯中科、华鲲振宇等高校专家和知名企业家组成，每年至少召开一次会议，听取年度工作进展情况及未来发展思路，讨论中心的发展方向、发展规划，审议中心的实验教学体系、重大教学改革项目、重大对外开放交流活动、年度报告等。中心实行聘任制和岗位责任制，按需设岗，按岗聘任，定期考核。中心由固定人员和流动人员组成，保持人员相对稳定的同时也鼓励流动。中心固定人员规模保持在 20～30 人，包括管理人员、任课教师等；流动人员规模保持在 10～20 人，包括客座教授及企业工程师等。

近年来，中心积极深化实验教学改革，搭建以培养实践能力和创新能力为核心的实验教学新体系，编写出版高质量实验教材 20 余本。中心贯彻执行教育部有关文件精神，秉承"根植地方、魂在应用、产教融合、协同育人"的育人思想，践行"手脑并用、学做合一"和"以生为本"的实验教学理念，将工程素养和工程能力融入实验教学；建设和完善中心运行管理制度，以适应建设和发展的需要。中心始终坚持学生中心、安全第一理念，未发生过安全责任事故。

2 教学理念及落实情况

以培养工程素养、能力和实践能力为核心；坚持"手脑并用、学做合一"、理论与实践统一的教学理念；拓展"以生为本"的实验教学改革深度，拓展实验教学示范中心建设的覆盖面与受益面，将工程素养和工程能力培养融入实验教学全过程，培育实验教学队伍、建设实验教学资源，探索实践应用型本科的实验教学改革并示范推广应用。

2.1 实验教学与理论教学融合

理实并重,以生为本,提升学生的创新能力和综合素质。做到"四个有机结合":教师"教"与学生"学"有机结合、理论教学与实践训练有机结合、科研项目与教学内容有机结合、系统训练与创新实践有机结合。

2.2 实验教学与行业产业应用的内容融合

实验教学与行业产业技术应用和岗位能力素养需求紧密融合,大多数实验教学资源及项目来源于行业产业;实验项目与学生创新创业结合,项目成型后进入成都工业学院创业苗圃或成都高新西区的创业孵化园。

2.3 实验教学队伍的校企融合

打造理实融合的师资队伍,鼓励教师从事科研工作、进入行业企业开展项目化工程实践训练;中心柔性引进企业工程师或高级技术人员加入实验教学队伍;中心每年都要派出 2~3 名实验教师参加进修,常态化开展对外交流学习。

2.4 优质教学资源融合与共享

建设信息化教学资源和平台,整合同类实验教学资源并开放共享。

3 实验教学改革

3.1 改革思路

对开设的实验课程进行整合。修订整合后的实验教学计划,制定新的教学大纲,理论教学与实验教学统筹协调,建立与理论教学有机结合,以能力培养为核心,规划合理、适用性强、效果良好的实验教学新体系。对整合后的实验教学大纲、实验教学方法、实验教学手段以及实验考核方法等进行改革与创新,全面实施实验教学改革新举措,重视实验技术研究、实验项目选择、实验方案设计,以提高实验教学质量。加大实验室开放力度,提高学生自主实验的能力。

实验教学与理论教学合理衔接。将科技创新和实验教学改革成果融入实验教学内容,增设能体现信息技术应用创新特色的新的实验项目,突出实验教学的专业特色,引导学生个性发展。通过引进现代化的实验手段和实验技术,实现实验手段的现代化。全面开放实验室,建立以学生为中心的开放式实验教学模式和以自主式、合作式、研究式为主的学习模式。

设立实验中心建设的专项经费并实行立项管理,建立起仪器设备购置经费的保障体系,保证设备购置经费足额到位。健全仪器设备管理制度,提高仪器设备的利用率和使用水平。建立新的校内实训基地和实验室,更广泛地为教师提供课堂教学、实验教学和课题研究的基地,也为培养学生的创新能力和实践能力提供平台。

3.2 实验教学体系建设情况

中心锚定信息创新技术应用人才培养目标,遵循实验教学规律和人才成长规律,建立"一主线、二类别、三层次"的实验教学体系。

一主线:以学生工程素养和能力培养为主线,贯穿实验教学的全过程。

二类别:指计算机类、电子信息类的专业类别,打破理论教学中专业(技术)基础课、专业必修课、专业选修课的界限。

三层次:专业教学平台中,构建演示验证性实验、高阶性实验(综合性、设计性)、创新性实验,层次分明,比例结构合理,理实有机结合。中心目前承担计算机科学与技术等8个本科专业40门专业基础课、专业必修课和专业限选课实验教学,综合性、设计性和创新性课程占到了近40%。如表1、表2、表3所示。

表1 示范中心承担实验教学任务情况(截至2022年年底)

年度	专业数	学时总数(学时)	学生总人数(人)	人时数
2018	8	528	1912	64 392
2019	8	532	2194	61 888
2020	8	798	2527	89 814
2021	8	801	2797	120 152
2022	8	630	3131	82 142

表 2 示范中心开设实验项目占比情况（截至 2022 年年底）

年度	实验项目总数	基础实验项目数量	占比（%）	专业实验项目数量	占比（%）	综合性实验项目数量	占比（%）	创新创业实验项目数量	占比（%）
2018	276	56	20	206	75	90	33	12	4
2019	280	58	21	206	74	85	30	14	5
2020	416	94	23	306	73	118	28	17	4
2021	420	94	22	306	73	125	30	18	4
2022	336	67	20	248	74	110	33	21	6

表 3 示范中心承办的学科竞赛活动（截至 2022 年年底）

序号	竞赛名称	竞赛级别	参赛人数	起止时间
1	四川省大学生软件和信息技术专业人才大赛	省级	10 636	2022
2	四川省大学生软件和信息技术专业人才大赛	省级	6248	2021
3	四川省大学生软件和信息技术专业人才大赛	省级	2820	2020
4	鲲鹏应用创新大赛（待办）	省级	5213	2020

注：仅填写省级及以上学科竞赛活动。

3.3 建立健全的实验教学质量教学保障体系

3.3.1 建立校、院、中心教学质量监督系统

实验教学中心在校、院教学质量保障及教学督导的基础上，落实了中心教学质量保障及督导制度。成立中心教学督导小组，坚持每学期的半期教学检查，教师评教工作和考核奖惩严格挂钩。中心制定了内部制定的实践教学督导和听课制度，定时抽查讲课情况。

3.3.2 建立面向实践教学全过程的质量保证体系

围绕实践教学组织过程，按照实践教学质量标准，主要从教学效果、教学过程两方面，邀请学生、同行和督导等进行监督评价，保障质量监督本身的客观和科学（如图 1 所示）。

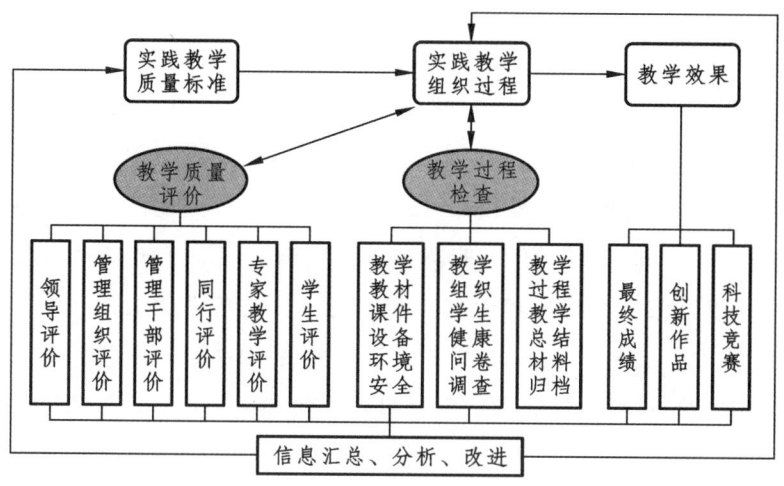

图 1 实验教学质量保障体系

3.3.3 开展内部培训、实行试讲制度

每学期安排教学效果好的教师和实验人员进行典型教案分析和举行公开课。有计划地进行内部培训,以提高实验教学指导人员队伍的整体水平。新进实验教学教师和实验人员上岗前必须进行试讲。由教师和教学经验实验人员组成考评小组,进行教案检查、听课、评议,合格者方能上岗。

3.3.4 实验室面积、空间、布局合理,设施一流,实现智能化管理

实验中心面积 2000 余平方米,分为硬件实验室、软件实验室、嵌入式实验室、检测技术实验室等。实验区域划分合理,安排有序。工作区、休息区、学习区、办公区等功能区各自独立完整,布局集中整齐,科学合理,标志明显。整个实验、实训场地空间宽敞,光线明亮,通风良好。中心各实验、实训场地均安装有防火装置;中心主要场地、实验室内安装有全方位监控系统,通道有 24 小时监控系统,并通过网络直接与中心主监控室连接。

3.3.5 安全环保工作切实有效

中心高度重视安全、环保工作,责任分工明确,各项制度健全。安全设施配备完整,标识清楚;定期进行安全教育培训,强化安全意识;定期开展安全大检查,及时排除安全隐患;所有学生操作前均进行安全教育,共开展安全培训教育约 5500 人次。

3.4 教学团队建设

3.4.1 外引内培,提升实验教师素质能力

重视实验教学队伍建设,规划明确提出了"鼓励高职称、高学历教师参与实验室建设,支持理论课程教师投入实验室教学……""改善实验室师资队伍尤其是指导教师队伍的学历、职称和年龄结构"。中心理论教学与实验教学相互交叉、相互渗透,建成理论与实践紧密结合的教学队伍,其中固定人员共 27 人,流动人员共 10 人;教授 3 人,副教授 10 人,高级实验师 1 人,讲师 13 人。中心鼓励老师积极参加各种对外交流和学习提升,对新进教师采取 1 对 1 师徒结对专项培养制度。近年来,中心团队共有 1 人晋升正高、3 人晋升副高,3 人晋升讲师,中级以上职称占比 100%(如图 2 所示)。

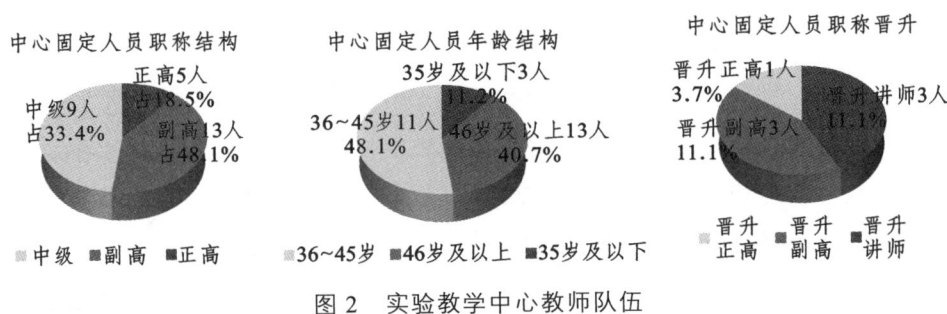

图 2　实验教学中心教师队伍

3.4.2 政策保障,加强交流和校企合作

围绕队伍建设,学院人事、教学、实验等部门共同商定、制定实验教学队伍建设办法、措施。

(1)实验教师序列岗位预留正高、副高名额,并在二级院(部)予以岗位设置保障。

(2)实验室教师聘用着重考核工程能力和素养、科研、学科竞赛和创新创业训练指导等能力。

(3)通过校企合作方式,建立一支校内外结合的实践教学队伍;选派教师到企业参与实际项目开展实质性工程实践。外聘兼职教师配备 1 名校内搭档或助教,以落实教学及科研中的互助互补,消除外聘教师的教学顾虑,同时提高校内教师的实践应用能力(如图 3 所示)。

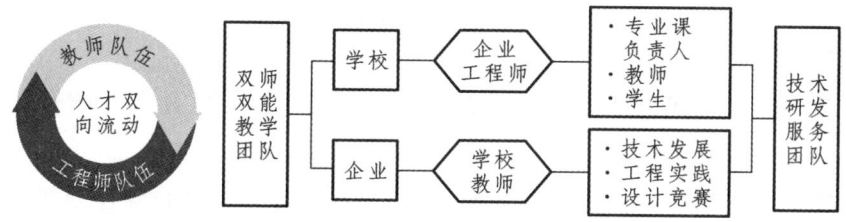

图 3　示范中心双师双能型队伍建设

近 2 年来，共引进教授（博士）2 名、企业教师 4 名，校企共建课程 4 门、实训 4 次，教师参加师资培训 5 次，获得相应证书 18 人。

3.5 中心建设改革成效

2 年来，鲲鹏信息创新技术应用实验教学中心取得了一系列重要成果，为各项成果提供了实验、实训教学方面的重要支撑，为培养学生实验、实践动手能力创新精神提供了重要平台。中心通过近几年的建设，有力支撑了计算机科学与技术获批国家一流本科专业建设点；通过了工信部"校企协同就业创业创新示范实践基地"立项；2022 年，成都工业学院获批成都市"中国软件名城人才基地"——软件新工科基地。

教师参编实验教材、著作 25 部，示范中心承担的实验教学改革研究项目共 14 项（其中，四川省教改项目 1 项、教育部高教司产学合作协同育人项目 13 项），研制实验教学仪器设备 3 套，开发实验课程 14 个。

学生参与竞赛获奖 348 项，发表论文 8 篇，申请专利 23 项、创新创业项目 34 项。其中，国际级赛事获奖 3 个，特等奖 1 个，一等奖 2 个；国家级获奖 74 项，一等奖 5 项，二等奖 20 项；省部级获奖 271 项，一等奖 69 项，二等奖 79 项。

4　结语

结合国家自主可控技术和地方经济发展的产业生态链工程应用人才需求，成都工业学院联合政行企进行鲲鹏信息技术应用创新实验教学中心共建，通过规章制度、教学体系、教学团队、质量保证等改革与实践，探索了一条符合应用型高校提升学生的工程应用和工程创新能力实验教学改革道路，同时也为同类型高校及高职高专实验教学改革提供了经验借鉴和新的思路。

参考文献

[1] 沈希. 以现代产业学院助推新时期产教融合[J]. 教育发展研究, 2021 (5): 3.

[2] 陈宗仁, 杨忠明, 曾文权, 等. 鲲鹏数字产业学院产教融合创新合作模式研究[J]. 职业技术, 2021, 20 (7): 12-17.

[3] 邵艳玲, 刘黎明. 新工科背景下软件人才培养体系研究与实践: 以南阳理工学院计算机与软件学院为例[J]. 软件导刊, 2020, 19 (12): 108-112.

[4] 邵艳玲, 祝孔涛, 刘黎明. 新工科背景下软件人才专业社团建设研究与实践[J]. 计算机教育, 2021 (6): 82-85, 90.

[5] 王朝红, 杨本燕, 杨君, 等. 关于成都信创产业创新发展的思考与建议[J]. 产业发展, 2021 (4): 77-79.

[6] 韩乃平, 李蕾. 国产操作系统生态体系建设现状分析[J]. 信息安全研究, 2020, 6 (10): 887-891.

[7] 中国关键信息基础设施技术创新联盟. 2019 网信自主创新调研报告[R]. 纪念习近平总书记"4·19"讲话发表四周年暨《2019 网信自主创新调研报告》发布仪式, 2020.

高校实验室安全管理体系的构建思考

◎ 杨欣仪[a]　汤海燕[b]　冯丹彤[c]

[a.成都工业学院　实验室建设与管理处，成都　611730；
b.超网实业（成都）股份有限公司，成都　610000；
c.成都工业学院　自动化与电气工程学院，成都　611730]

【摘　要】本文首先梳理了我国高校实验室安全管理中存在的七个方面的问题，继而针对相应问题提出了"七位一体"的实验室安全管理体系，以期对新工科背景下的高校实验室安全管理与运行有所帮助。

【关键词】实验室安全；管理体系；七位一体

高校实验室是国家创新体系的重要组成部分，是高校提高自主创新能力、提高人才自主培养能力的重要平台，也是高校重要的硬件设施。[1]高校学生通过实验可以提高实际动手能力及科研创新能力，为成为社会主义现代化建设合格建设者和可靠接班人打好基础。实验室是实现高校立德树人目标的重要途径，而实验室安全是实验室发挥功能的重要保障，只有保障实验室安全，才能为师生创造安全的工作和学习环境，为师生完成教学任务、做真科研出真成果奠定基础。加强实验室安全管理体系的构建，有利于实验室的安全运行，有利于安全、安心和谐校园的建立。

1 我国高校实验室安全管理存在的问题

1.1 实验室安全管理制度缺乏针对性

针对实验室安全，国家出台了相关的文件和制度，如《高等学校实验室

第一作者简介：杨欣仪（1989—），女，助理研究员，硕士；研究方向：国际投资、实验室管理。
通信作者简介：汤海燕（1988—），男，一级建造师，学士；研究方向：自动化控制、系统集成控制。

安全规范》《教育部关于加强高校实验室安全工作的意见》《高等学校实验室安全检查项目表》等。这为高校加强实验室安全管理提供了思路。针对实验室安全，每个高校都应该结合自身及各实验室的实际情况制定相应制度。而现实情况是，高校的实验室安全管理制度大多泛泛而谈，空洞枯燥，没有针对性和可操作性，多是照抄照搬国家相关制度及其他学校的制度，形式主义严重，对高校现实中处理实验室安全事项没有实际意义。

二级学院的各实验室安全管理制度要么缺乏，要么也是照搬学校或其他高校的制度内容，用于应付检查，解决"有无"问题，而没有对具体实验室安全隐患进行具体的制度分析和归纳。

1.2 实验室安全管理组织体系不健全

实验室安全管理组织体系的建立对实验室安全至关重要，实验室安全主要是要靠人来管理。而现实是，很多高校没有成立专门的安全管理组织机构，没有实验室安全管理专项队伍，往往将实验室安全交由某一个部门比如科技处、资产处、保卫处或者实验室管理科负责。

二级学院各实验室没有设置专门的实验室安全管理员，而是由一个专任老师或者基础行政人员兼任学院所有实验室的安全管理员，实验室安全主体不明晰，责任划分也不清晰，无法落实实验室安全责任。

1.3 实验室安全信息不通畅

很多高校都会按照教育部的要求进行实验室安全检查，但是对于检查的过程及发现的问题、安全教育、安全监测、安全设备、安全事故、人员配备、安全制度、辅助决策等却没有进行信息化处理，大多流于形式或者被动接受检查，没有形成自己的实验安全管理数据库。

1.4 实验室安全管理硬件设施缺乏

必要而充分的实验室安全硬件设施是保障实验室安全的基础，硬件设施是预防和处理实验室安全事件的第一层防护屏障。很多高校存在实验室安全管理硬件设施缺乏的问题，比如实验场所及器材缺乏足够的空间、消防逃生通道不通畅、通风系统不良、灭火器配备不足、报警装置损坏、灭火水压不够、防毒面罩缺乏、化学存储柜防爆柜不足、无监控系统或监控系统不足等。

这些问题均会对实验室安全造成威胁，对检测和排除实验室安全隐患不利。

1.5 实验室安全事故预防机制不健全

详细而周密的实验室安全事故预防机制对实验室安全有重要作用。而高校存在预防机制老化、僵硬、形式化的问题，没有针对各类实验室安全事故制定具体的事故预防机制，模板化、形式化现象严重，缺乏可操作性。当安全事故发生时，这些预防机制毫无招架之力。

1.6 实验室安全主体责任不明晰

保障实验室安全运行的另一个关键点就是责任明晰，只有责任到人，才能提高相关人员的责任心，把实验室安全记心中，把师生的生命财产安全保护好。然而现在很多高校存在主体责任模糊的问题，对实验室安全责任划分没有以制度化的形式进行规范，好像大家都有责任，又好像大家都没有责任。

1.7 实验室安全培训不深入

随着国家对校园实验室安全的日渐重视及高校实验室安全意识的提高，大部分高校已经在开展实验室安全相关的培训，比如灭火培训、逃生培训等，但也存在培训单一、不够深入的问题，比如有些高校的培训只有最基本的灭火、逃生培训，与学校自身专业发展情况贴合得并不紧密，培训不够深入。另外也存在参加安全培训的人员不够多、范围不够大的问题，对实验室安全管理实际作用并不大。

2 我国高校实验室安全管理体系的思考

针对高校实验室安全管理存在的问题，应建立"七位一体"的实验室安全管理体系（如图1所示），全方位保障实验室安全运行，为高校提高教学、科研能力、助力学生成长成才保驾护航。

2.1 完善实验室安全管理制度

完善具有针对性的实验室安全管理制度，有利于实验室的制度化、规范化运行。实验室安全管理制度包括校级和院级两个层次，校级实验室安全管理部门负责校级安全管理制度，统领各院级安全管理工作；院级单位则负责院级的安全管理制度，并针对学院内各个实验室风险点，制定各实验室安全管理细则。校级实验室安全管理制度包括人员配备制度、安全责任制度、设备购置及安装制度、安全培训及检查制度、风险评估与管控制度、应急事件处理制度等；院级实验室安全管理制度包括人员配备制度、安全责任制度、设备购置及安装制度、各实验室具体安全管理制度等。

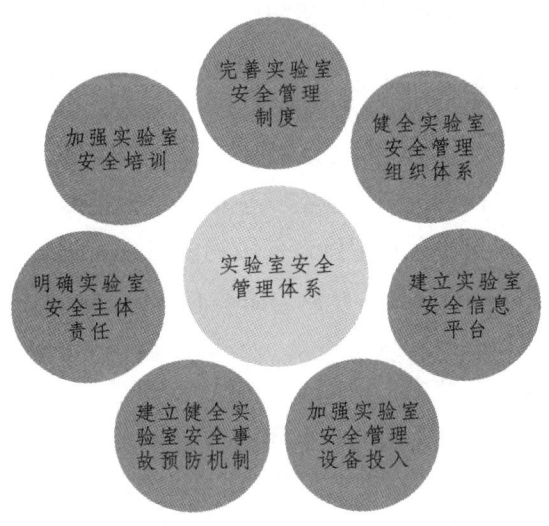

图1 "七位一体"的实验室安全管理体系

2.2 健全实验室安全管理组织体系

随着各高校的发展扩大，实验室数量不断攀升，实验室安全也越来越重要。实验室数量较多的高校都应该成立专门的实验室安全管理部门，对实验室安全进行统一管理、全面负责。各高校还应建立实验室安全管理专业队伍，此队伍需在二级学院落实，每个学院都应该建立安全管理队伍，队伍负责人必须是懂实验室安全的专业老师，实行坐班制，全面负责实验室安全。二级院系的每个实验室也应该配备专人进行安全管理，针对学院实验室专业教师不足的情况，可以将实验内容相关的几个实验室交由同一个老师进行管理，或者安排懂实验的几个专业老师进行轮班制，以保证每个实验室都有专业安全管理人员。很多人忽略了实验课老师这个安全责任主体，实际上，在大量的实验课教学过程中，对实验室安全负第一责任的人就是实验课老师，每一位实验课老师在实验教学过程中，都要把实验室安全和学生安全放在第一位，防止实验室安全事故的发生，即使发生了安全事故，也要立即采取行动保障学生安全，比如发生火灾时立即灭火，发生危化品泄漏立即疏散学生并采取补救措施，发生地震立即组织学生逃生等。高校的实验室安全管理组织体系应如图2所示。

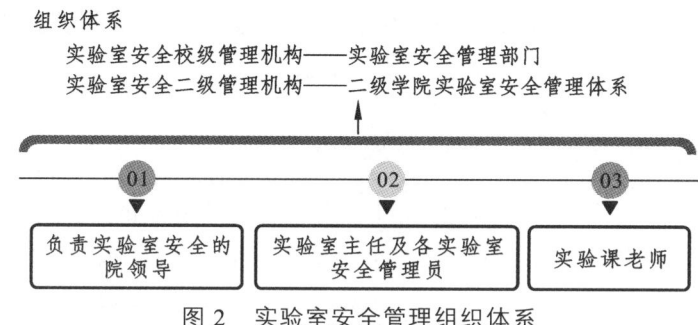

图2　实验室安全管理组织体系

2.3　建立实验室安全信息平台

在信息化时代，各高校要充分运用时代优势，充分利用互联网、大数据及人工智能进行实验室安全管理，建立实验室安全管理信息平台，提高管理效率。安全信息管理平台至少应囊括以下几个方面的信息：① 包括实验室、实验室安全设备、安全管理队伍及制度等内容的基本信息系统；② 安全教育与培训系统；③ 安全检测与预警系统；④ 安全检查及改进系统；⑤ 实验室准入与门禁系统；⑥ 事故应急处理与分析系统。

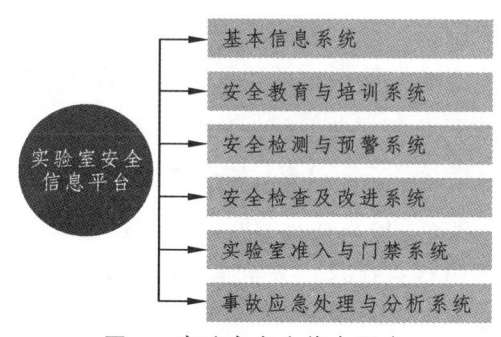

图3　实验室安全信息平台

2.4　加强实验室安全管理设备投入

充足的安全设备是预防和遏制安全事故的重要硬件设施。高校应根据实验室安全管理情况，配备足够的安全设备，防止安全事故的发生并有效遏制事故的发展，比如通风系统、烟雾报警系统、逃生通道、灭火器和高压水枪、消毒柜和防爆装置、危化品存储柜、防毒面罩等。例如化学实验室，除应配备基本的安全设备外，还要配备专门的安全设施与设备，比如防毒面罩、危化品存储柜、化验通风柜、中毒急救药品等。灭火器的配备，也要根据实验室的具体情况而定，比如有价值比较高的精密仪器的实验室要配备二氧化碳灭火器，有电器的实验室要配备干粉灭火器。

2.5 建立健全实验室安全事故预防机制

建立健全实验室安全事故预防机制是预防安全事故的重要手段，能有效将实验室安全事故扼杀在摇篮中。建立健全实验室安全事故预防机制，首先要制定安全事故应急处理制度。高校的学校层面应在大方向、原则性、底线上进行把握，不应把制度规定得太死，比如当事故发生时，相关责任人员应第一时间到达现场进行指挥施救，首先保证师生的安全，如果相关人员触碰到原则性、底线性的问题，则应对其进行处罚。其次要编制安全事故应急处理预案。学校应将安全事故应急处理预案的自主制定权下放到二级学院，压实二级学院预防机制责任。学院在编制应急处理预案时，应尽量囊括可能发生不良后果的安全事故的预案，确保在预防和处理安全事故时有章可循，有理有据。

2.6 明确实验室安全主体责任

实验室安全事故频发，有一部分原因在于实验室安全事故的责任划分不清楚。减少实验室安全事故除采取前述几个方面的措施外，还要明确实验室安全主体责任。实验室安全管理部门，负责实验室安全的管理责任，应在制度建设、安全支持与指导、安全检查、安全培训等方面发挥管理与服务作用；二级学院负责实验室安全主体责任，全面负责本学院实验室安全。学院行政负责人是实验室安全的第一责任人，实验室主任、安全员及其他实验室老师在学院行政负责人领导下开展实验室安全相关工作，确保实验室安全平稳运行。

2.7 加强实验室安全培训

高校实验室的安全运行，应在全体人员提高安全意识的基础上，根据自身学校的具体情况开展安全培训。首先，制订、安排培训计划，学校要根据自身专业的情况梳理出实验室安全风险点，针对安全风险点制订培训计划。比如具有化学专业的高校，不仅要有基本的灭火、逃生培训，还应进行针对化学物品安全情况相关的培训，例如防腐蚀培训、危化品泄漏防毒培训、危化品分类存放培训、实验室爆炸安全培训、化学产物的防污染培训等；有放射专业的高校要进行防辐射培训；针对不同的火灾类型，要选用针对性的灭火器，即便是进行灭火培训也要分不同的火灾类型及灭火器进行；等等。其次，要加强对实验室负责人和老师的安全培训，提高其安全意识，让其知道不同的环境和情况对实验室安全的考验，在实验室负责人和老师进入实验室之前，要对其进行实验室安全资格认证，老师必须通过实验室安全考试才可取得相应资格和权限。

3　结语

实验室安全管理是高校工作中较为重要的一环，近些年，实验室安全事件时有发生，给师生带来较大损失，也在社会上造成负面影响。可见，要做好实验室安全管理并不容易，需要各高校针对自身情况，有针对性地采取完善制度、健全组织体系、建立安全信息平台、加强安全设备投入、明确实验室安全主体责任、加强安全培训等措施，有序地提高实验室安全管理水平，保障师生财产生命安全及学校的安全运行。

参考文献

[1] 林德力. 基于 EHS 管理体系构建高校实验室安全管理模式研究[J]. 山东化工，2023，52（12）：219-222.

[2] 姚娟妮，江书宇，方石，等. 高校实验室安全管理体系的探索与构建[J]. 中国现代教育装备，2023（15）：59-60+71.

[3] 郑磊，高珂，钱婷婷，等. 高校实验室安全标志应用现状及设计探讨[J]. 中国教育技术装备，2022（2）：153-156.

[4] 易玉枚，王文豪. 高校实验室应急管理体系构建[J]. 实验室研究与探索，2022，41（11）：282-286.

[5] 杨桂兰,陈双惠,施长君,等.高校实验室管理向降低学习成本的生态化转向[J].实验技术与管理,2014,31(5):4.

[6] 李佳霖,李疆,娄杰,等.新工科背景下高校实验室安全管理体系构建探究[J].实验室科学,2022,25(4):191-195.

[7] 冯章丽,刘丹,冯博,等.新时代下高校生物化学实验室安全管理问题探讨[J].广东化工,2023,50(16):229-231.

厅委共建背景下地方院校材料类专业人才培养模式的改革与实践

◎ 丁义超　邵甄胰　刘杰慧　廖婷婷　鲜勇　杨璐霏　邹建新

（成都工业学院　材料与环境工程学院，成都　611730）

【摘　要】地方院校开展应用型人才培养是我国高等教育的基本要求，专业建设紧贴"产教融合"思想是长久发展的动力。通过发挥"厅委共建"优势，材料类专业依托川渝地区发达的硬质合金、金属工模具、电子产业，利用自身多年形成的机械、电子、模具等学科优势，改革人才培养方案，引进高层次师资，推进教学模式改革，建设创新实践平台，专业建设取得了较好成效。

【关键词】材料；人才培养模式；金属工模具；电子材料；四元三导一对分

有别于研究型大学，应用型高校（特别是新建本科院校）人才培养模式瞄准学生的工程应用能力提升进行定位，重塑课程体系结构与内容，结合环境、特色和自身实力，许多都走出了一条独具特色的人才培养路径。可以说，不同层次高校的材料类专业都在结合自己的办学定位，凝练特色，积极改革，提升专业建设水平。习近平总书记2018年9月在全国教育大会上发表的重要讲话，为我国新时代高等教育的发展描绘了蓝图，指明了方向。[1]2019年，教育部全面启动了一流本科专业"双万计划"和"六卓越一拔尖计划2.0"，以加快推进一流专业建设步伐，全面振兴本科教育。[2]要响应国家号召，定位一所地方应用型高校人才培养模式，需要认清自我，剖析优劣势，确定人才培养目标，构建合理的课程体系。以下笔者以所在的成都工业学院为例进行阐释。

基金项目：成都工业学院2021—2022年人才培养质量和教学改革项目（20210301）。

第一作者简介：丁义超（1975—），男，教授，博士；研究方向：金属基复合材料、功能材料。

成都工业学院是一所新建地方本科院校，得益于四川省经济与信息化委员会和教育厅合作建设的厅委共建体制优势，定位于行业性高校，拥有电子学科、机械学科、模具专业的独特优势和省内外影响力。但是，作为材料类专业的代表——材料科学与工程专业于2015年才开始招收第一届本科生，办学历史短，办学经验欠缺，师资水平不高，仪器设备量少老化，严重制约了专业发展。特别是身处厅委共建的优势体制下，尚未找到可供专业发展共享的红利成了材料科学与工程专业建设和发展的重大战略问题。如何破局，如何构建一套行之有效的人才培养模式，笔者进行了广泛调研，提出了思路，进行了实践，取得了较好成效。

1 同类高校材料类专业人才培养模式现状

要正确定位材料科学与工程专业的人才培养模式，既需要分析自我，更需要参考其他高校。北京科技大学在材料类人才培养过程中，依托学科优势，按照"启发创新思想、强化创新基础、培养创新能力"的理念，经过多年的探索和实践，构建了"四阶递进、三体并举"的材料类创新型人才培养体系，从而达到培养学生创新精神、提高学生创新能力、增强创新人才培养实效的目的。[3]西南大学材料与能源学院面对国家对高层次材料类创新型人才的迫切需求，构建了具有鲜明特色的以提升学生创新能力为目标的"1-2-6"人才培养模式，提出"厚基础、重素质、强能力、求创新"的创新人才培养理念，从保障机制和提升措施两个层面着手，以建设"教学体系-师资队伍-创新平台"和"开拓意识-培养能力-提升素质"等为创新人才培养奠定基础。[4]西南石油大学材料科学与工程专业探索并实践了材料学科创新创业人才培养体系。他们以"蕴育创新文化、构建培养方案、强化课程改革、加强平台建设、注重政策引导、打造师资队伍、做好服务保证"多元融合开展了材料学科创新创业人才培养体系构建与实践。[5]桂林理工大学材料科学与工程学院以工程教育认证理念为指引，大力加强专业内涵建设，探索和构建一套科学合理的人才培养模式，在人才培养方案修订、教学质量提升、学生课外科研培养等方面进行了积极的探索和实践，取得了明显成效。[6]太原理工大学材料科学与工程专业以打造国家一流专业为目标，根据现阶段该专业创新人才培养存在的问题，探索了以师资队伍为保障、课程体系为基础、创新基地为支撑、人才培养质量为依托的材料科学与工程一流本科专业创新人才培养模式。[7]重庆科技学院金属材料工程专业紧扣"行业性、地方性、开放性、应用型"的办学定位，立足重庆及西南区域，背靠汽车和航空航天行业，服务地方经济发展，探索校企协同培养具有国际化视野的应用型高级专门人才。[8]四川轻化工大学材料科学与工程学院以国家创新创业战略和企业需求为导向，厘清教学、科研、实践、创新、创业五要素之间的内在联系，坚持"腐蚀与防护"专业特色，建立了"教学、科研、实践、创新、创业"五位一体"双创型"本科人才培养模式。经过多年的实践探索，学生科研能力、工程实践能力、创新意识与创业能力明显提升，人才培养质量显著提高。[9]

尽管省内外高校一直致力加强材料类专业建设，着力提高人才培养质量，但随着我国新材料产业的升级，其对材料类工程人才专业能力的要求日趋提高，我国工程教育人才培养与地方产业需求的匹配度也面临新的挑战。目前的主要问题：人才培养定位及课程体系与社会需求不尽协调、工程实践教学与人才能力全面提升的要求不尽匹配、教育教学方式与创新创业教育的社会趋势不适应。这些高校的人才培养模式定位思路非常值得借鉴、学习，但对其存在的问题也应回避和克服。

2 材料类专业人才培养模式的改革思路

我校材料类专业具有周边新材料企业众多、地处特大城市、厅委共建新机制、校内机械电子学科较强等优势，以下分别从师资队伍、教学科研设备、课程体系等方面提出改革思路（如图1所示）。

1）形成特色鲜明的人才培养机制

抢抓"厅委共建"机遇，以行业企业需求为引导，围绕金属工模具材料、电子材料，通过产教融合，共建新材料产业应用型人才培育基地，共育高质量应用型人才。

2）建设一支高水平的师资队伍

建设一支具有深厚理论知识、较高学术素养、较强工程实践能力，能够适应新时代高等教育需求的教师队伍，在教学质量和科研水平上再上新台阶。

3）构建多层次的创新实践平台

校企合作，校内主导，共同构建多学科交叉融合的创新实践平台，实施本科生科研训练计划，提升学生实践创新能力。

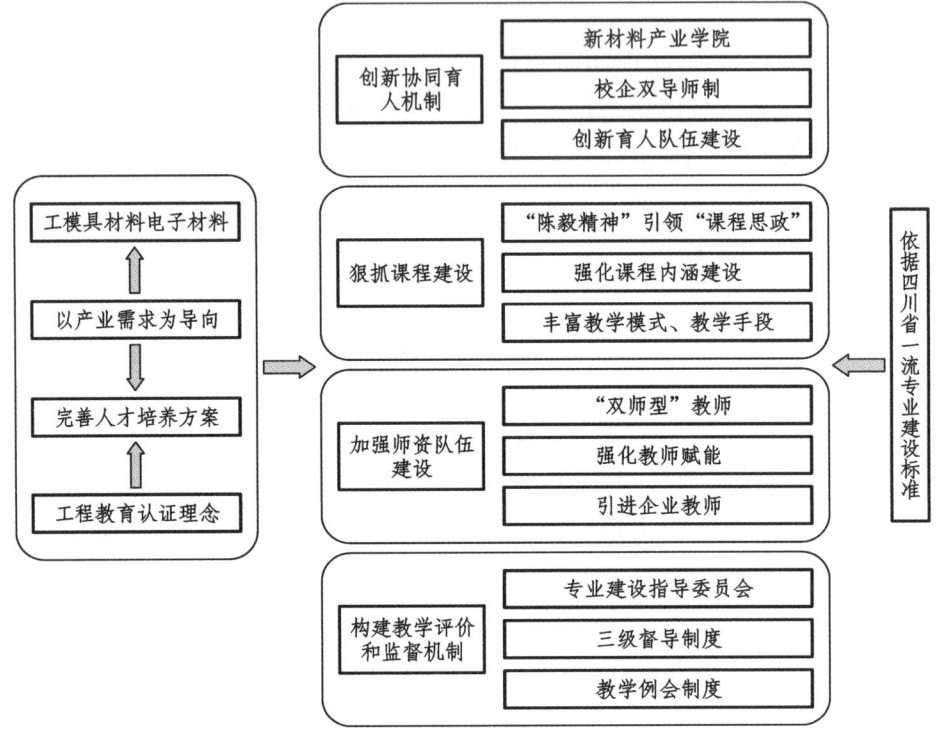

图 1 材料类专业人才培养模式的建设思路

4）构建"本科生导师+辅导员+领航学长"的"三位一体"全员育人队伍

在陈毅精神引领下，落实立德树人，建立健全育人功能各有侧重的"学术指导、学业督促、思政育人、学长领航"四大抓手，推动实现全员育人队伍建设。

3 材料科学与工程专业人才培养模式的改革成效

1）创新校企协同育人机制，产教融合落地开花

以"工程认证"理念重构人才培养方案，协同我校在工模具设计与制造、电子信息领域深耕形成的传统优势，在工模具材料、电子材料两个特色模块

中依托"四川省模具行业协同创新中心""四川省压电晶体工程中心"等平台及校外产教融合基地，通过产教融合，共建新材料人才培育基地；落实校企双导师制，高水平教学团队逐步形成，高质量应用型人才比例提升；实施本科生科研训练计划，学生创新实践能力明显提升。

2）狠抓课程建设，人才培养质量显著提升

以"陈毅精神"为引领，落实立德树人根本任务，实施"以学习为中心，以学生为根本"的教育教学理念，打造"教师为主导，学生为主体"的师生学习共同体，创新教育教学方法，推动课堂教学革命，人才培养质量得以持续提高。

根据行业、企业及相应能力要求，优化课程体系；推动科研项目成果入教材、入课堂；加大项目式教学、案例式教学、讨论式教学，学生评价良好。结合川渝地区硬质合金、工模具、电子产业发达的行业背景，将以往的普通金属类课程群修订为金属工模具课程模块和电子材料课程模块两个专业方向，更好地落实了产教融合育人理念，加大课程改革的力度，建设了 3 门优质核心课程及配套教材，着力提高人才培养质量。2020—2023 年，本科生考研升学率达到 15%以上，部分学生考研去向如表 1 所示；本科生就业率平均达到 90%，部分学生就业去向如表 2 所示。人才培养质量提升显著。

表 1 我校材科专业部分本科生考研去向

考研去向	年份	人数
西南科技大学	2019	1
西南石油大学	2019	2
四川大学	2020	1
长春理工大学	2020	1
西南交通大学	2020	1
重庆大学	2020	1
西南交通大学	2021	2
西南大学	2022	1
西南科技大学	2022	1
西南交通大学	2023	3

表2 我校材科专业部分本科生就业去向

就业去向	年份	人数
德州仪器半导体制造（成都）有限公司	2020	1
中国铁路成都局集团有限公司	2021	1
成都工具研究所有限公司	2021	1
通威太阳能（成都）有限公司	2022	1
四川省化工设计院	2022	1
重庆平伟汽车科技股份有限公司	2023	1
成都美奢锐新材料有限公司	2023	1

3）加强师资队伍建设，高职称高学历教师超过70%

根据高等教育发展规划，在保证高等教育水平不断提高的同时，材料科学与工程专业师生比已达到1∶17左右；教师队伍的结构逐步趋于合理、规范。近两年引进博士10余人，教师整体素质有较大提高。

对内，通过发挥5名省级学术和技术带头人后备人选引领作用，已建立了金属工模具材料、电子材料等教学科研团队；通过强化教师赋能，培养了数名优秀年轻骨干教师，并已成为教学、科研成绩卓著的青年学科带头人。实行教研室教学研讨机制，定期开展教研活动，促进教师教学能力提升。为青年教师配"一对一"导师，帮助过"教学关""科研关"。

对外，积极推动产学研合作，探索校企联合培养教师能力新途径；积极引进行业公认专才，聘请企业优秀专业技术人才、管理人才和高技能人才作为专业建设带头人、担任专兼职教师；近两年有计划地选送了3名教师到企业接受培训、挂职工作和实践锻炼，设置了专门经费资助教师进修访学和工程实践，"双师双能型"教师队伍建设成效显著。

4）积极争取仪器设备资源，"产、赛、科、创"四位一体化的创新实践平台初现雏形

培养创新实践能力是培育高质量应用型人才的重要环节，以学校为主导，校企共建创新实践平台，初步构建了功能集约、资源共享、开放充分、运作高效的专业类或跨专业类实验教学平台；遵循"基础技能训练→综合技能训练→科技竞赛→创新创业能力培养→技术研发与应用"梯级递进的思路，初

步构建了基于"产教融合、赛教融合、科研反哺、创新驱动"的四位一体的创新实践平台。

依托于创新实践平台，材料科学与工程专业本科生在各类竞赛、大学生创新创业训练项目、科技论文发表、项目申报等工作中具备更强的竞争力。2020—2023年，本专业本科生获得四川省大学生创新创业训练项目9项。其中，国家级大创项目5项；本科生与导师合作发表科技论文8篇；申报国家发明专利3项。以学科竞赛为抓手，学院强化实践育人，本科生在各学科竞赛中获得国家级奖项20项、省级奖项74项，实现了以赛促学、以赛促教的目的。部分获奖如表3、4所示。

表3 我校材科专业本科生部分获奖

序号	项目名称	所获奖励	年份
1	第十一届全国大学生金相技能大赛	国家级一等奖	2022
2	第十一届全国大学生金相技能大赛	国家级二等奖	2022
3	第十一届全国大学生金相技能大赛	国家级三等奖	2022
4	第十届全国大学生金相技能大赛	国家级二等奖	2021
5	第十届全国大学生金相技能大赛	国家级二等奖	2021
6	第十届全国大学生金相技能大赛	国家级二等奖	2021

表4 我校材科专业部分本科生大创项目

序号	项目名称	年份	立项级别
1	六方氮化硼杂化气凝胶的制备及其在含四环素废水处理中的应用研究	2022	国家级
2	基于有机模板浸渍法制备SiC泡沫陶瓷	2022	国家级
3	高性能耐高温C/SiC复合材料螺栓	2022	国家级
4	硅酸盐高温胶制备及其力学性能的研究	2022	省级
5	铜基纳米复合材料的界面设计与构建	2021	国家级
6	基于先驱体转化法制备高温胶的工艺与剪切性能研究	2021	省级
7	兼具导热和阻燃性能的聚乙烯醇基柔性纳米复合绝缘膜的制备与性能研究	2021	省级
8	基于SiC纳米线改性C/SiC复合材料高性能紧固件	2021	省级
9	电子封装热管理用柔性导热纳米复合薄膜的制备与性能研究	2020	国家级

5）改革教学模式，教学质量明显提升

通过教学模式创新改革，专业教师提出了"四元三导一对分"教学模式，并在材料科学与工程专业积极推广，已有十余位教师分别在"凝固原理""铸造工艺学""材料分析测试技术""炭素机械设备""电炭""材料物理化学""电子材料合成原理"等课程中实践。

"四元三导一对分"教学模式。在教师讲授、学生独学、同伴讨论、教师答疑的流程上，教师辅以以讲导学、以案导学、以题导学的手段，采用将课堂时间一分为二的方式，结合网络云平台的高效利用，获得了事半功倍的教学效果。该模式在课堂内实现了课内时间的有限开放，在导学案、题库、作业批改与云平台答疑方面实现了学习空间的有限开放。教学效果表明：代表性课程在同等试题难度和题量下，期末卷面成绩不及格率由传统讲授法的50%～70%区间下降到"四元三导一对分"教学法的15%～21%区间，平均分也相应由55分提升到70分，教学效果显著提升。对学生的无记名投票满意度调查表明，喜欢（认可）该教学法的比例超过2/3。

充分利用现代信息技术，积极探索"互联网+教育"的新模式，优化线上教学方法、增强线上课堂师生互动、丰富课后作业形式，加强课后辅导答疑，打造优质活力在线教学，筑牢教书育人阵地。近三年，教师获得省校级教育教学成果奖6人次。

6）创新育人队伍建设，立体育人机制初步形成

将本科生导师、辅导员和优秀学长结合起来，组成育人导师团，在育人过程中起到中流砥柱的作用。发挥本科生导师作为学术指导的"主责人"作用，形成了一套本科生导师运行实施方案、管理考核机制。为每个新入校本科生配备了导师，每名导师指导5～10名学生，发挥导师在立德树人、学业指导、创新实践、规划指导等方面的作用。针对本科生建立了以导师为主导、高年级学长帮助低年级学生的纵向链式学习科研团队，围绕学生的创新能力、考研、就业等开展个性化指导，引导本科生早进实验室，促进教研融合、师生相长，人才培养质量有所提升。

通过发挥辅导员作为学生全面发展的引领作用，完善了辅导员定期检查学生课堂、实验室、宿舍相关制度，重点发挥思想政治教育和价值引领作用，辅导员全方位育人功能得到发挥。

通过发挥领航学长作为涵育学生成长的"小帮手"作用，在大三、大四本科生中结合日常表现、学习情况、毕业去向等选聘了一批品学兼优的学长作为引航学长；制作《领航学长手册》，规范领航学长职责，帮助新生树立职业发展规划意识，在正确认识自我、认知未来发展方向的前提下，结合自身情况，制定实际可行的生涯发展规划。

4 结语

地方普通高校的建设与发展需要根据地域社会经济实际，落实产教融合思想，方能建好应用型本科专业，培育出应用型高级专门人才。通过充分发挥"厅委共建"优势，结合川渝硬质合金产业，依托成都市电子产业布局，顶层设计好人才培养方案，改革、推广先进教学方法，引进高层次师资，加大科研力度，使得材料类专业建设取得了较好成效。学校今后还需在大力度改革分配激励机制、优化细化教学管理、争取设备资金投入、加大校企联合育人等方面努力，培养出更多的材料类应用型本科人才。

参考文献

[1] 2018年全国教育大会专题[EB/OL].（2019-10-20）[2023-12-30]. http://www.moe.gov.cn/jyb_xwfb/xw_zt/moe_357/jyzt_2018n/2018_zt18/.

[2] 教育部办公厅关于实施一流本科专业建设"双万计划"的通知[EB/OL].（2019-11-15）[2024-03-18]. http://www.moe.gov.cn/srcsite/A08/s7056/201904/t20190409_377216.html.

[3] 王海波,姚惠迎. 材料科学与工程专业"四位一体"育人模式构建[J]. 中国冶金教育，2021（1）：99-103.

[4] 徐立群,许志刚,李庆,等. 新工科视域下材料类专业创新型人才培养模式探索与实践[J]. 西南师范大学学报（自然科学版），2022（47）：124-128.

[5] 王平,林元华,王斌,等. 材料类本科创新创业人才能力培养体系构建与实践性探索[J]. 大学教育，2018（2）：136-139.

[6] 张瑞,王吉林,龙飞.工程教育认证背景下地方高校材料类专业人才培养改革的探索——以桂林理工大学材料科学与工程学院为例[J].高教论坛,2020(12):27-29.

[7] 王晓敏,邱小明,高源,等.本科一流专业创新人才培养模式研究——以太原理工大学材料科学与工程专业为例[J].创新人才教育,2021(2):78-81.

[8] 曹献龙,邓洪达,孙建春,等.浅谈金属材料工程专业的建设成效及未来建设措施——以重庆科技学院为例[J].才智,2020(2):164-165.

[9] 林修洲,何刚,崔学军,等.强化专业特色的"双创型"本科人才培养模式探索——以四川轻化工大学材料科学与工程专业为例[J].教育教学论坛,2021(23):161-164.

新文科背景下物流管理专业应用型人才培养的探索与实践

◎ 蒲 松

（成都工业学院　经济与管理学院，成都　611730）

【摘　要】本文针对新文科背景下物流管理专业在人才培养目标定位、培养内容以及保障措施方面的不足，根据新文科建设的新理论、新专业、新课程（教材）、新模式、新实践内涵，以成都工业学院物流管理专业在新文科建设方面的探索与实践为基础，从新模式、新方向、新课程、新实践等四个方面分析了新文科背景下物流管理专业应用型人才培养的改革与实践。具体而言，新模式主要体现在"管工融合"，新方向主要体现在制造业物流，新课程主要体现在课程思政深入，新实践主要体现在产教融合。

【关键词】"管工融合"；产教融合；制造业物流；课程思政

2019年4月，教育部等13个部门联合召开"六卓越一拔尖"计划2.0启动大会，提出发展新工科、新医科、新农科、新文科，打赢全面振兴本科教育攻坚战，首次发出"新文科"建设动员令。2020年11月，教育部新文科建设工作组发布《新文科建设宣言》，明确推动新文科建设需要遵循守正创新、价值引领、分类推进"三个基本原则"，要把握专业优化、课程提质、模式创新"三大重要抓手"，培养适应新时代要求的应用型复合型文科人才。"新文科"不是对传统文科的否定，"文科"仍是其本质特征，而"新"则表明需要在当前的时代背景与社会经济发展环境下，重新定位文科的学科内涵以及文科人才培养目标，探索新的建设模式。[1]教育部新文科建设工作小组组长樊丽明

基金项目：全国高校、职业院校物流教改教研课题（JZW2023365）；成都工业学院科技服务团项目（2023FW012）。

作者简介：蒲松（1981—），男，教授，博士；研究方向：物流与供应链管理。

教授指出新文科建设的核心要义是"立足新时代，回应新需求，实现文科发展的融合化、时代化、中国化、国际化，服务于建设社会主义现代化强国目标，建设的重点任务是新理论、新专业、新课程（教材）、新模式、新实践"[2]。

物流管理是集经济、会计、贸易、管理、法律、信息资源管理、计算机等基本理论和专业知识于一体的专业，物流管理"新文科"特质也日益突出。[3] 2021年7月，物流教指委以《新文科建设宣言》为指导，发布了《物流管理与工程类专业新文科建设行动纲领》，推动物流类专业跨学科深入交叉互渗、跨领域深度融合，创建展现中国实践、凝练中国经验、体现中国智慧的中国物流学派。[4]近两年来，物流类专业在新文科建设方面取得了丰硕的成果，但也存在以下不足：

（1）在人才培养定位方面，物流专业人才的培养与物流产业的需求脱节，且不同类型高校之间差异化特征不明显，人才培养缺乏特色。[4-6]

（2）在教学内容方面，物流类专业跨学科课程体系的"文工管"融合度尚需提高，实践教学资源匮乏，课程体系不能完全适应时代需求；教学内容更新不及时，"产学研教"一体发展的专业实践体系有待加强。[7]

（3）在实施保障方面，产教融合机制不成熟，多学科交叉融合推进困难，"双师型"物流专业教师队伍缺乏。[8]

因此，本文拟结合成都工业学院物流专业在新文科建设方面的教学探索与实践，探讨和分析新文科背景下物流管理专业应用型创新人才培养的改革与实践。

1 新文科背景下物流管理专业应用型人才培养目标定位

成都工业学院以建设"全国一流、四川引领"的应用型高校为目标，坚持"地方性、应用型、开放式"的办学定位，建设四川工业的行业大学，重点面向"智能制造""电子信息""现代服务业"等领域，构建学科专业群。物流管理专业在"应用型""文工融合"等方面进行了长期的探索与实践，该专业2016年被列为"应用型本科转型发展试点专业"，2019年被教育部批准为首批国家级一流本科专业建设点，2021年入选首批物流管理与工程类专业新文科建设试点专业。

根据学校的办学定位与学科规划，我校的物流管理专业主要面向先进制造业和现代服务业，紧紧围绕先进制造业与现代物流业联动发展对物流人才的需求，培养高水平的应用型、复合型与创新型人才。"管工融合"是人才培养定位的主要特征；应用型与技能型是指掌握物流领域的基础理论知识、操作技能和应用技术的高素质物流劳动者；复合型是指具有跨专业、跨行业全面的物流服务能力；创新型是指根据需求驱动进行物流管理组织创新。

根据制造业物流框架（如图1所示），物流管理专业设定"制造业物流"与"商贸物流"两个方向。制造业物流主要涉及工业企业的采购计划与生产计划，侧重于采购物流、生产物流与库存物流人才的培养。商贸物流侧重于产品的销售计划与交付计划，侧重于流通领域内销售物流、售后物流管理人才的培养。

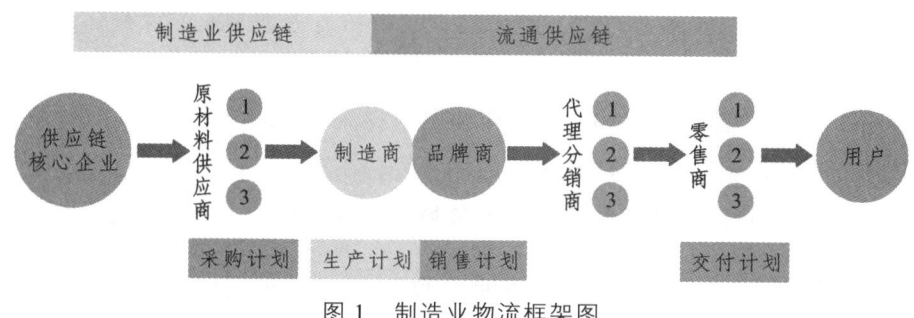

图1 制造业物流框架图

2 新文科背景下物流管理专业应用型人才培养内容

2.1 "管工融合"的课程体系设置

课程体系是人才培养的核心内容之一，根据我校物流管理专业的人才培养目标定位，物流管理专业需要与制造业、电子信息等工科深度融合，且物流产业具有跨部门、跨行业的属性，涉及生产、消费、流通等领域。因此，物流专业课程设置需要打破学科壁垒，提升跨学科课程体系"文工"的融合度。我校物流管理专业的课程设置具有以下特色。

（1）处于管理学科的核心地位。物流管理是指根据物流主体客体和物流活动的规律，依据管理原理和科学方法，对物流活动和过程，进行计划、组织、指挥、协调、控制和监督，以实现降低物流成本、提高物流效率等管理目标。[9]因此，管理是物流管理专业的核心与基础，"新文科"的内涵也明确了"文科"仍是其本质特征，我校物流管理专业课程设置中，不论基础课、专业课还是选修课，管理类课程均占据主体地位，如 7 门核心专业课程中，包括"仓储管理""运输与配送管理""物流成本管理""供应链管理""物流信息管理""物流系统规划与设计""生产与运作管理"，有 6 门课程均带"管理"二字，属于管理的分支。[9]

（2）处于工科学科辅助地位，我校为传统工科院校，电子信息、智能制造、机械等专业为我校的优势学科，管理专业需要与工科专业深度融合。"制造业物流"是我校物流管理专业的主要特色，同时，大数据、人工智能、物联网等新技术的发展及应用，推动着物流业朝着智能化方向发展。因此，物流管理专业学生除了掌握物流管理的理论与方法，还需掌握智能制造的基本理论与一些前沿的技术背景等。鉴于此，我校物流管理专业的课程体系进行了多次的调整优化：在专业必修课中增加了物流与制造业融合的课程，如"智慧物流""智能物流综合实验"等；增加了与物流相关的技术课程，如"物流大数据分析与挖掘""物联网技术与应用"等；在专业限选课中增加了"智能制造导论""先进制造系统"等制造业领域的基础课程。

2.2 课程教学内容兼容"课程思政"与"课内实验"

"课程思政"与专业课程深度融入。我校是陈毅元帅的母校，陈毅元帅在这里点燃了"工业救国"的理想，因此，实业报国初心、陈毅精神红色基因是我校重要的课程思政元素。我们要在此基础上，将职业素养与德育价值等元素植入教学内容，培养学生对专业的认同感与使命感，树立正确的人生观、价值观。物流专业基础课程"统计学""运筹学"，专业必修课程"物流系统规划与设计""物流信息与管理""物流系统建模与仿真""生产与运作管理"等课程均为成都工业学院校级课程思政示范课程。

理工科课程的特点是注重理论与实验的结合，学生需要用实验来验证理论。因此，物流管理专业所有专业基础课、专业必修课、专业选修课的教学内容均由理论课与课内实验课组成，其中课内实验课学时占比超过总学时的 30%。理论课侧重于讲解基本理论与方法，课内实验课主要以具体课程为依据，依托于智能物流实验中心、物流大数据实验室等，验证理论或解决专项实验问题。

2.3 以产教融合为核心的产学研一体化体系

教育部新文科建设工作小组组长黄有方教授指出新文科的主要特征是呼唤产教融合，呼唤形成新文科产教融合的生态环境和应用领域，呼唤通过产教融合进一步拓展和促进"新文科"建设的途径和发展。[10]学院分别与鸿富锦精密电子（成都）有限公司、京东联合创建了成工富创产教融合基地、京东数智供应链产业学院等产学研一体化平台，主要内容如下：

（1）联合开展应用型科学研究。针对企业的真实问题，物流专业教师与企业人员联合展开科学研究，成果共建共管共享。

（2）联合指导综合实践实训。联合将应用型科研成果，联合将其转化为综合实践实训内容，联合指导学生参加综合实践实训。

（3）联合课程开发。物流专业教师与企业人员共同开发课程，编写应用型教材。

（4）联合开展以赛促学。物流专业教师与企业人员共同指导一些解决企业真实问题为背景的大学生竞赛，如全国物流设计大赛、"互联网+"大学生创新创业大赛等。同时，联合举办该类大学生竞赛，如四川省物流设计大赛。2021年四川省物流设计大赛的案例部分就是由我校物流专业老师与京东共同编写的。自2020年以来，我校分别获得全国物流设计大赛二等奖、三等奖，四川省物流设计大赛一等奖、二等奖，成绩显著。

（5）联合开展产教融合的学术交流。学院与平台共同举办应用型科研的学术交流大会，促进了院校之间、校企之间的交流，助益于高校教师和学生了解企业案例、学习企业经验，不断优化教学模式，提升教学质量。[10]

物流教研室已初步形成了以产教融合为核心的产学研一体化体系，以应用型为特色的教学科研成果硕果累累。

3 新文科背景下物流管理专业应用型人才培养的保障措施

3.1 师资保障

"管工融合"与产教融合对师资提出了较高的要求：懂管理、工科与企业实践。近年来，物流教研室以建设国家一流专业为契机，采用外引内培的方式增加师资力量，已引进具有管理与工科双重背景的博士5名、高级工程师2名、硕士4名；在内培方面，分别支持10余位教师采用攻读博士后、参加国内外访学、参加工程实践等方式提升教学、科研与实践能力；聘请多位企业人员担任兼职老师。目前，物流教研室已形成智能物流理论与技术、物流协同理论与关键技术研究、智慧供应链基础理论与关键技术等三个教学科研团队。

3.2 教学保障

（1）推进课程建设与改革。物流管理专业的各专业课课程均以副高或博士为课程负责人，1~2位青年教师为成员的教学团队，以省一流课程建设要求为标准，积极推进课程建设与改革。自2022年以来，物流管理专业公共课有2门为国家级一流课程，6门专业基础课、专业核心课为省级一流课程，其他8门核心课程为成都工业学院校级一流课程。

（2）要求教师参加教学竞赛。物流教研室以四川省普通本科高校教师教学创新大赛、四川省高校青年教师教学竞赛要求为标准，要求各位教师参加各级选拔赛，多位老师分别代表学院参加学校选拔赛，并获得二等奖、三等奖。两位老师分别获得中国物流学会教学创新大赛一等奖、二等奖。

（3）积极参加教改项目。近年来，物流教研室共主持四川省教育厅重点项目、教育部产学研协同育人项目、教育部物流管理与工程教学指导委员会项目等省部级项目12项，校级教改项目30余项；教改论文方面，物流管理专业相关老师已在《高教学刊》《物流技术》《成都工业学院学报》等期刊发表教改论文20余篇。

3.3 组织保障

（1）构建产教"五融合"人才培养体系。成都工业学院构建了以"培养规格与行业标准、教学内容与工程实际、教学过程与工作过程、教学场所与真实工厂、教师队伍与工程师队伍相融合"为主要特征的产教"五融合"应用型工程人才培养体系，并将此作为各二级学院、教研室应用型人才培养的行动纲领。学校成立了"产教融合与校地合作办公室"，服务产教"五融合"人才培养体系（如图2所示）。

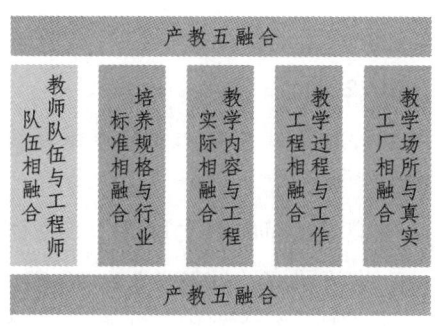

图 2　产教"五融合"

（2）组建产学研一体化平台管理团队，成立由学院领导、企业领导、专业教师、企业核心成员组成的领导团队，由高校、政府、行业企业人员组成专业建设顾问委员会。

（3）组建跨学科联合教研室，学校鼓励成立跨学科联合教研室，突破学科边界，目前，物流教研室正在积极与智能制造学院、大数据与人工智能学院联合打造智能物流联合教研室、物流大数据教研室。

4　结语

本文讨论了新文科背景下我校物流管理专业在"文工融合"应用型创新人才培养的探索与实践，主要包括"管工融合"的物流管理专业人才培养新模式；物流管理专业中设置了"制造业物流"新方向；教学内容中融入了"课程思政"元素与"理工科实验"；以构建产学研一体化平台，产教五融合的新实践。

参考文献

[1] 安丰存, 王铭玉. 新文科建设的本质、地位及体系[J]. 学术交流, 2019（11）: 5-14+191.

[2] 樊丽明. 论新文科建设的机制保障[J]. 中国高教研究, 2023, 39（5）: 4-8.

[3] 于蒙, 曹小华, 王强, 等. "工文结合"的物流工程与管理国家一流专业建设研究[J]. 物流研究, 2021（3）: 70-80.

[4] 马佳,荆浩. 新文科背景下地方高校本科物流管理人才培养模式研究[J]. 中国物流与采购,2022(11):108-110.

[5] 田丽. 新文科背景下物流管理专业人才培养模式优化研究[J]. 物流工程与管理,2021,043(12):177-179.

[6] 李兆磊,尹叶叶,王高洁. 面向新文科的"产学研孵创投"物流管理人才培养模式探索[J]. 物流研究,2021(3):57-63.

[7] 李兆磊,兰莹霜,孙启鹏. 新文科背景下物流管理专业高质量育人生态体系构建[J]. 物流研究,2023(1):66-71.

[8] 符瑛,唐颖,王湘梅,等. 产学研用融合下物流类创新型应用人才培养研究[J]. 物流研究,2021(3):81-87.

[9] 胡志华,黄有方. 物流:工程与管理的交叉与融合[J]. 物流研究,2020(1):72-81.

[10] 黄有方,胡坚堃,郭肇明. 以产教融合推动新文科高质量发展[J]. 新文科理论与实践,2023(2):16-19+125.

宜宾新能源汽车与先进制造现代产业学院建设举措探索

◎ 蔡煊　董家希　张子阳

（成都工业学院　汽车与交通学院，四川　宜宾　644000）

【摘　要】成都工业学院宜宾校区与宜宾凯翼汽车公司联合筹建宜宾新能源汽车与先进制造现代产业学院，通过整合多方资源，协同培养当地新能源汽车产业急需的高素质技能人才，助力宜宾当地以及川南渝西新能源汽车产业发展。在介绍宜宾新能源汽车与先进制造现代产业学院建设背景、建设目标的基础上，本文重点阐述了该产业学院的具体建设举措和校企共建共管的体制机制，指导该产业学院的后续建设工作，以期为同行高校提供一定的理论借鉴和参考。

【关键词】产教融合；现代产业学院；新能源汽车；建设举措；体制机制

现代产业学院是应用型高校建设大背景下实现行业企业人才需求侧与学校人才培养供给侧有效对接的重要途径，是政府、行业、企业、学校等多方产教深度融合、整合资源优势互补、培养当地产业所需专业技能人才的一种新的办学模式。[1]产业学院有助于行业企业深入参与学校人才培养，有助于学校及时了解企业用人需求，实时优化和调整人才培养方案和学科专业布局，打造适应当地战略性新兴产业的优势专业集群，有效推动当地社会经济发展需求和高校教育人才培养供给的衔接。[2-3]在相关政策支持下，成都工业学院宜宾校区以新能源汽车学科专业群建设为契机，与宜宾凯翼汽车公司共建"宜宾新能源汽车与先进制造现代产业学院"，创新校企合作模式和运行管理机

基金项目：成都工业学院2023—2024年校级教育研究和教学改革项目（宜宾校区）"基于虚拟仿真技术的《汽车理论》课程教学改革研究"。

第一作者简介：蔡煊（1982—），男，副教授，博士；研究方向：轨道交通信号与控制。

制，搭建校企协同育人公共平台，培养宜宾当地以及川南渝西新能源汽车产业链所需的应用型、复合型、创新型高素质技术技能人才，实现产教深度融合、校企深入合作，助力宜宾当地产业转型升级和社会经济发展。

1 建设背景

《国务院办公厅关于深化产教融合的若干意见》明确指出，要持续深化教育改革，充分发挥企业的主体作用，持续推进引企入教，有效推动行业企业以多种形式参与当地办学，在人才培养过程中融入企业需求，促进产业需求侧和人才培养供给侧结构要素全方位融合。[4]2020 年，教育部、工业和信息化部联合印发《现代产业学院建设指南（试行）》通知，明确要求各高校和职业院校充分发挥当地产业优势和龙头企业教育主体作用，提高产教融合校企合作的广度和深度，显著加快现代产业学院的建设步伐。[5-6]

宜宾市近年来大力实施"科教兴市、人才强市"战略，按照"产学研用"一体化和教育链、人才链、创新链、产业链"四链"融合思路，在三江新区建设大学城和科创城，打造高端创新人才的集聚区、技术研发集成的核心区、成果转化的示范区和城市建设的新地标，以产教融合推动人才工作高质量发展，打造产教融合新高地，同时积极开展校企合作、校地合作，建成国家级产教融合试点城市和全省唯一的学教研产城一体化试验区。宜宾凯翼汽车有限公司成立于 2014 年，是四川省委省政府和宜宾市委、市政府重点支持、发展和着力打造的大型新兴产业企业，是促进区域经济高质量发展的优势力量之一。

2020 年，成都工业学院入驻宜宾大学城，围绕将学校建设成为四川工业的行业大学的目标，积极开展并推进与宜宾各行业企业的合作，尤其是与宜宾凯翼汽车有限公司联手，积极助力宜宾市产教融合城市建设。针对宜宾凯翼汽车有限公司产能扩大，人员需求逐步增加的现实情况，2021 年年底，成都工业学院宜宾校区与宜宾凯翼汽车联合参与建设宜宾市"100 家产教融合实训基地"；2022 年 6 月，成都工业学院联合宜宾凯翼汽车有限公司、西南交通大学宜宾研究院成功申报"四川省新能源再生及可靠性测试与应用工程技术研究中心"。2022 年 9 月，成都工业学院组织教师科研团队与宜宾凯翼汽车有限公司管理人员及工程师团队多次深度交流，双方就联合人才培养、科研项目攻关、实训基地共建、教材与课程资源等方面达成广泛共识及全面战略合作计划并签署合作协议。学校在宜办学三年多来，也积极与宜宾当地院校和行业企业展开积极合作，其中与宜宾职业技术学院就差异化人才培养、实验设备共享、社会服务、产教融合等方面开展了卓有成效的合作，与宜宾丰川动力科技有限公司、四川朵唯智能云谷有限公司、成都领克汽车有限公司等十余家公司签署了战略合作协议。以上各项举措紧密对接宜宾汽车产业人才需求，为学校培养地方性应用型人才以及产业学院建设奠定了基础、创造了条件。

2　建设目标

宜宾新能源汽车与先进制造现代产业学院是以汽车与交通学院为主体，联合电子工程学院，与宜宾凯翼汽车有限公司合作共建的一个跨学院、跨学科跨专业的现代产业学院。该产业学院依托"车辆工程"和"电子科学与技术"等核心专业以及"汽车服务工程""材料成型及控制工程""智能制造工程技术""物联网""人工智能""计算机科学与技术"等相关专业，通过校企共建"五合一"产教融合基地，推动学科专业往优势集群方向发展，主动对接和服务宜宾及川南渝西新能源汽车产业人才需求，重点聚焦宜宾"一蓝一绿"产业发展，对照宜宾市国家级产教融合试点城市建设目标，培养产业急需的高素质应用型、复合型、创新型人才，助力宜宾当地相关产业发展。

学校将以该产业学院为纽带，连接宜宾当地以及川南渝西新能源汽车产业上下游，通过建立"需求对接、技术共享、信息互通、过程共管、协同育人"长效机制，打造产业技术公共服务平台、产业人才培养中心、产业科研创新中心，建设校企合作共同体，形成校企利益共同体，构建协同育人、协同创新、协同发展的校企合作新模式。通过产业学院"一平台，两中心"的支撑和辐射作用，聚焦新能源汽车产业的共性需求，开展科学研究与创新实践，联合宜宾及川南渝西新能源汽车行业企业构建产业服务联合体，面向四川省乃至西南地区开展产业服务，打造集人才培养、科学研究、实践创新、技术攻关、社会服务于一体的行业内具有较大影响力和较强引领及辐射能力的示范性现代产业学院。2023年7月，该产业学院已成为宜宾大学城在宜高校申报的众多产业学院中唯一获批的四川省第二批省级现代产业学院。

3 建设举措

根据学校现有专业建设能力及未来市场发展方向，结合凯翼实际需求，成都工业学院宜宾校区考虑在产业学院内搭建产业公共技术服务平台、产业人才培养中心以及产业科研创新中心。产业公共技术服务平台主要定位于服务周边主机厂以及周边城市主流电子产业集群方向，提供新能源汽车相关测试领域服务，同时对于宜宾周边电子终端、新型材料等优势产业，结合电子电气测试需要，提供电子相关领域测试以及基础材料研发测试；产业人才培养中心围绕凯翼为主的产业生态，培养新能源汽车产业技术技能型人才，在课程建设、实验设施资源建设上充分结合岗位技能需求，以虚拟仿真、数字孪生等先进的信息化手段，打造可升级迭代、线上线下结合的培养体系。产业科研创新中心围绕新能源汽车行业的共性科研方向，在具有一定先进性、前瞻性的基础上，重点针对新能源汽车智能化技术、动力电池的制备与检测方向，面向产业的具体需求开展科学研究与创新实践。"一平台两中心"具体建设内容如表1所示。

同时，产业学院将建设围绕新能源汽车产业的专业群、公共实习实训基地、校企专业师资库、校企联合课程开发中心，建设虚实结合的数字化教学资源库，最终建成极具特色的实习生共育平台。产业学院将采取订单式、订制式人才培养和现代学徒制相结合的模式开设订单班，定向培养学生，培养一批符合产业需要的高素质、创新型、应用型、技能型人才，共同打造围绕宜宾新能源产业的产业链、教育链、创新链、人才链相互融合的共生共荣生态圈，最终解决以凯翼汽车为代表的更多在宜企业用人问题。

建立相应专业的"双师型"教师培养基地，开展教育教学和实践实训项目。通过专业人才互派制度，企业每年接收学校专业教师到企业从事相关工作，安排企业技术和管理人员定期到学校授课。同时签订合作协议，保障人才双向流动，共同制定教师培养计划，考核标准以及奖惩制度。围绕新能源汽车专业群所在产业，与更多业内代表性企业合作，共同研究制定驻点工程师、兼职教师等合作制度，实现高水平师资队伍建设。以多种方式开门引才，从企业中聘请专家型领军人才、大师工匠技术技能型人才来产业学院兼职工作。

表 1 "一平台两中心"建设内容

平台	建设项目	子项目
产业公共技术服务平台	新能源汽车零部件检测实验室	汽车零部件电磁环境仿真测试系统
		汽车零部件性能评估测试系统
		汽车零部件环境可靠性试验系统
		智能座舱及噪声测试实验室
产业人才培养中心	公共实习实训基地	3D数字孪生新能源汽车工厂
		汽车性能及底盘系统实验室
	校企课程发展中心	中心设施设备及场地建设
产业科研创新中心	新能源汽车智能化技术工程实验室	智能网联汽车算法开发、部署实验平台
		环境感知实验平台
		智能新能源汽车教学科研及综合实践平台
	新能源汽车动力电池开发与回收实验室	扣式与软包电池生产实验平台
		废弃电池拆解回收实验平台
		电池测试实验平台
		电池管理系统开发实验平台

4 校企共建共管体制机制

产业学院实行理事会管理下的院长负责制，院长由成都工业学院指定，配备 2 名副院长。理事会设理事 5 人，其中学校 2 人，凯翼汽车 1 人，第三方教育及产业专家共 2 人。产业学院设院长（兼党组织书记）1 名，负责产业学院全面工作，对理事会负责；设分管教学和产业的副院长 2 名。产业学院具体二级机构设置可由理事会讨论决定。理事会作为产业学院最高决策机构，拥有对涉及产业学院办学及发展重大事宜的决策权并承担相应责任。产业学院设立专业建设指导委员会和专业质量管理委员会，指导产业学院进行专业建设和质量管理，参与人才培养、学科建设、人才队伍建设、思想政治工作、行政管理、产业合作等方面的重要事项的讨论。理事会每年召开年度会议，审议年度工作报告，审定产业学院专业建设、实训基地建设、师资团队建设、专业人才培养、课程资源建设、成果建设等相关建设方案，并对涉及产业学院运行及发展的重大事宜进行决策。需召开临时理事会会议，由院长提出申请或3名理事成员提出要求，经全体理事成员同意后即可（如图1所示）。

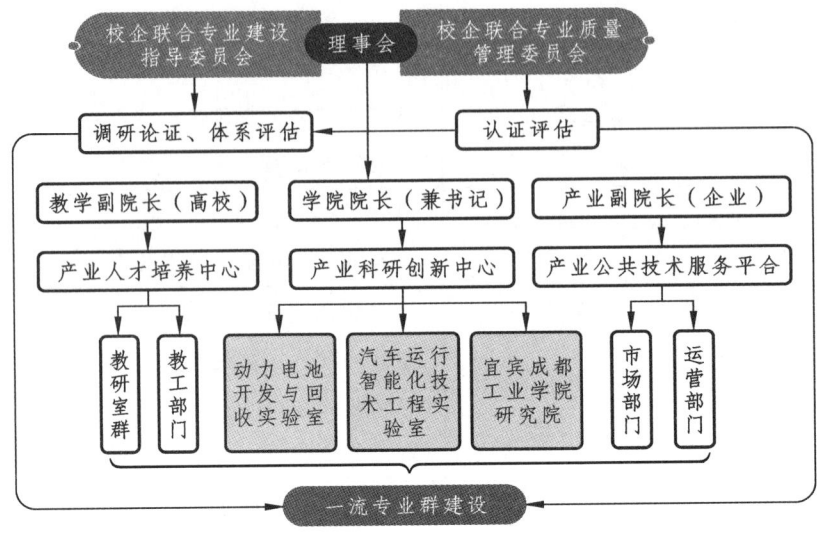

图1 产业学院校企共建共管体制机制

5 创新与特色

5.1 政行企校融合

政府、行业、企业、高校多元主体协同，整合多主体创新要素和资源。依托政府的资源整合抓手，紧扣宜宾新能源汽车行业快速发展的特点，结合企业的具体需求以及学校自身学科优势，通过搭建一平台两中心（产业技术服务平台、产业人才培养中心、产业科研创新中心），强化产业学院建设过程中的多方参与，整合教育链、创新链、产业链，实现政行企校的深度融合。

5.2 课岗赛证融合

打通企业需求与人才培养，将具体的生产过程和岗位需求与课程建设融会贯通，以虚拟仿真、VR等形式将产线和岗位搬到课堂，形成极具特色的教学资源，并以此为特色申办省级以上技能大赛，向人社部门申报开发岗位职业技能标准并开展评价考证工作，并积极参与宜宾市产业园区高技能人才培育基地建设工作，成为基地的核心组成部分。

5.3 跨高校合作，实现多层次人才培养

通过产业人才培养中心的建设，向在宜高校共享设施与课程，打通宜宾地区应用型本科以及高职、中职院校壁垒，组建"实习生共育平台"，共同利用实习实训基地提高实训能力以及校企师资教学能力、统一岗位人才标准，多层次提供高质量技术技能人才。

5.4 跨学科合作，推动复合型人才培养

充分利用我校的学科优势，联合电子、计算机、材料、智能制造等专业，一方面开展跨学科合作以培养复合型人才，从而满足企业复合人才需求；另一方面集中力量共同针对企业科研创新课题或项目，助力企业产品升级与技术创新，努力实现将成工院打造成为"四川工业的行业大学"的特色发展目标。

6 结语

宜宾新能源汽车与先进制造现代产业学院的建设是学校主动面向区域、面向行业、面向产业办学，推动高校内涵发展的重要举措。学校将进一步贯彻落实《现代产业学院建设指南（试行）》等文件要求，明确目标任务，制定建设方案，把握建设重点，落实工作举措，创新体制机制，加强质量保障、条件保障和制度保障，把握机遇、乘势而上，加快构建协同育人的产教融合生态圈和政产学研一体化人才培养体系，促进教育链、人才链与产业链、创新链有机衔接，为区域经济和行业发展提供智力支持和人才保障。

参考文献

［1］陈新喜，唐亚平. 双高建设背景下产业学院人才培养模式的研究[J]. 科技视界，2021（31）：99-101.

［2］宋卓尧. 产教融合发展存在的问题及对策[J]. 现代职业教育，2018（22）：160-161.

［3］李浩. "双高"背景下高职新能源汽车产业学院建设举措探索——以商丘福田新能源汽车产业学院为例[J]. 广西职业技术学院学报，2023，16（2）：88-94.

［4］荆妙蕾，程欣. 产教融合视域下传统工科专业升级改造路径研究：以纺织工程专业为例[J]. 高等工程教育研究，2021（3）：25-31.

［5］李妍妍，李长威. 基于产业学院背景下的应用型人才培养模式的实践[J]. 营销界，2021（35）：144-145.

［6］范立南，李佳洋. 新工科视域下多方协同产业学院的共建共管机制研究[J]. 教育现代化，2018（1）：129-131.